新 伊藤塾 試験対策 問題集

ITO JUKU
SHIKENTAISAKU
MONDAISHU

論文 1

伊藤 真 [監修] 伊藤塾 [著]

民法

弘文堂

はしがき

1 はじめに

　『伊藤塾試験対策問題集　論文』シリーズの刊行が始まったのが2009年12月であったが，2012年12月までに行政法までの全7巻が揃い，以後10年近くもの間，大変多くの受験生に活用していただけたのは嬉しいかぎりである。

　2020年4月1日に債権法およびその関連法が施行される。この大改正は，論述形式の答案において，既存の用語や表現を少し変えるだけではすまない改正である。どのように書けばよいのか，どのように文章構成をすればよいのか，悩んでいる受験生も多いことだろう。そこで，この対策用のものを制作するとともに，これを機に，全科目を刷新することにした。

　新版とするにあたり，前版を構成し直し，基本的な部分を重視し，更に答案の書き方がわかるようにした。たとえば，論述形式の答案を書いたことがない受験生であれば，本書の答案例のような答案を書けるようになるまでに時間を要するだろうから，第一段階では最低限どこまでが書ければよいのかわかるように太い色線でくくることとした。

　また，シリーズに『伊藤塾試験対策問題集　予備試験論文』が2018年までに7科目を刊行したことから，これとの差別化を図り，より汎用性の高い問題を登載することとした。これによって，テキストや基本書等で得た知識を，どのように答案に表現すればよいのかが更にわかりやすくなったことだろう。論文式試験において，なかなか点数があがらない受験生に，また，法学部の定期試験対策に効果を発揮するのは間違いない。

　今後も，本シリーズを利用して，めざす試験が突破できることを願っている。

【1】合格答案作成のテキスト

　本シリーズは，論述形式で答案を作成しなければならない試験対策用のテキストである。一見，単なる問題集のようにみえるが，実は合格答案を書くノウ・ハウが詰まった基本テキストである。司法試験・予備試験，法科大学院入学試験，公務員試験，学年末試験など記述対策を必要とするすべての試験に役立つように作成した。いわば，『伊藤真試験対策講座』（弘文堂）の実践篇である。

　法律の学習は，理解──→記憶──→表現という過程をたどる。理解を伴わなければいくら知識を丸暗記しても使い物にならない。また，いかに理解できていても記憶しておかなければ，問題は解けない。そして，どんなに知識をもっていてもそれをわかりやすく表現できなければ，結局，勉強は自己満足に終わり，試験でも合格後にもまったく役に立たない。理解と記憶と表現はそれぞれ別個の対策と努力が必要だからである。本書は，法律学習の最終仕上げの部分である，どう書くかという表現方法を訓練するためのテキストとなっている。

　答案を書く際には，エッセイと違って，問題文というものがある。思いつきで書いたのでは答案にならない。問いに答えて，何を，どのような順番で，どの程度深く書くかを考えながら書く必要がある。しかも，時間と字数の制限のなかで，最大の効果をあげなければならない。

　そのためには，試験時間を有効に活用する必要がある。与えられた制限時間のなかで，その場でしかできないことに精一杯の時間を掛け，事前に準備できるものは徹底的に準備しておくという発

想が必要なのである。これが，伊藤塾で行っている**ゴールからの発想**という勉強方法の基本である。そして，その事前の準備として論証をあらかじめ十分に考え，書き方まで練って用意しておく。伊藤塾でよぶところの「論証パターン」を用意しておくのである。それが結果的に人と同じような論証になったからといって，気にする必要はない。自分が納得したものであれば，堂々と自分の論証として答案に書いてくればいい。要は，自分で理解し納得して書くことである。意味もわからず丸暗記で書いていたのでは合格できるはずもない。

　本書では，どの部分を事前に準備すればいいのか，どの部分を試験会場で考えて書かなければならないのかを示している。自分の頭でしっかりと考えた答案を作成する技術を学びとってほしい。

【2】答案作成のノウ・ハウ公開

　本書では，答案作成のノウ・ハウを公開している。初版から変わらないが，情報はだし惜しみせずに共有するというのが私の考えである。これは『伊藤真試験対策講座』を上梓したときから変わらない。もちろん，講義に比べて文章であるがために言葉が足りず，うまく伝えきれなかったところもあれば，ノウ・ハウの一部しか盛り込めなかったところもある。

　もっとも，伊藤塾の塾生であれば，初学者の段階から本書を利用することによって講義の効果が倍増するであろう。他校で勉強していたり，独学者であっても，本来は伊藤塾で私たちの講義を聴いてほしいところだが，本書を参考に自分の頭で考える訓練を続けていけば，必ず合格答案を書く力がついてくるはずである。重要なことは，**一問一問，実際に手を動かして書いてみること**，そして，自分でその**結果を検証して考えてみる**ことである。こうした地道な努力の積み重ねによって，合格者のだれもが書く力をつけてきたのである。ぜひ頑張ってほしい。

2　本書の特色

【1】本書の構成

　各問題は，問題文，解答へのヒント，答案例，そして，解説にあたる出題趣旨，論点，答案作成上の注意点，参考文献の7つのパートによって構成している。

　本書に掲載されている問題は，多くの試験で実際に出題されうる応用的な論点について，比較的短めの問題とその答案例を中心に収録している。問題文から論点を抽出し，規範を定立し，事実をあてはめるという答案作成の全般的な練習により，司法試験，公務員試験，大学の定期試験など記述対策を必要とするすべての試験に対応することができる。

　そして，本書の特色のひとつとして，重要部分が読者に一目でわかるように黒文字と色文字の2色刷りを採用した点がある。

　答案例においては，**論証部分を色枠で囲い，規範部分を色文字**にしてあるので，伊藤塾でいう「論証パターン」にあたる部分が一目でわかるようになっている。そのため，『伊藤真試験対策講座』内の「論証カード」に掲載されている論証パターンの論述と比較して，答案においてはどのように実践的に用いられているかを確認するのも答案学習には効果があるだろう。

　また，2色刷り部分を活用する方法として，たとえば，試験直前の最終チェックとして，色文字の規範部分や要件事実の部分だけをまとめて読み返したり，記憶用のカードに抜きだして整理したりする方法も有効であろう。これらばかりでなく，各自の工夫によって，学習効果を更に高める使

い方をしてほしい。

【2】問題について

(1) 伊藤塾オリジナル問題，旧司法試験の問題および現在の司法試験の問題の一部を改題したものを使用

伊藤塾では，創設当初から実施している全国公開論文答練から始まり，現在実施中のペースメーカー論文答練，コンプリート論文答練など，これまでに多くの答練を実施してきた。これらで出題した伊藤塾オリジナル問題のうち，学習に適切な問題を厳選して使用している。

次に，旧司法試験の問題は，現在の司法試験とは形式が異なるものの，司法試験を解くうえで必要な論点を学習するのに最適の教材である。そこで，旧司法試験の問題をアレンジし，かつ，伊藤塾オリジナル問題および現在の司法試験問題と合わせて民法の論点を網羅できるように厳選して使用した。

現在の司法試験の問題は，1回分を収録すると膨大な分量となって，基本を重視する本書にとって適切ではない。したがって，設問の一部を抜粋し，適宜要約したうえで掲載している。そうとはいえ，司法試験をめざす読者にとっては，本番の試験そのものであるから，みずからの勉強の終着点がどのくらいのレベルかを認識して，普段の勉強の指針としてほしい。

なお，すべての問題について，令和元年法律34号までに成立した法改正に対応させた内容としている。

(2) 重要度ランクを示した

法律の学習において，メリハリづけはきわめて重要である。各自の学習レベルに応じてマスターしておいたほうがよい問題が異なる。以下のめやすに従ってほしい。

ア　必ずおさえるべき問題　特A（A⁺と表記）ランク

法律の学習開始後，最初に取り組むべき問題であり，初学者，上級者を問わず，必ずしっかりと書けるようにしておかなければならない。

イ　基本的な問題　Aランク

法律の学習を始めて1年目であっても学習効果がある問題である。また，上級者は，基本であることを意識して書けるようにしておかなければならない問題である。公務員試験の記述対策としてはこのレベルで足りるであろう。

ウ　一歩進んだ応用問題　Bランク

司法試験の論文式試験などある程度のレベルの試験対策を念頭に，一歩進んで考えることを目的にしている問題である。このレベルの問題がマスターできれば，最低限合格の力はついてきている。

エ　更に進んだ応用問題　Cランク

未知の問題を解く訓練や，自分の頭で考える訓練の素材として有効である。多少，負荷をかけて勉強したいという人はぜひ挑戦してほしい。このレベルの問題を自分の頭で考えることによって，法律を使いこなすことが容易になってくるはずである。

【3】答案例について

(1) 答案例の内容を全面的に見直し，加筆・訂正することにより，更なる内容の充実を図った

このため，過去に本書掲載の問題を解いたことがある人にとっても有意義な学習が可能となった。

⑵　流れのある答案となるように心掛けた

　　答案の善し悪しは流れで決まる。そこで，本書では接続詞を多用して，論理的な文章を心掛けている。合格答案のイメージづくりの参考にしてほしい。なお，接続詞の重要性は，野矢茂樹（著）『論理トレーニング』（産業図書），苅谷剛彦（著）『知的複眼思考法』（講談社）などでも指摘されているところである。

　　特に初学者は，初期にしっかりした答案のモデルに触れることが短期合格の秘訣である。おおいに参考にしてほしい。

　　また，答案の論理の流れも，できるだけ単純なロジックを心掛けた。単純明快でわかりやすい答案ほどレベルが高いと考えているからである。シンプルで読みやすい答案ほど評価が高い。そこで，論理の流れは次のように単純化している。これにより，理解が容易になり，さらに，理解した後の記憶の負担が劇的に減少する。ワンパターンとの批判もありうるであろうが，むしろパターン化したほうが，自分の考えを正確に伝えることができるし，問いに答えた答案を作りやすい。判決文のパターンをまねるべきである。

⑶　積極的に改行して余白部分を作り，視覚的に読みやすい答案をめざした

　　答案は読んでもらうものである。採点者は1通にそれほど時間をかけられず，しかも，かなりの数の答案を読まなければならない。読み手の負担を軽減する方策をとることは，読み手に対する礼儀である。まず視覚的に読みやすい印象を与えることはきわめて重要なことだと考えている。

　　なお，問題によっては，模範答案として書くべき内容が盛りだくさんのものもある。そのような場合は，紙面との関係で，改行せずに1段落が長くなっている答案例もあるが，ご容赦願いたい。実際の試験において，決められた枚数の答案用紙に，答案例と同様の完成度が高い答案を書くのであれば，文字の大きさに十分配慮する必要がある。訓練して試験にのぞんでほしい。

⑷　法的三段論法を意識したナンバリングにした

　　法律文書の基本は，法的三段論法であるといわれる。法的三段論法とは，論理学における三段論法を法律学に応用したものである。三段論法とは，大前提に小前提となる事実をあてはめて，結論を導く方法である。よくもちだされる例であるが，

　　　　大前提：人間はいずれ死ぬ

　　　　小前提：ソクラテスは人間である

　　　　結　論：ソクラテスはいずれ死ぬ

というものである。一方，これが法的三段論法では，大前提が法規（条文や条文解釈から導き出される規範），小前提が具体的な事実，結論が法適用の結果となる。

　　たとえば，

　　　　大前提：人を殺した者は，死刑または無期もしくは5年以上の懲役に処する（刑法199条）

　　　　小前提：AはBを殺した

　　　　結　論：Aは，死刑または無期もしくは5年以上の懲役に処せられる

というかたちになる。ここまでが法的三段論法であるが，答案の流れをよくする便宜上，これから何を論ずるかを示してから法的三段論法に入ることが望ましい。この部分を問題提起という。

　　まとめると，答案は，問題提起──▶規範定立──▶あてはめ──▶（問題提起に対する）結論といったブロックがいくつも積み重なり，最終的に問いに答えるという構造になっていなければならない。

　　そこで，これらを意識していただくために，問題提起の部分，大前提として規範を立てる部分，小前提としてあてはめをする部分および結論部分とを意識的に改行して項目立てを分けている。特

に初学者は，このナンバリングを参考に法的三段論法の書き方をマスターしてほしい。

⑸ **右欄のコメント**

　法的三段論法を意識していただくため，問題提起，規範定立，あてはめ，結論の部分について右欄にコメントで記した。

　ア　**問題提起**

　　法的三段論法の最初となる問題提起は，本来はどの論述をする際にも書かなければならないものである。しかし，本書では紙面のスペースの関係上，メインの論点でないところでは省略したところもあるため，ご容赦いただきたい。もっとも，本番の試験では時間の余裕があればきちんと記述することが望ましい。

　イ　**規範**

　　法的三段論法の論証において，あてはめの帰結となるものである。いわゆる論証パターンのなかで，記憶しておくことが望ましい部分ではある。しかし，この部分を機械的に記憶するのは，本番で忘れたとき，未知の論点に遭遇したときに対応できなくなるためお勧めできない。規範は，本来は条文の文言や趣旨から導き出すべき法解釈の部分にあたるものであるから，どのようにこれらから導き出されるのかをしっかりと理解しておく必要がある。そして，この導出過程を理解しておけば，本番で忘れてしまったり，未知の論点に遭遇した時にも対処が可能となるであろう。

　ウ　**あてはめ**

　　伊藤塾では創立当初から，あてはめの重要性を訴えてきた。具体的な問題を解決するために法律を使いこなすのだから，このあてはめ部分の重要性は明らかである。また，本試験では，問題文を見なければこの部分は書けないのだから，具体的に考えることができるかという本人の実力がそのまま反映される部分でもある。

　　まず，問題文の事実に評価を加えて認定するのが理想である（事実評価認定）。法的三段論法の特長は，このように小前提たる事実認定にも評価が入る点である。事実を自分がどうみるのかを指摘できればアピールできる。ただ，スペースの関係で評価を加えながら事実を認定した答案例もある。なお，事実を付け加えるのは厳禁である。

　　そして，あてはめを規範に対応させるべきである。規範定立したのに，それに対応させないのはあまりにもお粗末である。自分の定立した規範に従ってきちんとあてはめをすることである。これは自分の書いた文章に責任をもてということでもある。規範とは道具であって，あてはめがしっかりできることによって道具を使いこなしたことをアピールできるのである。

　エ　**結論**

　　あてはめの後，問題提起に対応させて，三段論法の帰結を書くのが理想である。ただし，本書ではスペースの関係でできなかったものが多い点はご容赦いただきたい。

　オ　**形式的に問題文の問い掛けに答える**

　　問題文の問い掛けに形式的に答えることは答案の基本であるが，意外にできていない人が多い。この点は各自の答案ですぐに検証できる部分なので，早い時期から気を遣い，問いに答えられるようにしたい。

　　問題文：「……は適法か。」

　　書き方：「以上より，……は適法である。」「違法である。」

　　悪い例：「以上より，……は許される。」「……は認められない。」など，問いに答えていない

もの

(6) **条文，定義，趣旨など基本事項の重要性を指摘した**

　基本が大切だとはだれもがいうが，何についてどの程度気を遣うべきかは意外にはっきりした指針がない。本書では，何が基本かを意識して答案を作成しているので，基本の重要性を認識している人にはおおいに役立つはずである。

　ア　条文

　　あたり前のこととして軽視されがちなのであるが，すべての出発点は条文である。条文を正確に示すことも実力のうちということを認識してほしい。条数だけでなく，項や前段・後段・本文・ただし書まで正確に引用する方法を参考にしてほしい。

　　たとえば，民法でいうと，無権代理人の損害賠償責任（117条），解除の効果（545条1項），不法行為による損害賠償請求権の3年の消滅時効（724条）などの引用は不正確である。それぞれ，117条1項，545条1項本文，724条1号と正確に引用する必要がある。不正確な条文引用は減点事由となることを認識しておくべきであろう。

　イ　定義

　　定義が不正確だと，採点者に対して，致命的な印象を与えてしまう。いわば不合格推定がはたらくといってもよいだろう。ただ，むやみに丸暗記するのではなく，定義のなかのどの言葉が本質的で重要なのかを意識して記憶するようにしてほしい。

　ウ　趣旨

　　定義とならんで，あるいはそれ以上に重要である。法律の解釈は趣旨に始まり趣旨に終わるといってもよいほどよく使うので，理解して正確に表現しなければいけない要素である。

　　論点を論述する際には，趣旨から論証できると説得的になり，高い評価が得られるであろう。

(7) **判例（あるいは裁判例）は年月日を摘示することで，読者各自が検索しやすいようにした**

　実務家登用試験において判例が重要なのはいうまでもない。試験までに時間があるときには，ぜひ判例集にあたってみてほしい。

(8) **答案例左側に，その問題で最低限書いてほしい部分を太い色線でくくった**

　答案例のように，すべての解答が書けるようになるのが理想ではあるが，最初からすべてを解答するのは難しいだろう。そこで，答案例のなかでも最低限書いてほしい部分を明示した。

【4】解答へのヒント・出題趣旨・答案作成上の注意点

(1) **解答へのヒント**

　本書は初学者であっても十分取り組むことのできるものであるが，それでも問題によってはまったく解答の見当もつかないものがあるかもしれない。そこで，問題文の下に解答へのヒントを示した。この部分は，解答にいたるまでの思考過程の端緒ともいえる部分であり，答案を書く際の参考としてほしい。

(2) **出題趣旨**

　本問を出題した趣旨およびその重要性について記述した。これまでの司法試験での出題状況にも触れてあるので，参考にしてほしい。

(3) **答案作成上の注意点**

　答案を書くにいたるまでの思考過程，答案を書くにあたって必要な知識などを記述している。法律の勉強は特に抽象論が多くなりがちであるため，具体例を示す，図表を多く用いるなど，具体的

なイメージをつかめるように工夫した。

　また，本書の読者の多くが受験する試験が実務家登用試験であることをふまえ，判例，通説からの記述となるように心掛けた。判例はすべてに掲載書籍（『伊藤真の判例シリーズ』〔弘文堂〕，『判例百選』〔有斐閣〕がある場合は事件の番号）を記した。実務家登用試験である以上，判例の原文にあたることは大変有意義であるから，時間のあるときにぜひ一度目を通してほしい。

　なお，今後の勉強の便宜のために，問題毎の末尾に参考文献として，拙著『伊藤真試験対策講座』，『伊藤真の判例シリーズ』（いずれも弘文堂）の該当箇所を示した。

【5】論点および論点一覧

　①出題趣旨の下に，論点を付した。
　②上記論点の一覧を巻頭に示した。
　③答案例内に①の各論点を示した。

3 本書の使い方

【1】初学者（まだ答案を書いたことがない，あるいは書き方がわからない人）

　まずは，答案のノウ・ハウを熟読し，しっかりと理解・記憶してほしい。

　そのうえで，Aランクの問題，なかでも，特Aランクの問題を先に解いてみてほしい。

　その際，いきなり答案構成をしたり，答案を書いたりすることは，非能率的で，およそ不可能である。まず，問題文と答案例を対照させて，どのように書いたらよいのかを分析してみる。

　また，条文，定義，趣旨などの基本事項がいかに重要であるかを認識してほしい。もちろん重要性を認識したら，カードを作るなどして繰り返し覚える努力を惜しまないこと。

　特AおよびAランクの問題を理解したら，次にB，Cランクも学習していく。

　答案作成の方法がわかったら，実際に答案構成をしてみるか，答案を書いてみるとよい。わかったつもりでいたところが，いざ書いてみようとすると記憶があいまいで書けないなど，自分の弱点が見えてくるはずである。弱点を突きつけられたとしてもそれに負けずに，一歩一歩確実にしていくことが今後の力となる。

　答案構成の見当もつかないような問題は，解答へのヒントを参考にするとよい。まずどのような点に着目すればよいかを把握することができるはずである。

　そして，一度答案構成をした問題および答案を書いた問題でも，何度か繰り返してやってみてほしい。それによって他の問題にも応用できる知識や答案の書き方が身についてくる。問題文の右上にCHECK欄を作ったのは，何回勉強したか自分で記録するためのものである。

【2】中級者以上（いちおう，答案を書いたことがあるが，本試験や答練でよい評価を得られない人など）

　まずは，問題を見て，答案を作成してほしい。少なくとも答案構成をしてほしい。その際に解答へのヒントを参照してもかまわない。実際に書いてみることによって，答案例などのコメントが現実的なものとして印象に強く残るからである。次に，答案例と見比べて，どこが違っているかを確認する。

　たとえば，事実を引用せずに，いきなり「それでは，……であろうか。」などと問題提起をして

いないか（「それでは」は，前の文章を受けないので，論理が飛躍する（論点外しをする）危険性が高い（「まず，前提として」も同じ）。もちろん，これらを使ってはいけないということではない。本当に「それでは」でつながるのか，本当に「まず，前提」なのかを自分でチェックしてみることである。

　また，抽象的な問題提起をしている，趣旨から論証できたのにできがよくなかった，あてはめと規範が対応していない，問いに答えていない，など自分の欠点を見つけ，改善すべきところを探る。こうして自分の書いた答案を添削するつもりで比較検討するのである。欠点のない人はいないのだから，それを謙虚に認めることができるかどうかで成長が決まる。

　そして，答案例や答案作成上の注意点から基本事項の大切さを読み取ってほしい。この点の再認識だけでもおおいに意味があると思う。答案作成にあたって，特別なことを書く必要はないということが具体的に実感できるであろう。ぜひ，基本事項の大切さを知ってほしい。人と違うことを書くと，大成功することもあるが，大失敗する危険もある。そのリスクに配慮して書かない勇気というものもある。また，たとえ加点事由でもあっても，基本事項を抜きにして突然書いてみてもほとんど意味がない。基礎点のないところに加えるべき点数などないことを知るべきである。

　最後に，自分の答案の表現の不適切さなどは，自分自身では気づかない場合が多い。できれば合格者に答案を見てもらう機会がもてるとよい。伊藤塾では，スクーリングを実施していて，講師やゼミ長が全国へ行くため機会があったら参加してみてもよいだろう。なお，受験生同士で答案の読み回しをしても一定の効果があるので，ゼミを組んで議論するのもひとつの手であろう。ほかの人に答案を読んでもらうことによって，独りよがりの部分に気がつくこともしばしばある。ただし，ゼミの目的と終わりの時間をしっかりと決めて参加者で共有しておかないと，中途半端なものとなり時間の無駄に終わることがあるので注意すること。

【3】論点・論点一覧の使い方

　学習上の観点から，本文とは別に論点一覧を巻頭においた。

　各問題の出題趣旨の下に示されている「論点」の一覧である。勉強が進んだ段階で，自分が知らない論点はないか，理解が不十分な論点はないか，書き方がわからない論点はないかなど，チェックをする材料として利用してほしい。

　また，答案例の右欄にある 論 は，各問題において論ずる必要がある論点のうち，いずれの論点が答案のどの部分をさしているかを示した。初学者であれば，これも目安に答案の構成を学んでほしい。

4 おわりに

　本書は，冒頭でも述べたが論述式試験における合格答案を書くためのノウ・ハウが詰まっている基本テキストである。

　試験において合格に要求される能力とは，問題点を把握し，条文を出発点として，趣旨から規範を導き，問題文から必要な具体的事実を抽出し，これを評価してあてはめることによりその解決を図ることである。

　これは，法科大学院入学試験，公務員試験，大学および法科大学院における期末試験，予備試験

でもまったく変わらないはずである。

　考える力は各自の学び舎を介し，または独自で身につけてもらうほかはないが，合格答案が書ける力を養成するものとして，本書を利用してほしい。

　そして，その力を備え，各々の目標を達成されることを切に望んでいる。

　最後に，本書の制作にあたっては，多くの方のご助力を得た。特に2018年に予備試験に合格し，翌2019年に司法試験に合格された秋野博香さん，石川魁さん，片桐和也さん，川口正貴さん，寺川和真さん，平岩三佳さん，成田凌さん，毒嶋拳矢さんには，優秀な成績で合格した力をもって，彼らのノウハウを惜しみなく注いでいただいた。また，伊藤塾の書籍出版において従前から貢献していただいている永野達也氏（新65期）には，実務家としての視点をもって内容をチェックしていただいた。そして，伊藤塾の誇る優秀なスタッフと弘文堂の皆さんの協力を得て，はじめて刊行することができた。ここに改めて感謝する。

　　2019年12月

伊藤　真

★参考文献一覧

　本書をまとめるにあたり多くの文献を参照させていただきました。そのすべてを記すことはできませんが主なものを下に掲げておきます。なお，本書はいわゆる学術書ではなく，学習用の教材ですので，その性質上，学習において必要な部分以外は引用した文献名を逐一明記することはしませんでした。ここに記して感謝申し上げる次第です。

伊藤滋夫編著・新民法（債権関係）の要件事実Ⅰ・Ⅱ（青林書院・2017）

大江忠・新債権法の要件事実（司法協会・2016）

大村敦志＝道垣内弘人編・解説　民法（債権法）改正のポイント（有斐閣・2017）

潮見佳男・民法（全）［第2版］（有斐閣・2019）

潮見佳男・民法（債権関係）改正法の概要（きんざい・2017）

潮見佳男＝北居功＝高須順一＝赫高槻＝中込一洋＝松岡久和編著・Before/After 民法改正（弘文堂・2017）

潮見佳男＝千葉惠美子＝片山直也＝山野目章夫編・詳解　改正民法（商事法務・2018）

筒井健夫＝村松秀樹編著・一問一答　民法（債権関係）改正（商事法務・2018）

中田裕康＝大村敦志＝道垣内弘人＝沖野眞已・講義　債権法改正（商事法務・2017）

平野裕之・新債権法の論点と解釈（慶應義塾大学出版会・2019）

民法（債権法）改正検討委員会編・詳解　債権法改正の基本方針Ⅰ～Ⅴ（商事法務・2009～2010）

村田渉＝山野目章夫編著・要件事実論30講［第4版］（弘文堂・2018）

山本敬三・民法の基礎から学ぶ　民法改正（岩波書店・2017）

【総則】

内田貴・民法Ⅰ総則・物権総論［第4版］（東京大学出版会・2008）

近江幸治・民法講義Ⅰ民法総則［第7版］（成文堂・2018）

大村敦志・新基本民法1総則編　基本原則と基本概念の法［第2版］（有斐閣・2019）

川井健・民法概論1民法総則［第4版］（有斐閣・2008）

佐久間毅・民法の基礎1総則［第4版］（有斐閣・2018）

四宮和夫＝能見善久・民法総則［第9版］（弘文堂・2018）

中舎寛樹・民法総則［第2版］（日本評論社・2018）

星野英一・民法概論Ⅰ序論・総則［改訂版］（良書普及会・1971）

我妻榮・新訂　民法總則（民法講義Ⅰ）（岩波書店・1965）

【物権】

遠藤浩＝鎌田薫編・基本法コンメンタール物権［第5版］新条文対照補訂版（日本評論社・2005）

近江幸治・民法講義Ⅲ担保物権［第2版補訂］（成文堂・2007）

川井健・民法概論2物権［第2版］（有斐閣・2005）

川井健・担保物権法（青林書院新社・1975）

佐久間毅・民法の基礎2物権［第2版］（有斐閣・2019）

鈴木禄弥・物権法講義［五訂版］（創文社・2007）

高木多喜男・担保物権法［第4版］（有斐閣法学叢書2）（有斐閣・2005）

星野英一・民法概論Ⅱ物権・担保物権［合本新訂版］（良書普及会・1976）

我妻榮（有泉亨補訂）・新訂　物権法（民法講義Ⅱ）（岩波書店・1983）

我妻榮・新訂　担保物権法（民法講義Ⅲ）（岩波書店・1968）

【債権総論】

内田貴・民法Ⅲ債権総論・担保物権［第3版］（東京大学出版会・2005）

近江幸治・民法講義Ⅳ［第3版補訂版］（成文堂・2009）

大村敦志・新基本民法4債権編（有斐閣・2016）

奥田昌道・債権総論［増補版］（悠々社・1992）

於保不二雄・債権総論［新版］（有斐閣・1972）

川井健・民法概論3債権総論［第2版補訂版］（有斐閣・2009）

潮見佳男・新債権総論Ⅰ・Ⅱ（信山社・2017）

中田裕康・債権総論［第3版］（岩波書店・2013）

中舎寛樹・債権法　債権総論・契約（日本評論社・2018）

野澤正充・債権総論［第2版］セカンドステージ債権法Ⅱ（日本評論社・2017）

平野裕之・債権総論（日本評論社・2017）

星野英一・民法概論Ⅲ債権総論［補訂版］（良書普及会・1978）

我妻榮・新訂　債権総論（民法講義Ⅳ）（岩波書店・1964）

【債権各論】

幾代通（徳本伸一補訂）・不法行為法（有斐閣・1993）

内田貴・民法Ⅱ債権各論［第3版］（東京大学出版・2011）

遠藤浩編・基本法コンメンタール債権各論Ⅱ（事務管理・不当利得・製造物責任法）［第4版］新条
　　文対照補訂版（日本評論社・2005）

大村敦志・新基本民法5契約編・6不法行為編（有斐閣・2015～2016）

川井健・民法概論4債権各論［補訂版］（有斐閣・2010）

澤井裕・テキストブック　事務管理・不当利得・不法行為［第3版］（有斐閣・2001）

四宮和夫・事務管理・不当利得　上巻（青林書院新社・1981）

四宮和夫・不法行為　中・下巻（青林書院新社・1987）

潮見佳男・基本講義　債権各論Ⅰ契約法・事務管理・不当利得［第3版］・Ⅱ不法行為法［第3版］
　　（新世社・2017）

野澤正充・契約法［第2版］セカンドステージ債権法Ⅰ・事務管理・不当利得・不法行為［第2版］
　　セカンドステージ債権法Ⅲ（日本評論社・2017）

平野裕之・コア・テキスト　民法Ⅴ契約法［第2版］・Ⅵ事務管理・不当利得・不法行為［第2版］
　　（新世社・2018）

星野英一・民法概論Ⅳ契約［合本新訂版］（良書普及会・1986）

前田陽一・債権各論Ⅱ不法行為法［第3版］（弘文堂・2017）

我妻榮・新訂　債権各論上巻（民法講義V₁）・中巻一（民法講義V₂）・中巻（民法講義V₃）・下巻一
　　（民法講義V₄）（岩波書店・1954～1972）

【親族相続】

大村敦志＝窪田充見編・解説　民法（相続法）改正のポイント（有斐閣・2019）

潮見佳男＝窪田充見＝中込一洋＝増田勝久＝水野紀子＝山田攝子編著・Before/After 相続法改正
　　（弘文堂・2019）

潮見佳男・詳解　相続法（弘文堂・2018）

潮見佳男編著・民法（相続関係）改正法の概要（きんざい・2019）

堂薗幹一郎＝野口宣大・一問一答　新しい相続法（商事法務・2019）

【その他】

池田真朗＝浦川道太郎＝瀬川信久＝安永正昭・基礎演習　民法（財産法）（有斐閣・1993）

潮見佳男＝道垣内弘人編・民法判例百選Ⅰ総則・物権［第8版］（有斐閣・2018）

窪田充見＝森田広樹編・民法判例百選Ⅱ債権［第8版］（有斐閣・2018）

水野紀子＝大村敦志編・民法判例百選Ⅲ親族・相続［第2版］（有斐閣・2018）

注釈民法（1）～（26）（有斐閣・1964～1987）

新版注釈民法（1）～（28）（有斐閣・1989～2015）

新注釈民法（1）～（20）（有斐閣・2017～2019）

重要判例解説（有斐閣）

判例時報（判例時報社）

判例タイムズ（判例タイムズ社）

最高裁判所判例解説民事編（法曹会）

法務省事務当局作成の法制審議会民法（債権関係）部会席上配布資料（部会資料）

民法（債権関係）の改正に関する中間試案（中間試案）

民法（債権関係）の改正に関する中間試案の補足説明（中間試案補足説明）

目　　次

論点一覧

第1問 B　制限行為能力者

　　現在90歳のAは，80歳を超えたあたりから病が急に進行して，判断能力が衰え始め，2年前からしばしば事理弁識能力を欠く状態になった。絵画の好きなAは，事理弁識能力を欠いている時に，画商Bの言うままに，Bの所有する甲絵画を500万円で売買する契約をBと締結し，ただちに履行がされた。

　　この事案について，以下の問いに答えよ。なお，小問1と小問2は，独立した問いである。

1(1)　Aは，甲絵画をBに戻して500万円の返還を請求することができるか。また，Bに甲絵画を800万円で購入したいという顧客が現れた場合に，Bのほうからに対して甲絵画の返還を請求することはできるか。

　(2)　AがBに500万円の返還を請求する前に，Aの責めに帰することができない事由によって甲絵画が滅失していた場合に，AのBに対するこの返還請求は認められるか。Bから予想される反論を考慮しつつ論ぜよ。

2　AB間の売買契約が履行された後，Aを被後見人とし，Cを後見人とする後見開始の審判がされた。AB間の甲絵画の売買契約に関するCによる取消し，無効の主張，追認の可否について論ぜよ。

【解答へのヒント】

1　小問1について

　　(1)では，絵画の返還を請求することができるか問われているので，まずは請求の根拠を考えます。本件ではAが事理弁識能力を欠くときに契約をしたのですから，これを理由に契約の無効を主張して原状回復を求める旨の請求を立てられそうです。

　　(2)では，売買契約の一方当事者が原状回復請求をする場合，他方の当事者も原状回復を請求することができます。本件では売買契約によりBからAに所有権の移転した絵画がAの帰責性なく滅失していること，Aが契約当時事理弁識能力を欠いていたことがAの原状回復義務に影響しないかを考えてみましょう。

2　小問2について

　　成年被後見人の法律行為は取り消すことができます（9条）。本件の売買契約締結時点では，Aはまだ後見開始の審判を受けておらず，成年被後見人とは認定されていませんが，この場合でも取消し可能か，趣旨から考えていきましょう。同様に，後見人が無効を主張できるか，後見開始の審判前になされた法律行為の追認の可否についても，趣旨から考えていきます。

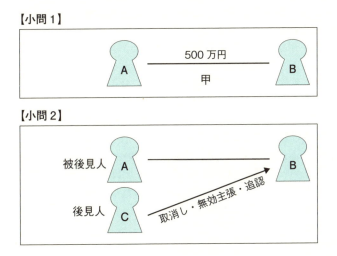

【小問1】

【小問2】

答案例

第1　小問1(1)について

1　Aは，Bに対して，甲絵画の売買契約（以下「本件契約」という）はAの意思無能力ゆえに無効（3条の2）であると主張し，121条の2第1項に基づいて500万円の返還を請求できないか。　　　　　　　　　　　5

(1)　意思能力とは，自己の行為の結果を判断するに足りる精神能力をいい，事理弁識能力と同義である。

本件では，本件契約締結時にAは事理弁識能力を欠いており，意思無能力であったといえる。

したがって，本件契約は無効であるといえる。　10

(2)　また，AはBに対し本件契約に基づき代金を交付し，Bは「債務の履行として給付を受けた者」といえる。

(3)　以上よりAのBに対する上記請求は認められる。

2　次に，Bも，Aに対して，本件契約の無効を主張し，同項に基づいて甲絵画の返還を請求できないか。　　15

(1)　この点，法律行為の無効は原則だれでも主張できるが，意思無能力による無効は，意思無能力者保護を趣旨とするため，意思無能力者側からのみ主張ができるものと解する（120条類推適用）。

(2)　よって，Bは，本件契約の無効を主張できず，上記　20
請求をすることができない。

第2　小問1(2)について

1　Bは，Aの121条の2第1項に基づく返還請求に対し，同項に基づく価額償還請求権を自働債権として，両債権の相殺（505条1項本文）を反論すると考えられる。　　25

(1)　まず，Bは，前述のとおり，Aに対し，500万円の返還義務を負っている。

(2)　次に，有償契約においては121条の2第2項のような修正が設けられていないことから，現物返還が不可能となった場合でも原状回復請求は免れられず，121　30
条の2第1項に基づく原状回復義務の履行として，価額償還義務を負うものと解される。

本件では，甲絵画は滅失し返還不能なため，Aが原状回復義務として価額償還義務を負うとも思える。しかし，Aは，本件契約時に意思能力を欠いており，原　35
状回復義務として，現存利益の返還義務しか負わない（同条3項）。そして，甲絵画はAの帰責性なく滅失した以上，Aに現存利益は存しない。

(3)　したがって，Aは何らの返還義務も負わない。

2　よって，「互いに同種の目的を有する債務を負担する」（505条1項本文）といえず，相殺が認められない結　40
果，AのBに対する返還請求は認められる。

第3　小問2について

1　取消しの可否について

➡問題提起

論 意思無能力による無効の性質と主張権者

➡規範

➡結論

(1) Cは，後見開始の審判（7条）前にされた本件契約を取り消す（9条本文，120条1項）ことができるか。

→問題提起
論 後見開始の審判前の行為の後見人による取消しの可否

(2) 制限行為能力者制度の趣旨は，画一的基準をみたすことで行為を取り消しうるとすることで制限行為能力者の保護と取引の安全の調和を図る点にあるところ，審判という基準が示される前の行為を取り消せるとすると，制限行為能力者であることを知らない相手方の取引の安全を害し妥当でない。

そこで，後見人は後見開始の審判前に被後見人がした法律行為の取消しをなしえないと解する。

→規範

(3) よって，本件契約を取り消すことはできない。

→結論

2 無効主張の可否について

(1) Cは，後見開始の審判前に，Aが意思無能力で締結した本件契約の無効を主張することができるか。

→問題提起
論 後見開始の審判前に意思無能力でなされた行為についての後見人による無効主張の可否

(2) まず，意思無能力による無効は，無能力者保護のためのものであるから，意思無能力者の後見人も主張できると解する（120条類推適用）。また，後見開始の審判前の行為であっても，相手方は被後見人から意思無能力による無効を主張されうるため，後見人に，後見開始の審判前の行為についての無効主張を認めても，相手方の取引の安全を害しない。

そこで，後見人は，審判前に被後見人が意思無能力で行った行為の無効を主張しうると解する。

→規範

(3) よって，Cは，本件契約の無効を主張しうる。

→結論

3 追認の可否について

(1) Cは，後見開始の審判前に，Aが意思無能力で締結した本件契約を追認できるか。

→問題提起
論 後見開始の審判前に意思無能力でなされた行為についての後見人による追認の可否

(2) まず，無効な行為は追認できないのが原則であるが（119条本文），意思無能力による無効は本人保護を目的とするため，後見人による追認は認められると解する（122条類推）。また，相手方は契約の有効性を前提としているといえ，後見開始審判前の行為を後見人が追認しても取引の安全を害しない。

そこで，後見人は，後見開始の審判前に被後見人が意思無能力で行った行為を追認できると解する。

→規範

(3) よって，Cは，本件契約を追認しうる。

以上

→結論

本問の題材は，旧司法試験の2010（平成22）年度第1問である。

小問1は，意思能力を欠く者がした法律行為の効果と無効の性質についての理解を問うものである。さらに，意思無能力者の保護の観点から，無効の際の事後処理について検討させ，原状回復請求およびそれに関連する問題についての基礎的な理解を問うている。小問2は，後見開始の審判の前後における後見人の権限の相違に留意しつつ，後見人による取消し，無効の主張，追認の可否の分析を求めるものである。

論点

1　意思無能力による無効の性質と主張権者
2　後見開始の審判前の行為の後見人による取消しの可否
3　後見開始の審判前に意思無能力でなされた行為についての後見人による無効主張の可否
4　後見開始の審判前に意思無能力でなされた行為についての後見人による追認の可否

答案作成上の注意点

1　小問1(1)について

1　意思無能力でなされた法律行為の効力と原状回復義務
　(1)　3条の2

　　同規定によると，「法律行為の当事者が意思表示をした時に意思能力を有しなかったときは，その法律行為は，無効」となります。もっとも，意思能力の定義についてはさまざまな見解が存在しており，明文化されておらず，解釈に委ねられています。そこで，本問で事理弁識能力を欠くAが「意思能力を有しなかった」といえるか，意思能力の解釈を行い認定する必要があります。

　　答案例では，意思能力とは，自己の行為の結果を判断するに足りるだけの精神能力のことをいい，事理弁識能力と同義であるとする解釈を採用し，Aの意思無能力を認めています。なお，多数説は，意思能力が私的自治の原則あるいは自己決定のために必要な能力であるから，その法律行為をすることの意味を理解する能力として個別具体的な法律行為の内容に即してその存在が判断されるものと解しています。

　(2)　121条の2

　　同規定は，無効な行為に基づく債務の履行として給付を受けた者の原状回復義務を定めています。

　　本問で売買契約時のAの意思無能力が認められ，契約が無効であるといえるとしても，その効果として当然に給付した絵画の返還を受けられるわけではなく，返還請求の根拠を明示しなければなりません。

2　意思無能力による無効の性質と主張権者
　(1)　3条の2

　　同規定では，どのような範囲の者が無効を主張できるかについては，明文化されていません。そこで，意思無能力者でないBが無効を主張できるか，解釈を行い認定する必要があります。

　(2)　意思無能力者の法律行為の無効：相対的無効説

　　通説は，意思無能力による無効は，意思無能力者を保護するためのものであるから，法律行為の取消し同様，意思無能力者側からのみ主張ができ，相手方からは主張できないと解しています（120条類推適用）。

2 小問1⑵について

1 BからAに対して言えることとして考えられるのは，Aに給付した甲絵画についての原状回復請求です。そして，甲絵画が消失し，原状回復内容が甲絵画の返還ではなく，絵画の価額償還になっている場合には，この価額償還義務とAに対する甲絵画代金返還義務という「同種」の金銭債務を相殺することができます（505条1項）。このように相殺をすることではじめてAの121条の2第1項に基づく返還請求を妨げる反論が成立することになります。BからAに対して原状回復請求をするだけでは，Aからの請求自体を退ける反論は成立しないことに注意しましょう。

2 121条の2第1項
　同規定は，給付対象そのものについての返還義務があることはもちろん，原状回復義務まであることを明文化しています。現物を返還しただけでは足りない部分については，価額償還義務が発生するものと考えられます。同様に，現物を返還できない場合には，価額償還義務を負うものと解されます。

3 121条の2第3項
　同規定は，判断能力が不十分な者（意思無能力者，制限行為能力者）に法律行為の無効・取消しの主張を認めた規範の保護目的に即して，返還義務を具体化したものです。
　本問のAは売買契約締結時に意思無能力なので，同規定が適用されることを摘示します。そして，甲絵画が滅失し，売買契約により得た利益がAのもとに何ら現存していない以上，現存利益はAに存在しません。したがって，同規定によりAは何ら返還義務を負わないことになります。

3 小問2について

1 後見開始の審判前の行為の後見人による取消しの可否
⑴ この点については条文上規定がなく，一定の判断基準たる規範を立てて論述していく必要があります。規範を立てる際には，関連する制度，条文の趣旨に立ち返ることを意識してください。判例や論点としておさえていない問題でも，趣旨に立ち返ることで自分なりの規範を設定できれば，三段論法を崩すことなく，題意から外れた内容にならずに答案を作成できます。
　制限行為能力者制度の趣旨は，行為時の意思能力の有無を問わず，画一的基準をみたせば行為を取り消せるとすることで，制限行為能力者の保護と取引の安全の調和を図ることにあります。
⑵ 制限行為能力者の相手方保護の制度
　上記の取引安全という点に関連して，制限行為能力者の相手方保護の制度として民法が設けた4つを以下に示します。

> ・追認擬制，法定追認（125条）
> ・取消権の短期消滅時効（126条）
> ・相手方の催告権（20条）
> ・制限行為能力者の「詐術」による取消権の否定（21条）

　以上のうち，21条については，制限行為能力者が，みずから制限行為能力者であることを黙秘しているにすぎない場合でも「詐術」にあたるか，という典型論点があります。こちらもおさえられているか確認してください。

2 後見開始の審判前に意思無能力でなされた行為についての後見人による無効主張の可否
　そもそも後見人による無効主張が可能なのか，意思無能力の主張権者という先述の論点を展開する必要があります。相対的無効説によれば，被後見人たる意思無能力者側である後見人も無効主張が可能であるといえます。
　次に，本問でCが後見人になる前の行為でも，後見人たるCが無効を主張できるか問題となります。この点は，相手方は被後見人から意思無能力を主張されうることは後見開始前後を問わず

変わりないということをふまえて，無効主張が可能であるとの規範を答案例では導いています。

3　後見開始の審判前に意思無能力でなされた行為についての後見人による追認の可否

　　119条は「無効な行為は，追認によっても，その効力を生じない」と規定しています。そのため，3条の2により無効である本問の売買契約は，追認できないのが原則です。

　　もっとも，3条の2の趣旨は意思無能力者の保護にあり，後見人による追認を認めないとすると，被後見人たる意思無能力者の保護を図れません。そこで，原則を修正して，例外的に後見人による追認は認められると解します。

　　以上のように，意思無能力による無効の趣旨を重視して，原則・修正という流れで規範を作成したのが本問の答案例です。この論点は典型論点ではなく，知らなかったかもしれませんが，現場で答案例のように趣旨から一定の規範を自分なりに組み立てることができれば，点数を稼ぐことができるのです。

【参考文献】
試験対策講座・スタートアップ民法・民法総則2章1節②【2】・③【3】。

第2問 c 法人

　Y村は，令和元年度予算で，X銀行から1000万円の借入れをなすことを決定した。これに基づき，Y村の村長Aは，X銀行からY村名義で1000万円を借り入れた。その際，村長Aは，偽造した収入役名義の委任状を持参したうえで，みずから現金を受領し着服してしまった。

　X銀行は，Y村に対し，いかなる請求をなしうるか（なお，地方自治法上，普通地方公共団体の長は，現金の受領の権限を有さず，それは収入役の専権とされている）。

【解答へのヒント】

1　Xとしては，Y村村長Aに1000万円を貸し付けたのですから，当然その返還を求めていくことになります。しかし，Aは現金の受領権限を有しないので，要物契約たる消費貸借契約は成立せず，XはYに貸金の返還を求めることができないとも思えます。しかし，XとしてはAの持参した偽造委任状を信じて契約しており，Aが現金受領の代理権をも有していると考えていたといえます。このようなXの信頼を保護し，取引の安全を図る制度が何かなかったでしょうか。

2　また，Xとしては，1000万円が返還されないならば，その1000万円分の損害を被ったとして損害賠償請求をすることも考えられます。この場合，不法行為を行ったのはAでありY村ではありませんが，Y村に責任を負わせる規定が何かなかったでしょうか。

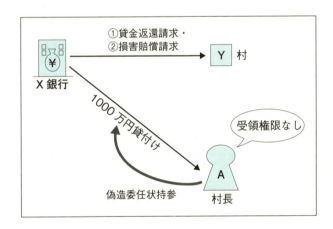

1　本問において，村長Aは地方自治法上現金の受領の権限を有さないから，AがX銀行から1000万円を借り入れた行為の効果は，原則としてY村には帰属しない。

　　したがって，X銀行は，Y村に対し，1000万円の返還請求をなしえないのが原則である。　　　　　　　　　　　　　5

　　しかし，消費貸借契約の成立を否定し，Y村は何らの責任を負わないとすることは，あまりに取引の安全保護に欠け，ひいてはY村の取引主体としての信頼を害する。

　　そこで，Xとしては，Y村に対し，①一般法人法77条5項適用または民法110条類推適用による貸金返還請求と，　　10
②一般法人法78条による損害賠償請求をすることが考えられるので，以下検討する。

← 一般法人法の正式名称は「一般社団法人及び一般財団法人に関する法律」

2　①一般法人法77条5項適用または民法110条類推適用による貸金返還請求について

(1)　まず，X銀行は，地方自治法による村長Aの権限に対　　15
する制限が「権限に加えた制限」（一般法人77条5項）にあたるとして，Y村に対して貸金返還請求をすることが考えられる。

　ア　そこで，法令による代表権の制限の場合，一般法人法77条5項を適用することができるかが問題となる。　　20

➡問題提起
論 一般法人法77条5項の適用範囲

　イ　この点について，一般法人法77条5項は，一般法人法77条4項を受けて，代表権が内部的に制限された場合に適用される。

　　ところが，法令による代表権の制限は，原始的制限であって，内部的制限ではない。　　　　　　　　　25

　　そこで，法令による代表権の制限の場合，一般法人法77条5項を適用することができないと解する。

➡規範

　ウ　そうすると，X銀行は，一般法人法77条5項により貸金返還請求をすることはできない。

➡結論

(2)　次に，X銀行としては，一般私法上の越権行為の場合　　30
に準じて，民法110条の類推適用により貸金返還請求をすることが考えられる。

　ア　そこで，村長Aのなした越権行為につき，110条を類推適用することができるかが問題となる。

➡問題提起
論 市町村長の越権行為と表見代理（民法110条）

　イ　この点について，110条の趣旨は，相手方が代理人　　35
の越権行為を代理権の範囲内の行為と信頼したことを保護しようとする点にある。

　　そうであれば，公共団体の非権力的作用（金員の借入，物品の購入など）は，実質的に私人間の行為と異ならないから，その趣旨が妥当するといえる。　　　40

　　そこで，村長のなした越権行為につき，110条を類推適用することができると解する。

➡規範

　　しかも，このように解しても，公共団体の特殊性は相手方が「権限があると信すべき正当な理由」を有す

るか否かの判断にあたって考慮すれば不都合はない。 45

　ウ　これを本問についてみると，たしかに，村長Aがその本来の権限と種類，性質を異にする収入役の専権に属する行為をなしているから，X銀行はAに代理権ありと信ずるのが相当ではないとも思える。 ➡あてはめ

　　しかし，Aが偽造した収入役名義の委任状を持参している以上，収入役の委任によりAに受領権限が付与されたものと信ずるのが相当であり，X銀行には「正当な理由」があるといえる。 50

　エ　したがって，X銀行は，110条の類推適用により貸金返還請求をすることができる。 55 ➡結論

3　②一般法人法78条による損害賠償請求について

　最後に，X銀行は，Aが村長としての職務を行うに際して損害を加えたとして，一般法人法78条による損害賠償請求をすることが考えられる。

(1)　そこで，X銀行は損害賠償請求をすることができるか，「職務を行うについて」（一般法人法78条）の判断基準が問題となる。 60 ➡問題提起

論　一般法人法78条の「職務を行うについて」の判断基準

(2)　この点について，一般法人法78条の根拠は，利益をあげる者はそれに伴って他人に生じた損害を賠償すべきであるという点にあると解される（報償責任の原理）。 65

　　そうだとすれば，被害者保護の要請から，「職務を行うについて」の意味を広く解釈する必要がある。

　　そこで，「職務を行うについて」は，理事の行為が外形上その職務に属すると認められる行為か否かで判断すべきであると解する（外形標準説）。 70 ➡規範

(3)　これを本問についてみると，たしかに，地方自治法上，現金の受領権限は収入役に専属しており，村長Aの現金受領行為が職務権限外のものであることは外形上明らかであるようにも思える。 ➡あてはめ

　　しかし，収入役の委任状があれば，村長Aも職務上，現金の受領を行うことが可能である。 75

　　そうだとすると，村長Aが偽造した収入役名義の委任状を持参している以上，Aの現金の受領行為は外形上からみてその職務に属するものと認められる。

(4)　したがって，X銀行は，一般法人法78条により損害賠償請求をすることができる。 80 ➡結論

4　以上より，X銀行は，Y村に対し，民法110条の類推適用による貸金返還請求と一般法人法78条による損害賠償請求をなしうる。

　この場合，相手方の期待は有効な代表行為とすることであって，それに応えるのが取引の安全の保護になる。 85

　よって，優先的に民法110条を類推適用すべきと解する。

以上

　本問は，最判昭和34年7月14日民集13巻7号960頁（行政百選Ⅰ12事件）を題材にしたものである。本問における，法令による代表権の制限の分野では，民法および一般法人法における代理・代表の相手方保護制度の横断的理解が求められる。そこで，この点を確認したく出題した。

■ 論点 ■

1　一般法人法77条5項の適用範囲
2　市町村長の越権行為と表見代理（民法110条）
3　一般法人法78条の「職務を行うについて」の判断基準

■ 答案作成上の注意点 ■

1　本問の問題点の把握

　まず，冒頭で，村長Aの行為が，Y村に効果帰属しないという原則論を示します。本問で論じる一般法人法77条5項や民法110条の話は，あくまで例外論なので，原則論を忘れないようにしてください。なお，本問では，消費貸借契約の効果帰属が問題になるとも思えますが，村長Aは，金銭を受領する権限を有さないだけであって，消費貸借契約を締結すること自体については権限を有します。ですから，本問で問題になるのは消費貸借契約の効果帰属ではなく，要物契約たる消費貸借契約における，金銭受領行為（準法律行為）の効果帰属なので注意してください（昭和34年度最高裁判所判例解説民事篇139頁以下参照）。すなわち，消費貸借契約は，"効果不帰属"なのではなく，"金銭の受領という成立要件を欠き不成立"なのです。たしかに，諾成的消費貸借契約（587条の2。ただし，書面ですることが要件となる）として構成することも，論理的には不可能ではありません（判例演習民法Ⅰ206頁参照）。しかし，これでは，契約の有効性は問題にならず，Xの履行行為がYに効果帰属するかを問題にすることになり，"Xは，重ねて1000万円の給付をしないかぎり，Yに対して1000万円の返還請求をなしえないのが原則である。"と論述する必要が生じます。

2　一般法人法77条5項，78条の適用

　次に，一般法人法77条5項の適用範囲，および地方自治体の長の行為に民法110条を類推適用できるかについて論じます。この点について，同じ内容を長く書いたからといって点数があがるわけではないので，簡潔にまとめるようにしましょう。「正当な理由」（110条）の有無について，一般的には，地方自治法上，長に現金の受領権限がないことは明らかである以上，これを肯定するのは困難です。もっとも，本問で，XがAに権限があると信じたのは，「Aは，偽造した収入役名義の委任状を持参した」という特殊事情があるからであり，Xが法を知らなかったからではありません。そうであるなら，本問Xには「正当な理由」があるといってよいでしょう。

　そして，一般法人法78条に基づく損害賠償についても，たとえ判例の採用するいわゆる外形標準説（大判大正7年3月27日刑録24輯241頁等）に立っても，一般的には，「職務を行うについて」にあたるとするのは困難です（行政百選Ⅰ27頁。なお，最判昭和37年9月7日民録24輯599頁，最判昭和44年6月24日民集23巻7号1121頁も参照）。ですから，これを肯定するには，上述したような本問の特殊事情を活かしたあてはめが要求されるでしょう。

　最後に，110条と一般法人法78条の関係が問題になりますが，この点は加点事由という程度のものなので，簡潔にまとめておけば十分です。

【参考文献】
試験対策講座・スタートアップ民法・民法総則2章2節⑤【1】(1)。

第3問 A　虚偽表示①

　　Aは，債権者からの差押えを免れるため，Bと通謀のうえ，売買を仮装して，その所有する建物およびその敷地（以下，これらを総称するときは「本件不動産」という）の登記名義をBに移転するとともに，本件不動産を引き渡した。その後，Aは，上記の事情を知っているCとの間で，本件不動産につき売買契約を締結し，代金の支払を受けたが，その直前に，Bが，Dに本件不動産を売却し，引き渡していた。Dは，AB間のこの事情を知らず，かつ，知らないことにつき過失がなかった。ところが，当該建物は，Cの買受け後に，第三者の放火により焼失してしまった。なお，その敷地についての登記名義は，いまだBにある。

(1)　以上の事案において，本件不動産をめぐるCD間の法律関係について説明せよ。

(2)　CがBに対してどのような請求をすることができるか説明せよ。

(3)　上記と異なり，その敷地についての登記名義がDにある場合，CがAに対してどのような請求をすることができるか説明せよ。

【解答へのヒント】

1　小問(1)

　　本件ではAB間で通謀がなされており，94条が問題となりそうなことがうかがえます。この論点は，当事者の請求が認容されるために必要な要件の充足を検討するなかで登場します。CDの法律関係を問われた場合には，どちらが相手方に求めたいものがあるのか，当事者の視点に立って考えることから構成を始めましょう。

2　小問(2)(3)

　　1と同様，まずはどのような請求ができるか，当事者間の契約関係の有無に着目して考えます。そのうえで，AがCに対し登記移転をしていない点，建物が焼失した点について何か請求できないかを考えていきましょう。

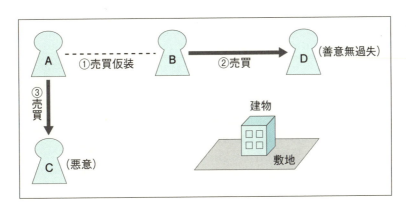

答案例

第1　小問⑴について

1　Cは，Aから購入した本件敷地の占有者Dに対し，所有権（206条）に基づく土地明渡請求をすることが考えられる。Cが本件敷地の所有権を有することが上記請求認容の要件となるため，以下検討する。　　　　　　　　5

⑴　まず，Cは，原所有者Aとの売買契約（555条）により，本件敷地の所有権を承継取得している（176条）。

⑵　これに対し，Dは177条の「第三者」にあたり，Cが所有権を対抗できない旨反論すると考えられる。

> ア　177条の「第三者」とは，登記の欠缺を主張するにつき正当な利益を有する者をいうと解する。　　　10

イ　Dは，Bと本件敷地につき売買契約を締結しているが，AB間売買契約は通謀虚偽表示により無効なので（94条1項），本件敷地の所有権を取得せず，177条の「第三者」にあたらないのが原則である。　　15

⑶　もっとも，Dは，94条2項の「善意の第三者」にあたり，例外的に所有権を取得する結果，177条の「第三者」にあたることにならないか。

> ウ　この点，94条2項の「第三者」とは，虚偽表示の当事者またはその一般承継人以外の者であって，その表示の目的につき新たな独立の法律上の利害関係を有するにいたった者と解される。そして，虚偽外観を作出した原権利者の帰責性の大きさからすれば，「善意」であれば足り，無過失は不要と解する。また，「第三者」と原所有者とは前主後主の関係に立つので，登記は不要と解する。　　25

イ　Dは本件敷地の登記名義人Bと売買契約を締結しており，通謀虚偽表示につき善意であり，登記具備がなくとも「善意の第三者」に該当する。

> ウ　そして，94条2項によって仮装譲受人が真正権利者のように扱われるのは法的擬制であり，権利変動の実体的過程は，原所有者から第三者への承継取得であると解する。　　30

エ　ゆえに，本問でも，所有権はAからDへと移転し，CとDとはAを起点とした二重譲渡の関係に立つ。　　35

⑷　したがって，二重譲渡の一方譲受人Dは177条の「第三者」にあたるから，登記を具備しないCは，Dに対して本件敷地の所有権を対抗できない。

2　よって，上記請求は認められない。

第2　小問⑵について　　　　　　　　　　　　　　　　40

1　本件敷地について

　Cは，Bに対し，真正な登記名義の回復を原因とする所有権移転登記手続請求をすると考えられる。

2　CがAから買った本件建物について

右欄注記:

➡問題提起
論177条の「第三者」の意義
➡規範

➡結論

➡問題提起
論94条2項の「第三者」の意義，94条2項の「善意」と無過失の要否，94条2項の「第三者」と登記の要否
➡規範

➡あてはめ

論「第三者」と真の権利者からの譲受人との優劣の処理
➡規範

➡結論

ＢＣ間に本件建物の契約関係はなく，履行不能に基づ
く損害賠償請求（415条2項1号）はできない。また，
Bには本件建物滅失につき故意・過失がなく，不法行為
に基づく損害賠償請求（709条）もできない。さらに，
本件建物は引渡し後に焼損したので，Dは，本件建物売
買契約を解除し売買代金の返還請求をしたり，かりに代
金未払いでも代金支払の拒絶はできない（567条1項）。
そのため，Bには本件建物を売却したことによる「利
益」があると考えられる。

　　　もっとも，本件建物は第三者の放火により滅失し，C
のAに対する売買契約に基づく本件建物の引渡請求権と
所有権移転登記手続請求権は履行不能となっている。そ
こで，CはAに対し，AC間本件建物売買契約を解除し，
解除に基づく原状回復請求として売買代金返還請求をす
ることができる。このような請求をなしうるため，Cに
「損失」は認められない。したがって，不当利得返還請
求（703条）もなしえない。

　　　よって，Cは，Bに何も請求することができない。

第3　小問(3)について
　1　本件敷地について
　　　買主たるCは，売主たるAに対し，売買契約に基づく
本件敷地の引渡しおよび所有権移転登記手続請求をする
ことができる。

　　　もっとも，本件ではDが先に本件敷地の所有権登記を
備えており上記Aの債務は履行不能となる。そこで，C
はAに対し，AC間の本件敷地売買契約を解除（542条1
項1号）し，解除に基づく原状回復請求（545条1項本
文）として売買代金返還請求をすることができる。また，
Aは，みずからBに所有権登記を移転しており，履行不
能につき免責事由（415条1項ただし書）は認められず，
Cは，Aに対し，履行不能に基づく損害賠償請求（同条
2項1号）をすることができる。

　2　本件建物について
　　　本件建物は第三者の放火により滅失しており，前述の
ように解除に基づく原状回復請求として売買代金返還請
求をすることができる。

　　　　　　　　　　　　　　　　　　　　　　　　　以上

本問の題材は，旧司法試験の1994（平成6）年度第2問を改題したものである。

前段のCD間の法律関係は，虚偽表示と二重譲渡という典型論点についての基本的な問題であり，本来の所有者からの目的物の譲受人と虚偽表示の相手方からの目的物の譲受人の関係処理の基本的理解を問うものである。後段のCのA，Bに対する請求は，契約関係の有無の区別を前提として，二重譲渡と目的物滅失事例における法的処理の論理的思考力を問うものである。

論点

1 177条の「第三者」の意義
2 94条2項の「第三者」の意義
3 94条2項の「善意」と無過失の要否
4 94条2項の「第三者」と登記の要否
5 「第三者」と真の権利者からの譲受人との優劣の処理

答案作成上の注意点

1 小問(1)について

1 177条「第三者」該当性
 (1) 本問は94条2項の適用場面であることが容易にうかがえますが，論点に飛びついてはいけません。法律関係を問われた際は，当事者が実際に何を望むかを考えることで，いずれの当事者からの請求を立てるべきかがみえてきます。CD間の法律関係については，Dはすでに本件不動産の引渡しを受けていた一方，CはAとの売買契約の目的物として現存している本件敷地の引渡しを受けることができていないので，CからDに法的請求を立てることになります。AB間の虚偽表示の事情を知らないDは，このCの請求に対し，反論として，177条の「第三者」にあたるため，登記を具備しないCはDに対抗できないという主張をしたいはずです。このときDは，二重譲渡におけるもう一方の譲受人にあたり，登記の欠缺を主張するにつき正当な利益を有する者の典型類型にあたります。
 (2) もっとも，本問ではDはBと本件不動産について売買契約を締結しているところ，BはAの仮装売買の相手方であり，本件不動産について無権利です（94条1項）。そのため，無権利者Bと売買契約をしたDも本件不動産について無権利者となり，DはCとの間で二重譲渡の相手方という関係には原則として立たないことになります。そこで，Dはみずからが無権利者でないと主張するために，自分は94条2項の第三者にあたると反論し，この反論を成立させる手段として94条2項を適用することになるのです。

　　このような二重譲渡事例における権利移転の過程に虚偽表示が絡むのは典型例であり，「第三者」該当性の検討にあたって，まずは上記の原則論を示すことをおさえる必要があります。
2 94条2項「第三者」該当性
　　次に，本問でDはAB間の虚偽表示について善意無過失であり，94条2項によりAB間の売買契約の無効をDに対して対抗できないと構成することができれば，Dが結果的に仮装譲渡人Aとの関係では所有権を取得するとのDの反論が成り立つことになります。
3 虚偽表示と二重譲渡
　　それでは，Dが「第三者」（94条2項）に該当するとして，本問においてDが二重譲渡におけるもう一方の譲受人といえるでしょうか。

　　この点については，判例は94条2項による権利変動の実体的過程を，原所有者から「第三者」への承継取得であると解しています。このような考え方をとったうえで権利変動の過程をたどる

と，原所有者からの譲受人と「第三者」とは原所有者を起点とした二重譲渡の関係に立つといえます。

　本件でもCとDは，Aを起点とした二重譲渡の関係に立ち，Dは177条の「第三者」にあたることとなるのです。

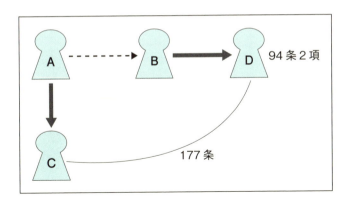

② 小問(2)について

　真正な登記名義の回復とは，不動産登記の名義人が無権利者である場合に，真の権利者名義にするための移転登記をする方法として用いられる登記原因をいいます。

　本来であれば，登記名義がある無権利者（本問のB）から権利者（本問のC）へと権利関係が移転したわけではないため，本問におけるCはBに対し所有権移転登記抹消登記請求を求めA名義登記に名義を戻してから，Aに対しCへの移転登記請求を求めるのが権利変動の実体に沿った方法です。しかし，抹消登記請求には利害関係人の承諾が必要であり，承諾を得られなければこの方法を利用できず，また手続も迂遠です。そこで，判例は，真正な登記名義の回復を原因とする所有権移転登記手続請求を認め，権利変動過程を反映しないこのような登記原因による自己名義への移転登記も可能となりました。

③ 小問(3)について

　CはAと売買契約を締結しているので，まずはこの契約から生じる債務の履行請求をすることを考えます。

　本件不動産のうち，本件敷地の登記はすでにDに移転しており，本件建物は焼失したという事実はAの債務の履行不能を意味します。このような事情から，ここでは本件敷地と本件不動産に関する請求を別個に立てて，それら債務の履行が不能であることを示すのがよいでしょう。

　次に，債務の履行が不能な場合，解除を行うことが考えられます。

　「どのような請求ができるか」と問われているため，解除をして終わりではなく，原状回復請求をすることを示します。

　何を問われているかを意識できたかどうかを確認してください。

④ まとめ

　本問では，小問(1)の94条2項を適用する際の処理手順をおさえることが何よりも重要です。本件のような事例はもっとも典型的といえます。177条を用いた反論を検討するなかで94条2項の「第三者」の解釈論がでてくるという処理手順，およびここで登場した論点は，セットでそのまま覚えてしまいましょう。

【参考文献】
試験対策講座・スタートアップ民法・民法総則4章2節④。試験対策講座・物権法2章4節⑤【1】。

答案構成用紙

第4問 A　虚偽表示②

　甲は，乙に対し，甲の所有する土地Aの登記済証，実印等を預けて放置していたところ，その半年後，乙は，土地Aにつき，勝手に自己名義に所有権移転登記をした後，乙が勝手に登記をした事実を知る丙に対し，自己の債務を担保するため抵当権を設定し，その旨の登記を了した。その後，乙は，土地Aの購入を丁にもち掛けた。丁は，乙が勝手に登記をした事実について善意で，かつ知らないことに過失がなかった。丁は乙と土地Aの売買契約を締結したが，登記は，いまだ丁に移転されていない。その後，甲は上記事実を知り，土地Aについて乙の所有権を認めず，乙に対して土地Aの登記名義を甲に戻すように請求している。
　この事例において，丁が丙に対して抵当権設定登記の抹消請求をすることができるか論ぜよ。

【解答へのヒント】

1　問題文の事情からすると，94条2項類推適用が問題となることがうかがえたとしても，いきなり論点に飛びつくことは避けましょう。丁が抵当権設定登記の抹消請求をする際に必要となる要件が充足されるか1つひとつ検討していき，各要件充足の有無にあたり論点がでてくるという枠組みで構成をしてみましょう。

2　丁の請求が認められる要件として丁に土地Aの所有権があることが必要となります。しかし，丁が土地Aを買った相手の乙は土地Aの所有者ではなく，丁が土地所有権を承継取得することはできません。また，甲乙間で土地Aの売買契約がなされた事情はなく，丁を「第三者」とする94条2項の直接適用により，丁が所有権を取得することもできません。もっとも，甲は登記済証や実印等といった土地管理に重要なものを乙に預けて放置するという無責任な行為をして，その結果勝手に乙が虚偽の登記を作出したという事情があります。このことから，94条2項類推適用の論点を展開できないでしょうか。

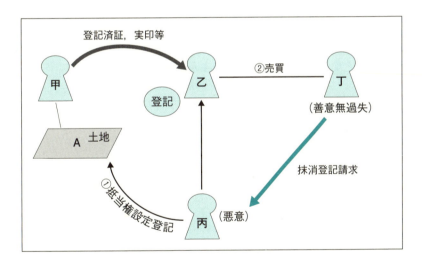

答案例

1　丁は，丙に対し，所有権（206条）に基づき，抵当権設
定登記抹消登記手続請求（以下「本件請求」という）をす
ると考えられる。このような請求が認められるためには，
丁が土地Aを所有し，土地Aにつき丙名義の抵当権設定登
記があることを要する。 　　　　　　　　　　　　　　　5
　(1)　まず，土地Aは甲の所有物であり，乙は土地Aにつき
　　無権利であるから，乙からの譲受人である丁もまた，原
　　則として土地Aにつき無権利となる。

　　　　もっとも，乙名義の登記という「虚偽の」（94条1 　　　➡問題提起
　　項）外観が存することから，丁は同条2項により土地A 　10 　論 94条2項の類推適用
　　の所有権を取得できないか。

　　ア　この点について，乙は甲に無断で所有権移転登記を
　　　しており，甲乙間に通謀がないことから，同項を直接
　　　適用することはできない。

　　　　しかし，このような場合に，常に丁のような第三者 　15
　　　が保護されないのでは，取引の安全が著しく害される。

　　イ　そもそも，同項の趣旨は，虚偽の外観作出につき真
　　　の権利者に帰責性がある場合に，このような外観を信
　　　頼した第三者を保護するという，権利外観法理にある。
　　　そして，通謀がなくとも，虚偽の外観作出につき真の 　20
　　　権利者に帰責性が認められる場合には，上記の趣旨が
　　　妥当する。

　　　　そこで，**真の権利者の帰責性に基づく虚偽の外観が** 　　　➡規範
　　　存在し，第三者がこれを信頼した場合には，同項を類
　　　推適用し，このような第三者は保護されると解する。 　25

　　　　もっとも，虚偽の外観作出について本人が加功また
　　　は承認をしていない場合には，虚偽の外観が本人の意
　　　思に基づくものではなく，真の権利者の帰責性は小さ
　　　い。したがって，第三者保護の要件は厳格に考えるべ
　　　きであり，その要件としては「善意」では足りず， 　30
　　　110条も類推適用し，第三者は善意無過失であること
　　　を要すると解する。

　　ウ　本件では，土地Aにつき無権利の乙のもとに登記が 　　　➡あてはめ
　　　あるから，虚偽の外観が存在する。また，乙名義の登
　　　記について甲の承認はないものの，所有権移転登記手 　35
　　　続に必要な土地Aの登記済証や実印等を乙に預けたま
　　　ま半年以上放置するという取引通念上きわめて不適切
　　　な行動をとっている。そうだとすれば，甲には虚偽の
　　　外観の作出につき加功または承認した場合と同視しう
　　　るほどの重大な帰責性が認められるといえる。 　40
　　　　そして甲は虚偽の外観作出につき加功または承認を
　　　していなかったところ，丁は乙が勝手に登記をした事
　　　実について善意で，かつ知らないことに過失がなかっ
　　　た。

エ　したがって，丁は土地Aの所有権を取得できる。　　　45　　⇒結論
(2)　また，土地Aについて，丙を債権者とする抵当権設定
登記が存する。
　　丙はこれに対し，自己は正当な抵当権者であり，登記
を保持する権原がある旨反論することが考えられる。
ア　まず，乙名義の登記という「虚偽の」(94条1項)　　50
外観があり，丙は94条2項の適用により抵当権を取得
すると主張しうる。もっとも，甲乙間に通謀がなく，
同項の直接適用は認められない。
イ　次に，先述同様に同項の類推適用が可能か検討する。
本問で丙は乙が勝手に登記をした事実を知っており，　55
善意無過失ではないため，同項の類推適用は認められ
ない。
ウ　したがって，丙には抵当権設定登記を保持する権原　　⇒結論
がないことになる。
(3)　そうだとしても，丙は，自己が第三者（177条）にあ　60　⇒問題提起
たり，丁は登記を有していない以上，丁が自己に所有権　　論177条の「第三者」の意義
を主張することはできないと反論することが考えられる。
そこで，「第三者」の意義が問題となる。
ア　「第三者」とは，登記の欠缺を主張する正当の利益　　⇒規範
を有する者をいうと解される。　　　　　　　　　　65
イ　本問では先述のように，乙が正当な権限に基づき所　　⇒あてはめ
有権移転登記を具備していないことについて丙は善意
無過失とはいえない。そのため抵当権を取得できず，
土地Aについて何らの法的権利を有しないから，丙は
丁への所有権移転についての登記の欠缺を主張する正　　70
当な利益を有する「第三者」にあたらない。
ウ　したがって，丁は登記なくして所有権を対抗するこ　　⇒結論
とができ，丙の反論は認められない。
2　以上より本件請求をすることができる。
　　　　　　　　　　　　　　　　　　　　　　　以上　75

　　　　　　　　　　　　　　　　　　　　　　　　　80

　　　　　　　　　　　　　　　　　　　　　　　　　85

出題趣旨

　本問の題材は，旧司法試験の1987（昭和62）年度第1問を改題したものである。

　本問は，94条2項類推適用による虚偽の外観を信頼した第三者の保護を前提として，虚偽の外観に基づき抵当権の設定を受けた者と，保護を受ける第三者との，抵当権設定登記をめぐる関係についての処理を問うものである。

論点

1　94条2項の類推適用
2　177条の「第三者」の意義

答案作成上の注意点

① 94条2項類推適用

　本問は，勝手に乙が作出した土地Aの登記を丁が信頼して行ったものであり，虚偽の外観を信頼した第三者たる丁の取引の安全を保護する必要があります。そこで，権利外観法理の表れである94条2項を類推適用するという構成が考えられることとなります。

　権利外観法理というのは，虚偽の外観作出につき重大な帰責事由のある表意者の安全よりも，虚偽の外観を信頼した第三者の動的安全を保護しようという考え方です。虚偽の外観，虚偽の外観作出についての本人の帰責性，虚偽外観についての第三者の信頼という3点を要件として同法理は適用されます。

② 94条2項類推適用の類型

1　意思外形対応型

　作出された外観が本人の予定した外観と同様の場合をいいます。この場合には，虚偽の外観作出に関して本人の関与の程度が高く，帰責性が大きいため，第三者は善意であれば94条2項類推適用で保護されることになります。

　たとえば，AがBに対してA所有の土地の登記をB名義に移転することを承諾していた場合です。AB間には土地の売買契約がないため，94条2項を直接適用することはできません。しかし，B所有を信頼してBと土地の売買契約を締結したCを保護するため，94条2項を類推適用することになります。

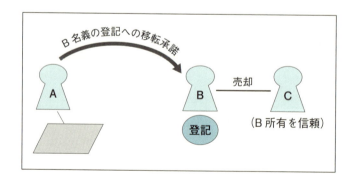

94条2項類推適用 ｛ ①虚偽の外観
　　　　　　　　　②本人の帰責性
　　　　　　　　　③虚偽外観に対する第三者の信頼（善意）

2 意思外形非対応型

　本人の予定した外観以上の外観が作出された場合をいいます。本人の許した以上の外形が勝手に作出され，それを第三者が信頼した場合，本人の帰責性が小さいため，第三者が保護されるためには，第三者に善意無過失まで要求されることになります。

　この類型に関する判例である最判昭和47年11月28日民集26巻9号1715頁は，「94条2項，110条の法意に照らして」第三者が善意無過失の場合に，第三者保護を認めています。

　たとえば，AがBに対してB名義の仮登記のみを許しただけであったにもかかわらず，Bが勝手に本登記に直してCに売却してしまったような場合などがそれにあたります。仮登記は本登記と異なり，これを備えても対抗要件を具備したことにはならないため，Aは仮登記程度ならB名義にすることを許しても大丈夫だと考えていたところ，勝手にBに本登記がなされて，土地を売却されてしまったという場合，Aの帰責性ははじめから虚偽の本登記を許した場合に比べ小さいといえます。このようなときは，第三者保護要件を厳格に解すべきであり，第三者Cには善意無過失まで要求されます。

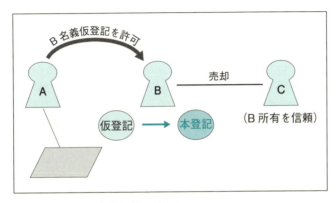

94条2項類推適用
（110条の法意に照らす）
　①虚偽の外観
　②本人の帰責性
　③虚偽外観に対する第三者の信頼（善意無過失）

3 外形与因型

(1) 外形与因型は事例判断で示されたもので，最判平成18年2月23日民集60巻2号546頁（百選Ⅰ22事件）は，これまでの裁判例と異なり，権利者に虚偽の外観そのものについての承諾がなくても，これに匹敵するほどの重い帰責性が認められる場合には，94条2項の類推適用が認められると判断しています。

　これは，取引関係に立つ善意無過失の第三者を保護するために権利者が権利を失ってもやむをえないとの価値判断に基づいた判断であると考えられます。

(2) この平成18年判例の事案は，不動産所有者Aから不動産の事務管理手続を任されていたBが，Aから交付を受けた登記済証等を利用して不実の所有権移転登記を了し，虚偽の外観について善意無過失のCが当該不動産を買い受けたという事案です。

　判旨は，Aが合理的理由なしに登記済証等を預けたままにし，Bに言われるがままに印鑑登録証明書を交付したり，Aの面前で登記申請書にBがXの実印を押捺するのを漫然と見ていた事情のもとでは，Aには虚偽の外観作出に積極的に関与した場合やこれを知りながらあえて放置した場合と同視しうる重い帰責性があり，Aは94条2項，110条の類推適用により，第三者が善意無過失の場合に，第三者保護を認めています。

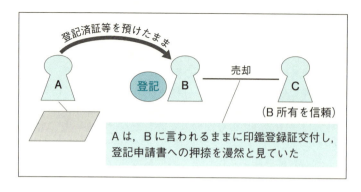

$$\left.\begin{array}{l}\text{94条2項類推適用}\\\text{(110条類推適用)}\end{array}\right\} \begin{array}{l}\text{①虚偽の外観}\\\text{②本人の帰責性}\\\text{③虚偽外観に対する第三者の信頼（善意無過失）}\end{array}$$

③ 本問への適用

　本問は甲が乙に対し虚偽登記の作出を承諾してはいないものの，みずから登記済証等という重要なものを預けたままにしていたことで不実の登記が作出された事例であり，94条2項，110条類推適用による権利外観法理の利用が考えられます。上記の94条2項類推適用の類型のうち，いずれの類型に真の権利者の帰責性の程度が近いかを考えて，どのような規範を組み立てるかを考えることで，適切な規範を示すことができるでしょう。また，答案を通じて判例の理解を示すことが可能となります。

【参考文献】
試験対策講座・スタートアップ民法・民法総則4章2節④【5】。試験対策講座・物権法2章4節⑤【1】。

第5問 A⁺ 詐欺

　　Aは，Bに騙されて，A所有の甲絵画（以下「甲」という）を売却して引き渡し，BはAに代金全額を支払った。Bは，その1か月後，絵画コレクターCに対し，甲を買いとるようもち掛けた。Cは，Bから見せられた甲を気に入ったので，甲を買い，引渡しを受け，Bに代金全額を支払った。現在，甲はCが所持している。AB間の売買は，Bの詐欺によるものであったので，Aは，Bとの売買契約を取り消し，Cに対し甲の返還を求めた。

1　Aの取消しがBC間の売買契約よりも後になされた場合，AC間の法律関係はどうなるか論ぜよ。なお，CはBとの売買契約締結当時，AB間売買契約に何ら瑕疵がなく，取消し原因がないものと信じており，そのように信じることにつき過失がなかったものとする。

2　Aの取消しがBC間の売買契約よりも前になされていた場合，AC間の法律関係はどうなるか論ぜよ。なお，CはBとの売買契約締結当時，AB間売買契約がBの詐欺を理由に取り消され，Bが甲について無権利であったことを知っていたものとする。

【解答へのヒント】
1　小問1では，CがBから甲を買い受けた時，Bは甲の所有権を有していました。後にAB間売買契約が取り消されたときのCの取引安全の保護の方法を考えましょう。

2　他方、小問2では，CがBから甲を買い受けた時，Bはすでに甲について無権利です。この場合のCの取引安全の保護の方法を考えましょう。

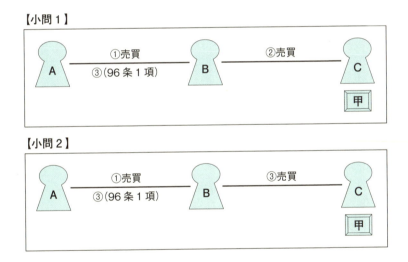

答案例

第1　小問1について

1　AはCに対し，所有権（206条）に基づく返還請求をすることが考えられる。このような請求が認められるためには，Aが甲の所有権を有する必要がある。

(1)　まず，Aが詐欺を理由に，本問売買契約を取り消しているところ（96条1項），これにより契約は遡及的に無効になるため（121条）Aに甲の所有権が認められるとも思える。 5

(2)　これに対し，Cは，自己が96条3項の「第三者」にあたり，AはCに取消しを対抗できないと反論することが考えられる。 10

■問題提起
論96条3項の「第三者」の意義，96条3項の「第三者」と登記の要否

　ア　まず，同規定は，取消しにより契約が遡及的無効となる場合に，遡及効を制限して取引安全を図る規定なので，「第三者」は取消し前の第三者をいうと解する。 15

■規範

　　また，表意者と第三者は対抗関係になく，取引安全の保護という趣旨からも，第三者保護要件として対抗要件具備は不要であると解する。

　イ　本問で，Cは，AB間売買契約の取消し前にBと契約を締結した取消し前の「第三者」にあたる。また，AB間売買契約に取消し原因がないものと信じており，そのように信じることにつき過失がなかったので，Bが欺罔行為を行ったことについて「善意でかつ過失がない」といえる。 20

■あてはめ

　ウ　したがって，同項が適用され，Cの反論は認められる。 25

■結論

2　よって，Aの請求は認められない。

第2　小問2について

1　AはCに対し，所有権に基づく返還請求をすることが考えられる。このような請求が認められるためには，Aが甲の所有権（206条）を有する必要がある。 30

(1)　まず，前述のように，AB間売買契約は遡及的に無効になり，Aの甲所有権が認められるのが原則である。

(2)　これに対し，Cは，96条3項「第三者」にあたり，Aは所有権を対抗できないと反論することが考えられるが，本問のCは取消後の第三者であるため，「第三者」にあたらず，かかる反論は認められない。 35

(3)　そこで次に，Cは，取消後の第三者保護として，CとAは対抗関係に立ち（178条），Cが対抗要件を具備し，甲の所有権を取得する結果，Aは甲所有権を喪失すると反論することが考えられる。 40

■問題提起
論詐欺取消し後の第三者保護の法律構成

　ア　まず，法律行為の取消しによる遡及効は，あくまでも法的な擬制であり，現実に取り消されるまでは，取り消しうる行為も有効であると解する。この場合，

取消しによりその時点であたかも表意者に対する所有権の復帰的物権変動がなされたと考えることができる。そのため，取得者から表意者，第三者への二重譲渡があったものと同視して，対抗要件を備えた者が，178条の適用により保護されうると解する。

そして，同条の適用にあたっては，自由競争原理の下，善意であることは要求されないが，このような原理を逸脱する背信的悪意者でないことが必要と解する。

→規範

イ　本問で，Cは甲を「占有」しており，動産対抗要件を具備している。また，Cは甲を気に入って買ったので，自由競争原理を逸脱する背信的悪意者にはあたらない。

→あてはめ

ウ　したがって，Cは甲の所有権を取得し，Cの反論は認められる。

→結論

2　よって，Aの請求は認められない。

以上

45

50

55

60

65

70

75

80

85

　本問の題材は，旧司法試験の2006（平成18）年度第1問を改題したものである。
　本問は，動産売買契約の詐欺による取消しと第三者との関係について，取消しの前後の各場面において，考えられる請求と反論を通じた法律構成を検討する能力を問うものである。詐欺取消しと第三者保護の関係について，判例が採用した論理を前提とした事案処理能力が求められる問題である。

論点

1　96条3項の「第三者」の意義
2　96条3項の「第三者」と登記の要否
3　詐欺取消し後の第三者保護の法律構成

答案作成上の注意点

① 詐欺取消しと第三者保護

1　96条3項の趣旨

　相手方が詐欺を行った場合，表意者は常に意思表示を取り消すことができ（96条1項），これにより詐欺者・被詐欺者間での法律行為は遡及的に無効となります（121条）。
　もっとも，詐欺取消しの効果は，「善意の第三者」に対抗することができません（96条3項）。同条は，詐欺取消しの効果は本来第三者にも及ぶべきであるが，善意の第三者に対しては，取引安全のために効果を制限するべきだという趣旨の規定です。そのため，保護されるべき第三者は，単なる第三者ではなく，保護に値すべき「善意でかつ過失がない第三者」と規定されています。
2　対抗要件具備の要否
（1）不動産

　目的物が不動産の場合には，第三者保護の要件として登記具備まで必要かという問題があります。通説は，表意者と第三者は前主後主の関係にあり，対抗関係にはないため，登記は不要と解しています。
（2）動産

　目的物が動産の場合には，第三者保護の要件として引渡しまで必要かという問題として，不動産の場合と同様に要否の検討が必要となります。本問の答案例では，不動産の場合と同様に，対抗関係にないことから引渡しは不要としています。
3　善意無過失

　次に，「第三者」の主観について触れる必要があります。詐欺に陥った表意者は，みずから虚偽表示をする場合や，心裡留保をする場合に比べて帰責性が小さいため，第三者保護要件は厳格となり，善意に加えて無過失までが要求されるのです。

② 96条3項の適用範囲

1　96条3項の適用にあたっては，同項により保護されるためには「第三者」はいつまでに利害関係に入る必要があるかという適用範囲の問題があります。この点について判例（大判昭和17年9月30日民集21巻911頁）は，「第三者」が被詐欺者による取消前に詐欺者から不動産を取得したのか（「取消前の第三者」），取消しの後に取得したのか（「取消後の第三者」），によって区別しています。そして，取消前の第三者については，同項を適用して保護する一方，取消後の第三者については，民法177条を適用して，取消しの意思表示者と第三者とで先に対抗要件としての登記を備えた方が優先するとしています。

このような整理のしかたにおいては、「取消前の第三者」に関しては、以下の図におけるAB間の行為が遡及的に無効になることを前提に、「善意の第三者」に対する関係ではその遡及効を制限するという扱いがなされていることになります。他方で、「取消後の第三者」に関しては、取消しによってBから新たにAへの逆向きの物権変動があるとして、遡及効を全面的に否定するという扱いがなされていることになります。このように、遡及効についての扱いが取消前の第三者と取消後の第三者とで異なることになり、バランスを欠く点が問題として指摘されています。

　また、取消しの遡及効を徹底した場合には、第三者の前主が完全な無権利者となることから、目的物が動産である場合には、192条の適用等により第三者保護を図ることも可能となりえます。

2　以上の判例（前掲大判昭和17年9月30日）の立場によると、「第三者」とは、詐欺による意思表示が有効である間に、新たに法律上の利害関係を有するにいたった者を意味します。これは、96条3項の趣旨が、取消前に法律上の利害関係を有するにいたった第三者が、その後に有効であった法律行為を取り消されて遡及的無効とされることで権利を害されることを防ごうという取引安全にあることから導きだされる定義です。

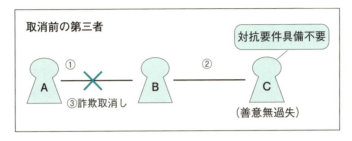

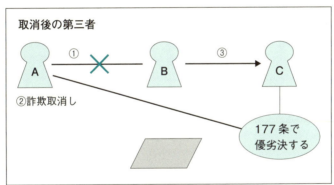

3　取消後の第三者保護の有力説——94条2項類推適用

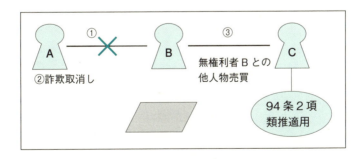

　有力説では、取消しの遡及的無効という点を徹底し、Bは無権利者になったものとして、Cを無権利者からの譲受人と構成し、94条2項を類推適用するという考えをとっています。この場合には、本人たるAに取り消したにもかかわらず登記を放置したというような帰責性がなければ、

Cは同項により保護されないという点に注意が必要です。判例（前掲大判昭和17年9月30日）とは異なり，Aの帰責性という要件を要するのです。

　なお，同様の構成を目的物が動産であった場合について考えると，192条直接適用説となります。192条直接適用の場合も，Bを無権利者としてBC間売買契約を他人物売買と構成するのです。もっとも，192条の要件には本人の帰責性は要求されておらず，代わりに同条の要件をみたすか検討することになります。

【参考文献】
試験対策講座・スタートアップ民法・民法総則4章2節6【5】(1)・(2)。判例シリーズ6事件。

第6問 A　　代理人の権利濫用

　　Aは，妻とともに，子B（当時17歳）の法定代理人として，Cに対し，Bが祖父からの贈与により取得した甲土地を，時価の500万円で売却して引き渡し，所有権移転の登記をした。Aは，妻の了解のもとに，その売却代金を，AのDに対する500万円の債務の弁済にあてた。その後，Bは，成人した。

　　A夫婦が売却代金をAのDに対する債務の弁済にあてるために甲土地を売却したものであり，Cは，甲土地を買い受ける際，そのことを知っていた場合において，Bは，Cに対し，甲土地の返還を請求することができるか。

【解答へのヒント】

　BはCに甲土地に関して債権を有しているわけではないため，甲土地所有権に基づいてCに返還請求を求めることが考えられます。これに対し，CとしてはB代理人Aと甲土地売買契約を締結しており，その効果が本人に帰属してBは所有権を失ったと反論することが考えられます。それでは，Aが子Bのためではなく，自己の債務の弁済にあてる目的で行った代理人としての売買は，当然に有権代理として有効といえるでしょうか。この点を意識してBからの主張として考えられる法律構成を考えてみましょう。

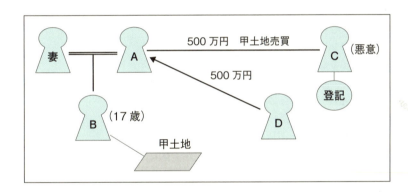

答案例

1 Bは，Cに対し，所有権（206条）に基づく甲土地の明渡
 請求および所有権移転登記抹消登記手続請求をすることが
 考えられる。

(1) このような請求が認められるためには，Bが甲土地所
 有権を有していることが必要であるが，Cとしては，A 5
 夫婦がBの代理人として契約した甲土地の売買契約（555
 条）により，自己がBから甲土地の所有権を取得し，B
 は所有権を失ったと反論することが考えられる。では，
 A夫婦とCとの間の売買契約が，Bに効果帰属するか。

　この点について，A夫婦はBの法定代理人であり（824 10 **➡原則**
 条本文），A夫婦は共同して代理行為を行っているので，
 原則として代理の効果はBに帰属する（818条3項本文）。

(2) そうだとしても，A夫婦は，売却代金をAのDに対す **➡問題提起**
 る債務の弁済にあてるために甲土地を売却している。そ
 こで，特別代理人の選任なくしてなされたこのような行 15 **論利益相反行為（826条1項）**
 為は利益相反行為（826条1項）にあたり，無権代理と
 みなされ（108条2項本文），Bの追認（116条本文）な
 きかぎり，Bに効果帰属しないのではないか。

　ア　この点について，取引の安全の観点から，利益相反 **➡規範**
 　　行為にあたるかは行為の外形で判断すべきと解する。 20

　イ　そして，本問におけるA夫婦の行為は，外形的には **➡あてはめ**
 　　第三者への売却にすぎないので，利益相反行為にはあ
 　　たらず，無権代理とはならない。

(3) もっとも，A夫婦は売却代金をAのDに対する債務の **➡問題提起**
 弁済にあてることを意図しているので，これは法定代理 25
 権の濫用にあたり，Bに効果帰属しないのではないか。 **論親権者による代理権の濫用**

　ア　そもそも，親権者の代理行為は，利益相反行為にあ
 　　たらないかぎり，広範な裁量に委ねられている（824
 　　条本文）。

　　　そこで，それが子の利益を無視して自己または第三 30 **➡規範**
 　　者の利益を図ることのみを目的としてされるなど，親
 　　権者に法定代理権を授与した法の趣旨に著しく反する
 　　と認められる特段の事情が存しないかぎり，「代理人
 　　が自己又は第三者の利益を図る目的で代理権の範囲内
 　　の行為をした場合」（107条）にはあたらないと解する。 35

　イ　本問では，A夫婦による代理行為は，子Bの利益を **➡あてはめ**
 　　無視して親であるAの債務の弁済にあてる目的でなさ
 　　れている。これは，過去または将来の子の利益と何ら
 　　合理的な関連を有していないので，上記特段の事情が
 　　認められ，「代理人が自己または第三者の利益を図る 40
 　　目的で代理権の範囲内の行為をした場合」にあたる。

　ウ　また，相手方Cは，このような事情を知っていた
 　　（107条）。

　エ　したがって，A夫婦の上記行為は無権代理とみなさ

れ，Bの追認のない本件においては，Bに効果帰属し 45
ない（113条1項）。
2　よって，Bは甲土地所有権を有するため，上記請求をす
ることができる。

以上

50

55

60

65

70

75

80

85

▌出題趣旨▐

　本問の題材は，旧司法試験の2002（平成14）年度第1問(1)である。

　本問は，親子関係にあり子の法定代理人にあたる親権者を例にとり，法定代理人の行為の利益相反行為該当性，法定代理権濫用該当性，これらの条文の具体的事案へのあてはめの処理を問うことで，典型的な利益相反行為が問題となりうる事例への基礎的な対応力をみるものである。

▌論点▐

1　利益相反行為（826条1項）
2　親権者による代理権の濫用

▌答案作成上の注意点▐

1　答案構成の流れ

1　原則

　親権者は子の包括的代理権を有する（824条）ため，Bを代理したA夫婦のCとの本件売買契約は本人たるBに効果帰属します。親権は父母が共同で行うこととされているため（818条3項本文），問題文中の「妻とともに」という事情を拾い，原則としてBに本件売買契約の効果が帰属することを示しましょう。

2　利益相反行為該当性

　本問では，「A夫婦が売却代金をAのDに対する債務の弁済にあてるために甲土地を売却した」という事情があり，Aが契約締結時にBのためではなく，債務弁済という自己の利益を図る目的を有していたことから，本件契約が利益相反行為（826条1項）にあたらないかという論点が見えてきます。

3　利益相反行為該当性判断のあてはめ

　判例は，利益相反行為の該当性について，**行為自体を外形的客観的に考察して判定すべきとして**外形説を採っており，「当該代理行為をなすについての親権者の動機，意図をもって判定すべきでない」としています（最判昭和42年4月18日民集21巻3号671頁）。本問でも，外形説を採る場合には，**売買契約の外形のみに着目し，Aの契約時の意図を考慮して利益相反行為該当性を認めてしまわないように注意**しましょう。

4　親権者の代理権濫用

　利益相反行為該当性で外形説を採った場合に考慮をしなかったAの意図は，代理権濫用該当性で考慮することになります。平成29年改正前民法下の判例（最判平成4年12月10日民集46巻9号2727頁）は，親権者による代理権濫用の事案について「子の利益を無視して自己又は第三者の利益を図ることのみを目的としてされるなど，**親権者に子を代理する権限を授与した法の趣旨に著しく反すると認められる特段の事情が存しない限り，親権者による代理権の濫用に当たると解することはできないものというべきである**」としました。このような判例の考え方は，平成29年改正により新設された107条の「代理人が自己又は第三者の利益を図る目的で代理権の範囲内の行為をした場合」該当性を検討する際に参考になると思われます。

　親権者に法定代理権を授与した法の趣旨に著しく反すると認められる特段の事情という規範へのあてはめの際には，解答例中の「これは，過去または将来の子の利益と何ら合理的な関連を有していないので」というように，事実を評価して規範に結びつけることを意識しましょう。

5　相手方の主観的事情の検討

　代理権濫用が認められた場合，当然に契約が無権代理行為となる効果が生じるわけではありません。「相手方がその目的を知り，または知ることができたとき」にはじめて無権代理行為とみ

なされるため，この認定を忘れないようにしましょう。

② 代理人の権限濫用が問題となる場合の処理の流れ

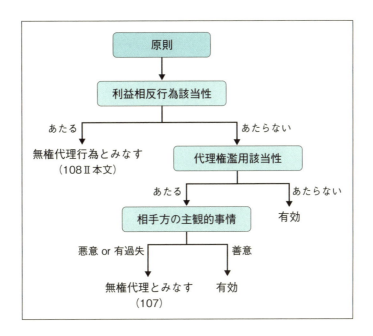

　代理人の権利濫用が論点となる問題は，このように利益相反行為該当性からたどっていく流れが多いです。本問の流れをおさえて，別の問題で問われた際に処理ができるようにしておきましょう。

【参考文献】
試験対策講座・親族・相続4章1節③【1】・【2】・【3】。

答案構成用紙

第7問 B 表見代理

甲（50歳）は，同居の息子乙に自己が所有する土地に抵当権を設定する代理権を与え，実印と印鑑証明書（生年月日を表記）を預けた。乙は，本件土地を，長年不動産業を営む丙に譲渡しようと考え，甲の代理人として丙に土地の売買をもちかけた。ところが，丙が本人甲に面会したいと申し出たので，乙は友人丁（35歳）とともに丙宅に赴き，丁を甲本人として振る舞わせた。その際，丙は，甲の写真を確認するなどの措置をとらなかった。そして，丁は，甲本人として売買契約書にサインしたうえ甲の実印で捺印した。その後に所有権の移転登記もなされた。後に，甲は，これに気づいたが，丙のもとにある登記につき，承認していた。しばらくして，丙は本件土地を戊に売り渡し，移転登記がなされた。その際，戊は本件土地が丙所有であると過失なく信じていた。

戊は本件土地の所有権を取得できるか。

【解答へのヒント】

1 戊が本件土地を甲→丙→戊の順で所有権を承継取得するためには，丙が本件土地の所有権を有していなければなりませんが，そもそも丙は本件土地の所有権を取得できているのでしょうか。乙は本件土地を売却する代理権は有していませんし，丙はまったく無関係の丁を本人である甲と誤信しています。

2 上記の順で承継取得ができないとしても，戊は本件土地に丙名義の登記があることにより，この外観を信頼して取引しています。戊のこの信頼を保護し，甲から戊に直接所有権が移転したとは考えられないでしょうか。

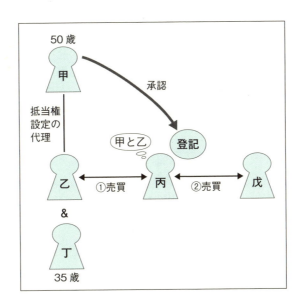

第1　本件土地の所有権取得の要件

　　本問において，戊が本件土地の所有権（206条）を取得で
きるためには，①丙から承継取得をするか，あるいは②甲か
ら直接に承継取得（法定承継取得）をする必要がある。

第2　①丙からの承継取得について　　　　　　　　　　　　　5

　1　本問において，乙あるいは丁は，甲本人から本件土地の
　　売買契約の代理権を与えられていない。

　　　そうすると，甲本人の追認（116条本文）なきかぎり，
　　本件契約の効果は甲に帰属しない（113条1項）。

　　　したがって，丙は，本件土地の所有権を取得できないの　10
　　が原則である。

　2　しかしながら，これでは，丙が丁の行為を甲本人の行為
　　と信じた場合，不測の損害を被り不都合である。

　　　そこで，丙は，甲が乙に与えていた抵当権設定の代理権
　　を基本代理権として，110条により保護されないか。　　15

　⑴　まず，丙は，丁が甲本人として売買契約書にサインし
　　たうえ甲の実印で捺印していることから，甲本人と本件
　　契約をしたと誤信しているといえる。

　　　したがって，本件契約は，無権代理人乙ではなく，自
　　称本人丁と丙との間で締結されたといえる。　　　　　　20

　　　そうすると，丙は乙の代理権を信じたわけではないの
　　で，110条を直接適用することはできない。

　⑵　そうだとしても，代理人乙は丁を甲本人と振る舞わせ
　　ているから，乙と丁が意を通じて，本件契約を締結した
　　といえる。　　　　　　　　　　　　　　　　　　　　　25

　　　そこで，代理人が本人でない者に本人を仮装させた場
　　合，110条の類推適用によって，相手方は保護されない
　　か。

➡問題提起
論代理人が他人に本人を仮装
　させた場合と110条の類推適
　用

　　　ア　この点について，110条の趣旨は，代理人が権限外
　　　　の行為をした場合に相手方の信頼を保護する点にある。30
　　　　　そうだとすれば，相手方の信頼を保護すべきという
　　　　110条の趣旨は，代理人が本人でない者に本人を仮装
　　　　させた場合にも妥当する。
　　　　　そこで，代理人が本人でない者に本人を仮装させた
　　　　場合，本人自身の行為であると信じるにつき正当な理　35
　　　　由があると認められるときは，110条の類推適用によ
　　　　って，相手方は保護されると解する。

➡規範

　　　イ　これを本問についてみると，たしかに，丁が甲本人
　　　　として売買契約書にサインしたうえ甲の実印で捺印を
　　　　している以上，丙が，甲自身の行為であると信じるに　40
　　　　つき正当な理由があるともいえそうである。
　　　　　しかし，長年不動産業を営む丙が，甲の写真を確認
　　　　するなどの措置をとらず本件契約を締結したのはあま
　　　　りに軽率といえる。

➡あてはめ

　　　　また，印鑑証明書に甲の生年月日が表記されている　45
　　　ことから，丙は甲が50歳であることを認識しうる。
　　　　それにもかかわらず，丙が15歳も若い丁を甲本人と
　　　誤信したのは致命的な過失があるといえる。
　　ウ　したがって，丙は，甲自身の行為であると信じるに ➡結論
　　　つき正当な理由があるとは認められず，110条の類推　50
　　　適用によって保護されない。
　3　以上より，丙は本件土地の所有権を取得できないので，
　　戊が本件土地を丙から承継取得することはできない。
第3　②甲からの法定承継取得について
　1　そうだとしても，戊が甲と乙あるいは丁の事情などを　55
　　知らないときに，戊を保護する必要があるといえる。
　　　そこでまず，戊は110条の「第三者」として保護されな ➡問題提起
　　い，転得者は「第三者」に含まれるか問題となる。 論 110条の「第三者」の範囲
　（1）　この点について，表見代理の趣旨は，代理権がないの
　　　にそれがあると信じた相手方の信頼を保護する点にある。60
　　　　そうであれば，転得者が信頼したのは代理権ではなく，
　　　前主の所有権にすぎず，その趣旨は妥当しない。
　　　　したがって，転得者は「第三者」に含まれないと解す ➡規範
　　　る。
　（2）　そうすると，戊は，「第三者」として保護されない。　65 ➡結論
　2　そうだとしても，甲は，乙と丁の行為に気づきながらも，
　　丙のもとにある登記を放置したままにしている。
　　　そこで次に，戊は94条2項により保護されないか，通謀 ➡問題提起
　　虚偽表示はないので94条2項の直接適用ではなく，同条項 論 94条2項の類推適用
　　の類推適用を認めるべき要件が問題となる。　　　　　　70
　（1）　この点について，94条2項の趣旨は，虚偽の外観を信
　　　じて行動した者を外観法理に基づき保護しようとする点
　　　にある。
　　　　このような趣旨にかんがみ，①虚偽の外観の存在，② ➡規範
　　　権利者の帰責性，および③第三者の信頼を要件として，75
　　　94条2項の類推適用を認めるべきであると解する。
　（2）　これを本問についてみると，まず，登記が丙のもとに ➡あてはめ
　　　あるので，①虚偽の外観の存在はあるといえる。
　　　　次に，甲は丙のもとにある登記につき承認しているの
　　　で，②甲の帰責性があるといえる。　　　　　　　　　80
　　　　さらに，戊は，本件土地を丙所有の土地と過失なく信
　　　じて丙から買い受けているので，③戊の信頼があるとい
　　　える。
　（3）　したがって，戊は，94条2項の類推適用により保護さ ➡結論
　　　れる。　　　　　　　　　　　　　　　　　　　　　85
　3　以上より，戊は，本件土地の所有権を取得できる。
　　　　　　　　　　　　　　　　　　　　　　　　以上

出題趣旨

　本問は，東京地判平成3年11月26日判時1441号91頁を題材とするものである。本問の論点をもらさず正確に論じることは意外と難しいため，基本的な制度や論点を使いこなして，事案を処理する練習をしていただきたく出題した。

論点

1　代理人が他人に本人を仮装させた場合と110条の類推適用
2　110条の「第三者」の範囲
3　94条2項の類推適用

答案作成上の注意点

① 代理人が他人に本人を仮装させた場合

　まず，本問では，本件契約は無権代理によるものであり，戊が土地所有権を取得できないという原則論を示したうえで，110条による保護の可能性を検討することになります。ここで，乙と丁のいずれを契約当事者とするかで，110条を直接適用できるのか，それとも類推適用なのかという差異が生じるので，契約当事者を認定する必要があります。本問と類似の事案である上記裁判例は，自称本人（本問でいう丁）を当事者として扱っていますが，ここは事実認定レベルの問題であり，本問で乙を当事者と認定したからといって間違いにはならないでしょう。ただ，いずれにしてもこのような本問の特殊事情を示したうえで，いずれが当事者であるかという悩みはみせる必要があります。そして，契約当事者が丁であるとした場合，代理人が他人に本人を仮装させた場合と110条の類推適用の可否について論じることになります。上記裁判例は，この点について，代理人が本人自身であると称して権限外の行為をなした場合に110条の類推適用を認めた判例（最判昭和44年12月19日民集23巻12号2539頁）を引用したうえで，本件事案についても相手方の信用という点に関するかぎり上記判例と差異はないという流れで110条の類推適用を肯定しています。これに対して，答案例は，端的に110条の趣旨がこの場合にも妥当するという流れで論証しています。このように，論証の仕方はさまざまですが，自分なりに処理できていれば十分です。なお，本問で，「正当な理由」を肯定するのは困難です。簡単にこれを肯定してしまわないように注意してください。

　次に，戊が110条によって保護される「第三者」にあたるかという点も問題になりますが，一般的には「第三者」にあたらないと解されているので，書くとしても簡潔にまとめるべきでしょう。

② 94条2項の類推適用

　最後に，94条2項の類推適用について論じます。権利外観法理から①外観の存在，②本人の帰責性，および③第三者の信頼，という3要件を導く論証が，受験界では一般的でしょう。なお，本問とは直接関係はないのですが，一般論として，94条2項の類推適用の場面で帰責性を肯定するのはとても難しいということを知っておいてください。したがって，帰責性の存否は慎重に認定しなければなりません。判例は，虚偽の外観作出について，本人の積極的な関与または承認（黙示の承認を含む）がある場合に加えて，本人にこれらと同視しうるほど重い帰責性が認められる場合にも類推適用を肯定しています（最判平成18年2月23日民集60巻2号546頁〔百選Ⅰ22事件〕）。学説の多くもこの結論に賛同します（川井［総則］167頁，近江［総則］204頁以下等）。本問では，問題文に「承認していた」とあるので，帰責性は問題なく肯定されるでしょう。

【参考文献】
試験対策講座・スタートアップ民法・民法総則4章2節④【5】，6章5節③。

第8問 A⁺ 無権代理

　Aは，夫であるBの事業が不振で家計にも窮するようになったため，Bに無断で，Bから預かっていたBの実印等を利用し，Bの代理人としてB所有の土地をCに売り渡した。
1(1)　Cは，Bに対し，その土地の所有権移転登記手続をするよう請求することができるか。
　(2)　Cは，Aに対し，どのような請求をすることができるか。Cの請求に対するAの反論についても含めて説明せよ。
2　Cが請求しないでいる間にBが死亡した。A，B間には子Dがいたが，Dは，相続を放棄した。この場合に，Cは，Aに対し，どのような請求をすることができるか。Dが相続を放棄しなかった場合には，どうか。

【解答へのヒント】

1　小問1(1)はCがBに対して，売買契約の履行を請求していくことになります。本件売買契約はBに無断でAが行ったものです。そのため，この売買契約の効果がBに帰属するかが問題になります。この問題を考えるにあたっては，AとBが夫婦である事情をどのように使うのかがポイントになります。

2　小問1(2)はCが無権代理人であるAにどのような請求ができるかが問題となっています。Aの反論は1(1)がヒントになっています。

3　小問2前段はBが死亡しており，Dは相続放棄したため，相続人がAだけになったという事案です。本人であるBを無権代理人が単独相続した場合，無権代理人に履行を請求できるかが問題となっています。

　小問2後段はDもBの相続人であるため，Bの相続人がAとDの2人になります。共同相続の場合，無権代理人であるAに対してどのような請求ができるか検討していくことになります。

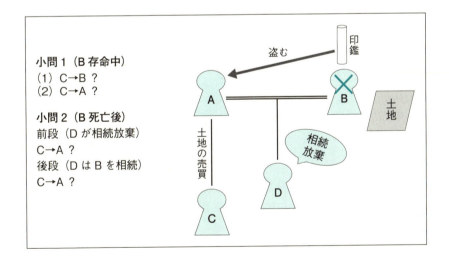

答案例

第1　小問1(1)について

　　CのBに対するBC間の土地売買契約（555条。以下「本件契約」という）に基づく所有権移転登記手続請求は認められるか。この請求が認められるためには本件契約がBに効果帰属する必要があるため，以下検討する。

1　AはBの代理人として本件契約を締結しているが，BのAに対する，B所有の土地（以下「本件土地」という）売買の代理権の授与はない（99条1項）。

論761条の法的性質および日常家事行為の内容

　　また，本件で土地売買契約締結は客観的にみて，個々の夫婦がそれぞれの共同生活を営むうえで通常必要な法律行為といえず，「日常の家事」にあたらないため，本件契約の締結は日常家事代理権（761条）の権限の範囲内といえない。

　　したがって，本件契約は，無権代理として，Bに効果帰属しないのが原則である（113条1項）。

2　そうだとしても，日常家事代理権を基本代理権とする表見代理（110条）が成立しないか。

→問題提起
論761条を基本代理権とする表見代理の成否

(1)　この点，取引安全を重視し，法定代理権も同条の基本代理権たりうると解する。もっとも，日常家事代理権を基本代理権とする表見代理の成立を広く認めると，夫婦の財産的独立を損なうおそれがある。

　　そこで，夫婦別産制（762条1項）と取引安全の調和の観点から，その行為が当該夫婦の日常の家事に関する法律行為の範囲内に属すると信ずるにつき正当の理由がある場合にかぎり，110条の趣旨を類推適用して，取引の相手方は保護されると考える。

→規範

(2)　したがって，日常の家事に関する法律行為の範囲内に属すると信ずるにつき正当の理由がある場合にかぎり，本件契約の効果がBに帰属する。

→あてはめ

3　よって，上記の場合，Cは，上記請求をすることができる。

第2　小問1(2)について

1　まず，CのAに対する，117条1項に基づく損害賠償請求は認められうるか。Cは上述のとおり，Aは無権代理行為を行っているため，認められると主張する。これに対し，上記の正当の理由がある場合には，110条の趣旨が類推適用され，Cが保護される以上，無権代理人の責任は生じないとのAの反論が考えられる。

(1)　そこで，表見代理が成立する場合に，無権代理人はそのことをもって，責任を逃れることができるか。

→問題提起
論無権代理人の責任（117条1項）の追及

ア　この点について，無権代理人の責任と表見代理責任は互いに独立したものであり，相手方は両者を選択的に主張できると考えられる。したがって，表見代理が成立することを理由に，無権代理人の責任を逃れることはできないと考える。

→規範

イ　本問でも，Aの上記反論は認められない。

→結論

(2) 次に，CにはAの代理権を信じるにつき「過失」（117条2
項2号本文）があり，無権代理人の責任は生じないとのAの
反論が考えられる。しかし，かりにCに過失があったとして
も，AはBに無断でBの実印等を利用して本件契約を締結し
ており，「自己に代理権がないことを知っていた」（同号ただ
し書）とCは再反論しうるから，Aのそのような反論は認め
られない。

(3) よって，Cは上記請求をすることができる。

2 また，Cは，Aに対し，不法行為（709条）に基づく損害賠償
請求をすることができるが，Aは，Cに「過失」があれば，過
失相殺（722条2項）を主張できる。

第3 小問2前段について

1 Cは，Dの相続放棄（939条）により，Bを単独相続したAに，
小問1(1)同様の請求をすることが考えられる。被相続人Bの地
位を包括承継（896条本文）したAに，本人の地位に基づく追
認拒絶が認められれば，本件契約の効果はAに帰属しないため，
Aの追認拒絶が認められるかが問題になる。

(1) そもそも，相続開始後も相手方に取消権（115条本文）や
無権代理人の責任追及（117条1項）の余地を残しておくべ
きであるから，本人の地位と無権代理人の地位は併存すると
解する。
そうだとすれば，無権代理人は，本人の地位で追認拒絶す
ることができるとも思える。
しかし，無権代理人の追認拒絶は，先行する無権代理行為
と相容れず，禁反言の原則に反するといえ，信義則（1条2
項）に反し許されないと考える。

(2) 本問においてもAの追認拒絶は認められず，本件契約の効
果はAに帰属し，Cは，上記請求をすることができる。

2 また，Cは，Aに対し，小問1(2)同様の請求をすることがで
きる。

第4 小問2後段について

Bの地位をDとAが共同相続（898条）した場合，Cは，Aに対し，
小問1(1)同様の請求をすることができるか。

1 この点について，本人たる地位を共同相続した場合，本人の
追認権は相続人全員に不可分的に帰属し，他の共同相続人全員
の追認がないかぎり，無権代理行為は，無権代理人の相続分に
相当する部分においても，当然に有効にはならないと考える。

2 本問でもDの追認がない場合，本件契約の効果はAに帰属せ
ず，Cは，小問1(2)同様の請求をすることができるにとどまる。
一方，Dの追認がある場合，Aの追認拒絶が認められない以上，
本件契約の効果はAおよびDに帰属し，売買契約に基づく所有
権移転登記義務は性質上不可分債務（430条）であるから，Cは，
Aに対し，小問1(1)および小問1(2)同様の請求をすることがで
きる。
以上

右側欄外注記

➡Cからの損害賠償請求
に対するAの反論

➡問題提起
論無権代理人が本人の地
位を単独相続した場合

➡規範

➡結論

➡問題提起
論無権代理人が本人の地
位を共同相続した場合
➡規範

➡結論

本問の題材は，旧司法試験の1990（平成2）年度第1問である。

小問1(1)は日常家事行為と表見代理の可否について，小問1(2)は無権代理人の責任追及について，小問2の前段は単独相続と無権代理人の責任追及について，後段は共同相続と無権代理人の責任追及について問う問題である。これらの論点は重要な基本論点であり，本問は適切な法律解釈や答案の論じ方について基礎的能力が備わっているかをみるものであった。

論点

1　761条の法的性質および日常家事行為の内容
2　761条を基本代理権とする表見代理の成否
3　無権代理人の責任（117条1項）の追及
4　無権代理人が本人の地位を単独相続した場合
5　無権代理人が本人の地位を共同相続した場合

答案作成上の注意点

1　小問1(1)について

【答案の流れ】
①Bの代理行為（99条）を検討する→基本代理権なし
②日常家事行為として761条の代理権が認められないか→日常家事行為にあたらない
③761条を基本代権として110条が適用できないか→夫婦別産制を害するためできない
④そこで110条の趣旨を類推適用する

本問ではAがBの代理人としてB所有の土地をCに売買しています。BはAに対し代理権を授与していないため，任意代理は成立しません。

次に，AとBが夫婦であることから日常家事行為として，法定代理として有効にならないかを検討します。しかし，土地の売買は通常の生活のなかで行われる行為ではないため，日常家事にあたるとすることは難しいでしょう。

次に，日常家事の代理権を基本代理権として110条を適用することを検討することになりますが，夫婦別産制（761条1項）を害してしまうため，直接適用はできません。そこで，110条の趣旨を類推適用し，夫婦別産制と取引安全の調和の観点から，その行為が当該夫婦の日常の家事に関する法律行為の範囲内に属すると信ずるにつき正当の理由がある場合にかぎり，取引の相手方は保護される（最判昭和44年12月18日民集23巻12号2476頁〔判例シリーズ7事件〕）と考えます。

本問では，Cに本件契約がAB夫婦の日常の家事に関する法律行為の範囲内に属すると信ずるにつき正当の理由がある場合にかぎり，本件契約の効果がBに帰属します。この点について，Cが信じる対象は，その行為が日常の家事に関する法律行為の範囲内にあるということであって，Aに基本代理権があることではありません。注意して事案をあてはめるようにしましょう。

2　小問1(2)について

本件では，無権代理人の責任追及（117条1項）が認められるかが問題となっています。Aは無権代理行為を行っているため，117条1項の要件はみたしているといえます。そのうえで，正当の理由がある場合には，110条の趣旨が類推適用され，Cが保護される以上，無権代理人の責任は生じないとのAの反論について検討します。判例によれば，無権代理人の責任と表見代理責任は互いに

独立したものであり，相手方は両者を選択的に主張できると考えられます（最判昭和62年7月7日民集41巻5号1133頁〔判例シリーズ10事件〕）。

　したがって，表見代理が成立することを理由に，無権代理人の責任を逃れることはできないといえ，Aの反論は認められないでしょう。

　次に，CにはAの代理権を信じるにつき「過失」（117条2項2号本文）があり，無権代理人の責任は生じないとのAの反論が考えられます。しかし，かりにCに過失があったとしても，AはBに無断でBの実印等を利用して本件契約を締結しており，「自己に代理権がないことを知っていた」（同号ただし書）とCは再反論します。そのため，Aのこの反論は認められません。

　この117条2項2号は，2017年に債権法が改正されたときに新設された条文です。書き忘れがないように注意しましょう。

③　小問2前段について

1　本問ではBが死亡し，無権代理人であるAがBの相続人となっています。そこで，いわゆる無権代理人と相続という問題が生じます。

2　無権代理の場面においては，無権代理と本人との間で相続が生じた場合の法律関係が問題となっています。本人が死亡して無権代理人が本人の地位を相続した場合と，無権代理人が死亡して本人が無権代理人の地位を相続した場合の，大きく2つに分けることができます。

　どちらの場面も，このような相続が生じた場合に当然に有効になるのか否か，すなわち，無権代理人の地位と本人の地位が融合してしまい，当然に当該無権代理行為が有効になってしまうという考え方と，当然に有効になるわけではなく，本人の地位と無権代理人の地位が併存するという考え方とに分かれます。この点について，相続前の状態と同じ法律関係をできるだけ相続後にも維持すべきですから，2つの地位の併存を認めるべきです。そして，地位が併存するとしたうえで，それぞれ個別にもっとも具体的で，妥当な結論を探っていくことになります。

3　本問では，Bが死亡しています。そして相続人であるDが相続放棄しているため，Bの相続人はAのみとなります。そのため，本件は本人が死亡して無権代理人が本人の地位を相続した場合にあたります。

　本人が死亡した場合について，この場合に地位が併存するとして，無権代理人が本人の立場，すなわち本人から相続した追認拒絶権を行使できるかというと，これはできないと考えられています。

　無権代理人は，みずから無権代理行為をしておきながら，後に本人から追認拒絶権を相続したからといって追認拒絶をしてしまうのでは，信義則（1条2項）に反することになります。すなわち，矛盾する行動をとってはいけないという禁反言というわけです。

　本問でも，一度Aが本件土地をCに売るという行動をしているにもかかわらず，後になってAがCからの請求を拒むというのは，矛盾する行動といえ，信義則に反して許されないことになります。

④　小問2後段について

　本件売買契約は無権代理行為であるため，日常家事と信じるにつき正当な理由がないかぎり，小問1(1)と同様，Bに効果帰属しないのが原則です。

　しかし，Bが死亡しているため，相続人であるAにCは履行請求できるか否かが問題となります。前段との違いは，本件ではBの相続人としてAとDがおり，両者は共同相続人となるということです。共同相続した財産は共有になり（898条），追認権は所有権以外の財産権であるため，準共有（264条）となります。追認権は不可分であるため，全員一致でなければ，追認の効果が生じません（最判平成5年1月21日民集47巻1号265頁〔判例シリーズ11事件〕）。本問でも，AとD両者が追認しなければ追認の効果が生じません。もっとも，Aが追認拒絶することは小問2前段と同様に信義則違反になり，許されません。

　したがって，CがAに履行請求できるか否かは，Dが追認するか否かによって決まることになります。

なお，Dが追認しなかった場合にも，Aは無権代理としての責任は負うため，CのAに対する117条1項に基づく責任追及は認められます。

【参考文献】
試験対策講座・スタートアップ民法・民法総則6章4節③【1】(1)・(2)・【3】(2)(d)，5節③【2】(1)1(b)(ii)。
判例シリーズ7事件・10事件・11事件。

第9問 A　時効①

　Aは，Bに2000万円の金銭を貸し付け，その担保としてBの父親Cが所有する甲不動産（時価2500万円）に第1順位の抵当権の設定を受け，その旨の登記をした。Bは支払期限までにその債務を弁済せずに行方をくらませた。

　そこで，Cは，この抵当権の実行を避けるため，Aに対して複数回に分けて合計800万円をBに代わって弁済するとともに，残りの債務も代わって弁済する旨繰り返し申し出たので，Aはその言を信じてBに対して上記貸金債権について特に時効更新の手続をとらないまま，支払期限から10年が経過した。他方，その間に，Cに対してDが1000万円，Eが1500万円の金銭を貸し付け，その担保として，甲不動産につきそれぞれDが第2順位，Eが第3順位の抵当権の設定を受け，いずれもその旨の登記を了した。

1　以上の事実関係のもとで，Aが甲不動産に対して有する第1順位の抵当権設定登記の抹消を請求するため，Eはいかなる主張をし，他方，Aはこれに対していかなる反論をすることが考えられるかを指摘し，それぞれについて考察を加えよ。

2　以上の事実関係に加え，Cが無資力であった場合に，考えられる(1)のEの主張，Aの反論を指摘し，それぞれについて考察を加えよ。

【解答へのヒント】

1　小問1で考えつくEの請求に対するAの反論を退けるためにはどうすればよいか，「時効更新の手続をとらないまま，支払期限から10年が経過した」という文言がわざわざ組み込まれていることに着目して考えてみましょう。

2　「無資力」という文言がでてきたら，債権者代位（423条から423条の7まで）か詐害行為取消（424条から426条まで）を検討させることが多いです。本問でもこれらを利用したEの主張を考えてみましょう。

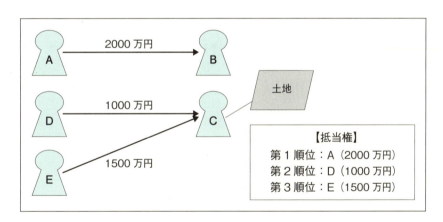

答案例

第1　小問1について
1　Eは，Aに対して，抵当権（369条1項）に基づく妨害排除請求として，抵当権設定登記抹消登記手続を請求することが考えられる。本件においては，Eの抵当権，Aの抵当権設定登記の存在が認められる。　　　　　　　　　　5
2　これに対し，Aは，自己の抵当権設定登記はAC間の抵当権設定契約に基づくものであり，登記の保持に理由がある旨反論することが考えられる。
　　そこで，このような抗弁につき，考えられるEの主張とAの反論を検討する。　　　　　　　　　　　　　　　10
(1)　Eは，AのBに対する被担保債権の消滅時効を援用し，Aの債権が消滅して，Aの抵当権も付従性により消滅すると主張することが考えられる。
　　　これに対して，Aは，後順位抵当権者であるEは消滅時効を援用しうるその他権利の消滅について「正当な利　15
益を有する者」（145条括弧書）ではなく，Bの債務の消滅時効を援用できないと反論することが考えられる。
　　　そこで，「正当な利益を有する者」に後順位抵当権者が含まれるか，その範囲が問題となる。
(2)　この点について，時効制度の趣旨は，永続した事実状　20
態の尊重のみならず，当事者の意思を尊重することにもあるから，「正当な利益を有する者」の範囲は限定して解するべきである。そこで，「正当な利益を有する者」は，権利の消滅により直接に利益を受ける者にかぎられると解する。　　　　　　　　　　　　　　　　25
(3)　これを本問についてみると，後順位抵当権者は，先順位抵当権者の被担保債権の消滅により，抵当権の順位が上昇して配当額増加が期待できるという反射的な利益を受けるにすぎず，直接に利益を受けるわけではない。
　　　そうだとすれば，後順位抵当権者は同条括弧書の「正　30
当な利益を有する者」に含まれないといえる。
(4)　したがって，Eの上記主張は認められない。
3　以上より，Eの上記請求は認められない。
第2　小問2について
1　Eは，Cが無資力の場合，「自己の債権を保全するため必　35
要がある」（423条1項本文）ことから，「物上保証人」であるCの時効援用権（145条）を代位行使することにより，Aの債権が消滅して，Aの抵当権も付従性により消滅すると主張することが考えられる。
2　これに対し，まず，Aは，時効援用権は債務者の意思を　40
尊重すべき「債務者の一身に専属する権利」（423条1項ただし書）であるから，代位行使できないと反論することが考えられる。
　　そこで，時効援用権が「債務者の一身に専属する権利」

➡問題提起
論 145条括弧書の「その他権利の消滅について正当な利益を有する者」の範囲（物上保証人および後順位抵当権者の時効援用権）
➡規範

➡あてはめ

➡後順位抵当権者が援用権者とされなかった判例（最判平成11・10・21民集53巻7号1190頁〔判例シリーズ14事件〕）のキーワード
➡結論

➡問題提起

にあたるかが問題となる。

(1)　この点について，被代位者となりうる債務者が，無資
力で債務を弁済できない場合にまで，時効援用に関する
債務者の意思を尊重すべき合理性はない。
　　　そのため，時効援用権は「債務者の一身に専属する権
利」にあたらない。

(2)　したがって，Aの上記反論は認められない。

3　さらに，Aは，Cの弁済等は時効の更新事由たる「承
認」（152条１項）にあたり，消滅時効がまだ完成していな
いと反論することが考えられる。
　　そこで，物上保証人の弁済が被担保債権の「承認」にあ
たるかが問題となる。

(1)　この点について，「承認」とは，債務を負担している
者による，債務の存在の認識の表示行為をいうところ，
物上保証人は何ら債務を負担していないため，物上保証
人による弁済等は，被担保債権の「承認」にあたらない
と解する。

(2)　したがって，Aの上記反論は認められない。

4　そうだとしても，代位債権者は代位行使の相手方が債務
者に主張しえた事由の対抗を受ける（423条の４）ことか
ら，Aは，Cの消滅時効援用は信義則（１条２項）に反し
認められず，Eの代位行使も認められないと反論すること
が考えられる。
　　しかし，Aは，Cによる弁済が時効障害事由にあたらな
いことを容易に判断しうる。また，Bが行方をくらませて
いるとはいえ，公示送達（民訴法110条１項１号）等の方
法により訴訟を提起して，確定判決を得ることで時効を更
新することもAにとって容易であった（民法147条１項１
号，２項）。このようなAの落ち度にかんがみれば，Cの消
滅時効援用は，信義則に反するとまではいえない。
　　よって，Eの上記主張は認められる。

5　以上より，Eは，Cの時効援用権の代位行使により，A
に対し，抵当権設定登記抹消登記手続を請求することがで
きる。

以上

45

50

55

60

65

70

75

80

85

論423条１項ただし書の「一身
に専属する権利」と時効援
用権

⇒規範

⇒結論

⇒問題提起
論152条１項の「権利の承認」
と物上保証人による承認

⇒規範

⇒問題提起
論物上保証人による承認と消
滅時効援用の信義則違反
⇒あてはめ

⇒結論

本問の題材は，旧司法試験の2004（平成16）年度第2問を改題したものである。

時効制度に関するいくつかの論点の検討を求めるものである。具体的には，時効援用権者の範囲（後順位抵当権者は先順位抵当権の被担保債権の消滅時効を援用できるかなど），時効援用権に対する債権者代位権の行使の許否（債務者が物上保証人であり援用により抵当権の負担が消滅する場合），およびその要件，ならびに物上保証人による債務承認行為は時効障害事由かなどについて問うものである。

論点

1 145条括弧書の「その他権利の消滅について正当な利益を有する者」の範囲（物上保証人および後順位抵当権者の時効援用権）
2 423条1項ただし書の「一身に専属する権利」と時効援用権
3 152条1項の「権利の承認」と物上保証人による承認
4 物上保証人による承認と消滅時効援用の信義則違反

答案作成上の注意点

1 小問1について

1 登記保持権原の抗弁

問題を解くうえでは，いきなり時効の論点に飛びつくのではなく，時効の論点が登場する前提となるEの主張と，これに対するAの反論を示すことが大切です。**AはBに対する2000万円の債権の担保のために抵当権設定をしたので，抵当権設定登記を具備する権原を有している**との反論が考えられます。

この抵当権設定登記の保持に理由があるというAの反論は，講学上**登記保持権原の抗弁**とよばれています。

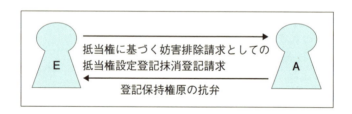

2 被担保債権の消滅と抵当権の付従性

消滅時効が問題となる場面では，消滅時効の援用対象をしっかりと示すことが大切です。本問では，EがAのBに対する被担保債権の消滅時効を援用し，Aの債権が消滅して，Aの抵当権も付従性により消滅するということを示す必要があります。Eは，Aの有する抵当権自体が消滅時効により消滅したと主張することが考えられますが（396条参照），その時効期間は20年であり（166条2項），10年しか経過していない本件では主張することができません。そこで，AのBに対する債権の消滅時効（約定債権なので，通常は，166条1項1号により時効期間は5年ですが，10年経過している本件では，Aの主観にかかわらず166条1項2号により時効が完成しています）の援用によりこれを消滅させ，付従性によりAの抵当権が消滅するという主張を展開することになるのです。

3 「正当な利益を有する者」の範囲

民法145条は「正当な利益を有する者」という文言を用いて一定の第三者に援用権が認められることを条文上明らかにしたものですが，援用権者の具体的な範囲については，引き続き解釈に委ねられています。そのため，「正当な利益を有する者」という文言の解釈として，後順位抵当権者たるEに援用権が認められるかを検討する必要があります。

○後順位抵当権者が援用権者にあたるか

> 最判平成11年10月21日民集53巻7号1190頁（判例シリーズ14事件）は，後順位抵当権者は，目的不動産の価格から先順位抵当権によって担保される債権額を控除した価額についてのみ優先して弁済を受ける地位を有するものなので，先順位抵当権の被担保債権の消滅により直接利益を受ける者に該当するものではないとして，援用権者にあたらないとしています。
>
> 上記判例は，援用権者の判断基準として「直接利益を受ける者」という文言を使用しており，本問でも「正当な利益を有する者」にあたるかの判断規範として「直接利益を受ける者」という文言をだすことで判例をふまえていることをアピールするとよいでしょう。

② 小問2について

1 時効援用権の代位行使

小問1で後順位抵当権者たるE自身の時効援用が認められなかったこと，および，Cが無資力であるということから，EがCの時効援用権を代位行使することが考えられます。

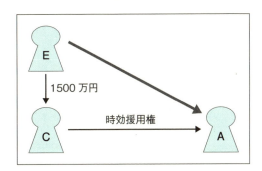

2 152条1項の「権利の承認」と物上保証人による承認

(1) 時効の完成猶予と更新

時効は，時効期間進行中に一定の事由が生じることでその完成が先延ばしになることがあります。時効完成が先延ばしになる原因としては，時効の完成猶予と更新があります。

○時効の完成猶予

> 時効の更新のための手続がとられた場合や，時効完成にあたって権利者による時効の更新のための措置を不可能または著しく困難にする事情がある場合に，一定期間時効の完成を猶予することをいいます。

○時効の更新

> 時効がいったん進行を始めた後，時効の基礎である事実関係と相いれない事実が存在するために，その進行が断絶し，それまでに経過した期間がまったく無意味になることをいいます。新たに時効が開始する時点は，更新事由が終了した時となります。

(2) 152条1項の「権利の承認」

　上記のように，時効の完成猶予と更新には，時効の完成時期を先延ばしにする効果があります。それゆえ，<u>消滅時効の援用を主張された相手方は，時効はいまだ完成していないという旨の反論の内容として，これらを主張していくことになります</u>。時効が問題になった場合には，これらが消滅時効の主張に対する反論としてはたらくことを覚えておきましょう。

　本問では，時効完成による消滅が主張された被担保債権について，担保目的物たる甲不動産の所有者Cが，債権者Aに対して合計800万円を弁済しています。これが「承認」にあたれば，時効の更新により，時効はいまだ完成していないとするAの反論は成立することになります。

　以上のように，消滅時効援用に対する反論手段，そして，CがAに弁済を行い続けていたという本問中の事実に着目することで，Aの反論がみえてくるのです。

3　物上保証人による承認と消滅時効援用の信義則違反

(1) 信義則による修正

　本問では，Cの弁済行為が「承認」と認められず，Aは消滅時効の完成に対する反論をなしえないとも思えます。もっとも，Aは，CがAに対して合計800万円を弁済するとともに，残りの債務も代わって弁済する旨繰り返し申し出たので，その言を信じて，Bに対して特に時効更新の手続をとらなかったのです。このような状況下で消滅時効の援用を認めるのは現実的ではありません。そこで，信義則（1条2項）により消滅時効援用を排斥するという構成を考えることとなります。

　<u>信義則を使用する際には，どのような意味において信義則に反するのか，矛盾挙動や禁反言といった具体的類型を必ずセットであげるようにしましょう。</u>

(2) Aの落ち度

　信義則による救済は，あくまで例外的な場合に限定されます。そのため，信義則に反するか否かを検討する際は，問題となる行為の行為者（本問のC）の事情だけではなく，信義則違反を主張する側（本問のA）の事情も考慮する必要があります。

　Aは，たしかにCの言を信じて待っていたのでしょうが，自己の権利を保全するために訴訟提起等による時効更新の手続をとることも容易でした。そうであれば，消滅時効にかからせてしまったのはAの落ち度によるものといえ，信義則による救済に値しないと考えられるでしょう。

【参考文献】

試験対策講座・スタートアップ民法・民法総則8章4節②【2】(6)，5節②【2】(2)。判例シリーズ14事件。

第10問 B 時効②

　　甲は乙の不在を奇貨として，乙所有地に樹木の苗（5,000円相当）を植え，6か月後には根づいた。その後甲は13年間この樹木を手入れし，その結果，時価50万円相当となった。なお，甲はこの樹木が自己の所有に属すると過失なく信じていた。そのころ，乙が帰来したが，この樹木をめぐり，甲乙互いに自分の所有権を主張して譲らない。甲乙の主張の根拠として考えられるものをあげ，それぞれにつき論ぜよ。また，甲の主張が認められる場合，甲乙間の法律関係はどのようになるか。

【解答へのヒント】

1　乙からすれば，自分の土地に植えられた樹木は自分の物になったと主張したいところです。民法上，このような場合を規律する規定は何かないでしょうか。

2　甲からすれば，長期間乙所有地と樹木を占有していたのですから，その事実による主張をしたいところです。なお，「甲は乙の不在を奇貨として」いますから，「所有の意思」（162条1項）があるとはいえないので，乙所有地自体は時効取得できません。したがって，乙所有地に関する利用権および樹木自体の所有権を検討していくこととなります。

答案例

第1　甲乙の主張について
　1　乙は，本件樹木が乙の所有地に植えられている以上，こ
　　れは乙の所有地に「付合」し，その所有権は乙に帰属する
　　と主張することが考えられる（242条本文）。
　　　そこで，「付合」の意義が問題となる。 5 ➡️問題提起
　　(1)　そもそも，同条の趣旨は，社会経済的観点および法律 論「付合」（242条本文）の意義
　　　関係の簡明の観点から，付属させられた動産と不動産を
　　　1個の物として単独所有権に服させる点にある。
　　　　そこで，「付合」とは，付属させられた動産を分離復 ➡️規範
　　　旧することが事実上不可能ないし社会経済上著しく不利
　　　益な状態となることをいうと解する。 10
　　(2)　これを本問についてみると，本件樹木は乙の所有地に ➡️あてはめ
　　　根づいており，これに付属させられている。そして，樹
　　　木は土地に植栽されてはじめて生育できるものであるか
　　　ら，乙の所有地から本件樹木を分離復旧することは社会 15
　　　経済上著しく不利益となるといえる。
　　(3)　したがって，本件樹木は，乙の所有地に「付合」した ➡️結論
　　　といえる。
　2　よって，本件樹木の所有権は，原則として乙に帰属する。
　3　これに対し，甲は，乙の所有地の土地利用権を時効取得 20
　　（163条）し，遡及的に「権原」（242条ただし書）を取得 ➡️問題提起
　　するから，本件樹木は乙の所有地に「付合」せず，甲の所 論「権原」による樹木所有権の
　　有に属すると主張することが考えられる。 　　留保の可否（242条ただし書）
　　(1)　まず，債権たる土地賃借権を時効取得しうるかが問題
　　　となるが，占有を不可欠の要素とする賃借権は永続した 25 ➡️規範①
　　　事実状態を観念できるから，これを時効取得しうると解
　　　する。ただし，所有者に時効の完成を阻止する機会を与
　　　えるべく，目的物の継続的な用益という外形的事実が存
　　　在し，それが賃借の意思に基づくことが客観的に表現さ
　　　れていることを要すると解する。 30
　　　　これを本問についてみると，甲は，樹木の生育のため ➡️あてはめ①
　　　に乙の所有地を継続的に占有しており，目的物の継続的
　　　な用益という外形的事実は存在するものの，賃料を支払
　　　うなどのかたちで，このような占有が賃借の意思に基づ
　　　くことが客観的に表現されているとはいえず，「自己の 35
　　　ためにする意思」があるとはいえない。
　　　　したがって，甲は，賃借権を時効取得できない。
　　(2)　他方，地上権については，地代の支払が地上権の要素 ➡️結論①
　　　となるものではないから，継続的用益の事実をもって地 ➡️規範②
　　　上権を時効取得しうると解する。 40
　　　　もっとも，本問では，甲は，乙の不在を奇貨として乙 ➡️あてはめ②
　　　の所有地を利用しており，自己に占有権原がないことに
　　　つき悪意であるといえるから，20年間の占有がなければ
　　　時効取得しえない。したがって，13年間の占有しか認め

られない本件においては，甲は，地上権を時効取得する 45
ことはできない。

（3）　よって，甲は乙の所有地の土地利用権を時効取得する
ことができないから，甲の上記主張は認められない。

4　そうだとしても，甲は，本件樹木自体の所有権を時効取
得（162条2項）すると反論することが考えられる。 50

（1）　まず，不動産の一部である樹木を時効取得できるか問
題となるが，樹木も土地と独立の経済的効用をもち，独
立した取引客体とされうる以上，その時効取得は認めら
れると解する。

（2）　本問では，甲は，本件樹木を13年間手入れしているこ 55
とから，その継続的な「占有」が認められ，かつその占
有には「所有の意思」も認められる。

（3）　また，甲が本件樹木を占有している以上，甲は，「善
意」，「平穏」かつ「公然と」本件樹木を占有していたと
推定され（186条1項），これを覆す事情は存在しない。 60

（4）　また，甲は本件樹木を自己の所有物であると「過失」
なく信じていた。

（5）　よって，甲は，本件樹木を時効取得し，その所有権を
主張できる。

第2　甲の主張が認められる場合の甲乙間の法律関係について 65

1　乙は，土地所有権（206条）に基づく妨害排除請求権と
して，本件樹木を除去するよう請求することができる。
そして，除去に要する費用については，甲が負担するこ
とになると解する。

2　また，乙は，甲に対し，13年間の土地利用料相当額につ 70
き不当利得返還請求（703条）することが考えられる。

（1）　まず，甲は土地利用の「利益」を得た一方，乙は得ら
れたはずの利益に相当する「損失」を被っている。

（2）　そして，この両者には因果関係もあり，甲は何らの利
用権原もない以上，「法律上の原因」も認められない。 75

（3）　もっとも，利用開始後3年分については，10年の消滅
時効期間（166条1項2号）が経過しているので，これ
を除いた10年分の土地使用料相当額につき返還請求でき
る。

以上 80

➡結論②

➡問題提起
論 樹木所有権自体の時効取得の
可否（162条）

➡規範

▌出題趣旨 ▌

　本問の題材は，旧司法試験の1972（昭和47）年度第2問を改題したものである。

　他人の所有する土地に付合した動産を長期間占有した場合において，その所有権を主張する手段について具体的に検討し，所有権が認められた場合の法律関係についての検討を求めるものである。

▌論点 ▌

1　「付合」（242条本文）の意義
2　「権原」による樹木所有権の留保の可否（242条ただし書）
　　（土地利用権を時効取得〔163条〕して「権原」となしうるか）
3　樹木所有権自体の時効取得の可否（162条）

▌答案作成上の注意点 ▌

① 不動産の付合（242条本文）

　他人の土地に誰かが種をまき，根づいた樹木などのように，不動産から分離できなくなった動産はどうなるのでしょうか。理論的には不動産と動産は別の物ですから，その樹木も種をまいた人の所有のままであるはずです。しかし，民法上このような場合，（弱い）付合として動産の所有権は不動産の所有者に帰属するのが原則です。

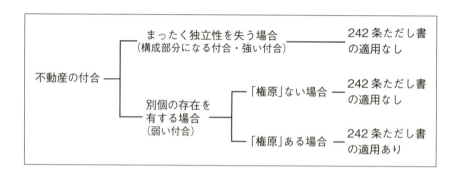

② 「権原」による所有権留保（242条ただし書）

　もっとも，このような場合いつでも動産の所有権が不動産の所有者に帰属するとすれば，たとえば土地を賃借して樹木を育て伐採する形式の林業などは営むことができなくなってしまいます。そこで，民法は例外として，「権原」によって動産を「附属」させた場合は，その所有権を留保することを定めました（242条ただし書）。

　この「権原」とは，一般に土地の利用権，すなわち土地の賃借権や地上権などが該当します。本問で甲は特に乙と土地の利用権について約定があったわけではありませんから，土地の利用権を時効によって取得していないかを検討することになるのです。

③ 所有権以外の財産権の時効取得

1　所有権を時効取得することができるのは一般にもよく知られていますが，所有権以外の財産権も時効取得できるものがあります（163条）。ただし，取得時効制度の趣旨が，継続した事実状態の保護にあることから，性質上継続して行使することができる権利にかぎられます。
2　用益物権のうち，占有権限を内包する物権である地上権（永小作権）が時効取得の対象となる

ことに異論はありません。また，地役権についても283条の要件のもと，時効取得することができると考えられています（最判昭和30年12月26日民集9巻14号2097頁参照）。

また，担保物権のうち質権は，継続的な占有を伴うことから，時効取得の対象となりえます。

3 もっとも，不動産賃借権が時効取得の対象となりうるのかは問題となります。たしかに，賃借権は賃借物を使用，収益する点で物権的な側面をもちますが，賃貸人が賃借人に対し使用収益させる義務を負い，賃借人は賃貸人に対しその対価としての賃料を支払う義務を負うという，債権的な側面ももちます。したがって，上記の物権を時効取得する場合と単純に同列に考えることはできません。

4 しかし，不動産賃借権は継続して土地を使用収益する点において地上権と類似していますから，一定の条件のもとに時効取得を認めるべきです。判例（最判昭和62年6月5日〔百選 I 47事件〕）は，①土地の継続的用益という外形的事実が存在し，②それが賃借の意思に基づくことが客観的に表現されているときは，不動産賃借権の時効取得を認めています。また，賃借人が平穏公然に土地の継続的な用益をし，かつ，賃料の支払を継続しているときには，上記の要件をみたすとしています。なお，上記判例が「民法163条所定の時効期間の経過により」と判示していることからもわかるように，賃借開始のときに善意無過失であれば，10年間の経過による時効取得も認められます（最判昭和52年9月29日判時866号127頁）。

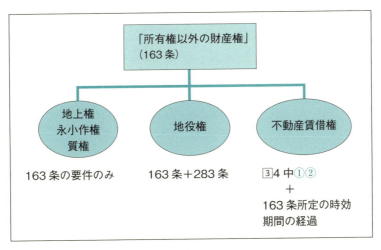

5 本問では，不動産賃借権や地上権といった乙所有地の利用権が時効取得できれば，その効力は起算日である苗を植えた日にさかのぼり（144条），これを「権原」として苗を植えたことになります。賃借権の例でいえば，甲が乙所有地を賃借して苗を植えたのと同様の状況となるわけです。しかし，答案例で示したように，本問では甲は不動産賃借権も地上権も時効取得できませんから，結局本件樹木を「権原」によって「附属」させたとはいえません。

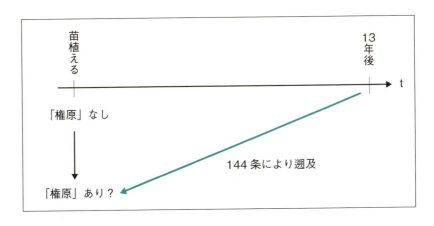

④ 所有権の時効取得

　そうだとすると，本件樹木は乙の所有物ということになりそうです。しかし，甲としては13年間も本件樹木を手入れしてきたのですから，当然本件樹木を自己の所有物と考えて占有してきたはずです。そこで，本件樹木自体を時効取得できないか問題となります。本問では答案例に示したように，本件樹木自体を時効取得できるということになるでしょう。

【参考文献】
試験対策講座・スタートアップ民法・民法総則8章3節④【1】(1)。試験対策講座・物権法4章3節③【1】。

第11問 A   177条論①

　　Aは，Bから建物建築のため甲土地を買い受け，引渡しを受けた。他方，Bは，その旨の登記をしない間に，Cに甲土地を売却し，登記を移転した。さらにDが，農地として使用するため甲土地をCより買い受け，登記を移転した。そこで，AはDに対し登記移転を求める訴えおよび甲土地をAが所有していることの確認を求める訴えを提起した。

1　CはAに登記がないことを知っており，Aを困らせる目的でBより譲渡を受けたものであった場合，AのDに対する請求は認められるか。
2　Aは訴え提起後に，甲土地に下水工事・水道引込み工事をなしたが，当該訴訟はAの敗訴に確定した。この場合におけるAD間の法律関係について論ぜよ。

【解答へのヒント】

1　AのDに対する請求は所有権に基づく妨害排除請求権としての所有権移転登記請求ですが，Aの所有権取得はDに対抗できるのでしょうか。「第三者」の意義が問題となりそうです。
2　Dの所有権に基づく土地明渡請求に対し，これに応じてしまうと，Aが支出した下水工事，水道引込み工事費の回収を担保する方法がなくなってしまいそうです。工事費の回収を担保する方法は何かないでしょうか。

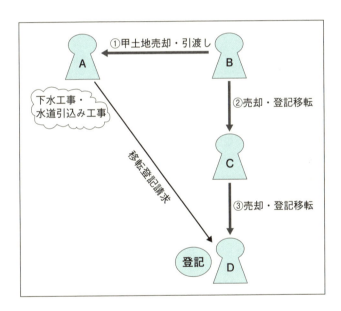

答案例

第1　小問1について

1　本問において，Aは，Bから甲土地を買い受け，引渡しを受けたものの，その登記を経ていない。

そうすると，Dが「第三者」（177条）にあたれば，AのDに対する移転登記請求は認められないことになる。　5

そこで，Dが「第三者」にあたるかを検討する。

2　まず，Dの前主Cは，Aに登記がないことを知って，Aを困らせる目的でBから甲土地を譲り受けている。

そうすると，Cは，登記の欠缺を主張することが信義則（1条2項）に反するような背信的悪意者であるから，　10
「第三者」（177条）にはあたらない。

3　そこで次に，Cから甲土地を譲り受けたDは「第三者」（177条）にあたるか，背信的悪意者からの転得者は「第三者」といえるかが問題となる。 ➡問題提起

論背信的悪意者からの転得者と177条の「第三者」

(1)　この点について，背信的悪意者も完全な無権利者ではなく，その物権取得もいちおう有効であるが，ただ，第一譲受人に対する関係では信義則（1条2項）違反があるため，登記欠缺を主張することが許されないというだけの相対的無効であるにすぎないと解する。　15

そこで，転得者は背信的悪意者から物権を取得することができ，転得者自身が第一譲受人に対する関係で背信的悪意者と評価されないかぎり，「第三者」といえると解する。 ➡規範

(2)　そうすると，Dは，Aに対する関係で背信的悪意者と評価されないかぎり，「第三者」にあたる。　25 ➡あてはめ

4　よって，AのDに対する上記請求は認められない。

第2　小問2について

1　本問において，Aの甲土地の所有権確認の訴えは，Aの敗訴に確定している。

したがって，Dは，Aに対して，所有権に基づいて甲土　30
地の明渡請求をすることができる。

2　そうだとしても，BのAに対する土地引渡債務が，社会通念上，履行不能（412条の2第1項）に陥っている。

そこで，Aは，Bに対する損害賠償請求権（415条1項本文）を被担保債権として，Dに対し，留置権（295条1項　35
本文）を主張しうるか，「その物に関して生じた債権」（295条1項本文）といえるための要件が問題となる。 ➡問題提起

論「その物に関して生じた債権」（295条1項本文）の意義

(1)　留置権の機能は，物の返還を請求してきた相手方に対し物を留めておいて返還を拒絶し，それによって相手方に対し債務の履行を間接的に強制する点にある。　40

そうだとすれば，物を留置することが相手方に履行強制作用を果たしうるか否かが，留置権存否の判断基準となると解される。

そこで，「その物に関して生じた債権」があるといえ ➡規範

るためには，被担保債権の成立時において被担保債権の債務者と物の返還請求権者とが同一人でなくてはならないと解する。

(2)　本問では，履行不能による損害賠償請求権の成立時において，被担保債権の債務者はBであるのに，物の返還請求権者はDであるから，同一人ではない。

→あてはめ

(3)　したがって，Aは，Bに対する損害賠償請求権を被担保債権として，Dに対し，留置権を主張しえない。

→結論

3　そうだとしても，Aは，訴え提起後に，甲土地に下水工事・水道引込み工事をなしている。

そこで，Aは，その費用償還請求権を被担保債権として，Dに対し留置権を主張しえないか検討する。

(1)　まず，下水工事・水道引込み工事費は，物を改良し，物の価値を客観的に増加させるために費やした費用であるから，「有益費」（196条2項本文）にあたる。

なお，Dは甲土地を農地として使用するつもりであるから，Dにとって有益とはいえない。

しかし，有益費は物の客観的価値を増加すれば足りるから，上記費用は，なお「有益費」にあたる。

そして，上記有益費償還請求権の成立時において，被担保債権の債務者と物の返還請求権者とは同一人Dであるから，「その物に関して生じた債権」（295条1項本文）にあたる。

(2)　ところが，本問では，Aの有益費支出の後，当該訴訟がAの敗訴に確定している。

そこで，占有すべき権原をはじめはもっていたが後に喪失した場合（権原喪失型），295条2項は直接適用されないが，295条2項が類推適用されるかが問題となる。

→問題提起

論295条2項の類推適用

ア　この点について，295条2項の趣旨は，占有が不法行為により始まった場合にまで留置権を認めることは公平の観念に反する点にある。

そうだとすれば，権原喪失型の場合も，公平の観念に反するといえ，その趣旨が妥当する。

そこで，権原喪失型の場合にも，自己の占有権原が無権原に帰する可能性につき悪意または有過失であれば，295条2項が類推適用されると解する。

→規範

イ　本問で，Aは，訴え提起後に有益費を支出し，その後敗訴が確定しているから，特段の事情のないかぎり，自己の占有権原が無権原に帰する可能性につき過失があるといえる。

→あてはめ

ウ　したがって，Aに295条2項が類推適用される。

→結論

(3)　よって，Aは，有益費償還請求権を被担保債権として，Dに対し留置権を主張しえない。

以上

　背信的悪意者からの転得者の地位については，最判平成 8 年10月29日民集50巻 9 号2506頁（判例シリーズ19事件）がでている。また，旧司法試験論文式試験においても1985（昭和60）年度第 1 問，2005（平成17）年度第 2 問で出題されており，重要なテーマといえる。そこで，実際の事例に即して処理できるかを確認するために出題した。また，295条 2 項の類推適用についても，判例（最判昭和46年 7 月16日民集25巻 5 号749頁〔百選Ⅰ80事件〕）と学説が対立する重要論点であるから，この機会に問題の所在とそれぞれの論拠を確認してほしい。

論点

1　背信的悪意者からの転得者と177条の「第三者」
2　「その物に関して生じた債権」（295条 1 項本文）の意義
3　295条 2 項の類推適用

答案作成上の注意点

① 177条の第三者

　小問 1 について。まず，ADが対抗関係に立つことを認定し，Dが「第三者」（177条）にあたれば，AのDに対する移転登記請求は認められないことを示してください。冒頭部分は答案の顔ですから，長すぎもせず短すぎもしない程度に問題の所在を摘示する必要があります。次に，「第三者」（177条）の解釈論を展開することになります。いわゆる背信的悪意者排除論ですが，前主Cについては，前提にすぎませんから，解釈論の大展開は不要でしょう。しかし，その後の“背信的悪意者からの転得者と第三者”という論点を展開するためには必ず触れなければなりません。そして次に，出題意図のひとつである上記論点に答えることになります。学説の多くは，その理論構成や論拠は異なるもののDを保護すべきものとする結論については，ほぼ一致しています。判例も，①Aは背信的悪意者Cに対する関係においてだけ，相対的に登記なくして物権変動を対抗することができ，Dが善意または単純悪意であるかぎり，対抗しえないとする見解，または②背信的悪意者Cも完全な無権利者ではなく，その物権取得もいちおう有効であり，ただAに対する関係では信義則違反があるため，Aの登記欠缺を主張することが許されないというだけのいわば相対的無効であるにすぎないから，Aとの関係で転得者D自身が背信的悪意者と評価されないかぎり，Aの登記欠缺を主張することができるとする見解，のいずれかに立ったものと評されています（判例シリーズ19事件）。したがって，理論構成については，判旨を正確に引用するか，上記の①説または②説を採用するのが無難であり，結論についても，Dは「第三者」にあたるとするほうがよいでしょう。

② 295条 2 項の類推適用

　小問 2 について。答案例では，まず損害賠償請求権を被担保債権とする留置権の成否を論じていますが，この点は難易度が高く，加点事由です。次に，有益費（または必要費）を被担保債権とする留置権の成否を検討することになります。ここでは，「有益費」（196条 2 項本文）（または「必要費」〔196条 1 項本文〕）の認定をしっかり行う必要があります。「Dが農地として使用するために買い受けた」という事情についても配慮していると好印象です。さらに，295条 2 項の類推適用の可否が問題になります。本問が“権原喪失型”であり295条 2 項を直接適用できないという問題の所在を明確にしてから自説を展開するようにしましょう。

【参考文献】
試験対策講座・物権法 2 章 4 節⑤【1】・【2】，9 章 2 節②・④。判例シリーズ19事件・28事件。

第12問 A　　177条論②

　　不動産業者であるAは，Bとの間で，令和元年5月1日，自己が保有する甲土地の半分（以下「乙土地」とする）を「値上がりするはずですから今がお買い得ですよ」などと言って説得し，分筆登記することを約したうえ，時価の6000万円で売却する旨の契約を結んだ。ところが，Bが分筆登記するのを怠っていたことから，Aは，更に乙土地を売却して利益をあげようと考え，売却先を探していた。

　　以上の事案について，次の問いに答えよ（なお，各小問は，独立した問いである）。

1　Dは，以前からBに恨みをもっていたため，乙土地を購入してBの邪魔をしてやろうと考えたが，みずから乙土地を購入したことがBにばれては面倒だと思い，事情の知らない友人Cを介して，AからCに売却させ，更にCから乙土地を購入し，登記も順次移転した。CがBへの第一譲渡の事実につき善意であった場合に，Bは，Dに対して当該登記の抹消登記手続を求めることができるか。

2　Eは，令和元年9月1日，甲土地に大型住宅を建設するため，Aから乙土地の第一譲渡の事実につき善意で，甲土地を譲り受け，移転登記もした。その後，Bは，乙土地に分筆登記をしようとした際，乙土地を含む甲土地の登記名義がEになっていることを知った。この場合に，Bは，Aに対していかなる主張をすることができるか。乙土地の時価は，同年5月1日から騰貴し続け，同年9月1日には6500万円，現在は7000万円となっている。

【解答へのヒント】

1　Bは乙土地を購入したわけですから，その所有権に基づく妨害排除請求権として，所有権移転登記の抹消登記請求をしたいところです。しかし，DもA→C→Dの順で乙土地を購入し，登記を経ていることから，Dは「第三者」にあたるとの反論が考えられます。

2　すでに乙土地を含む甲土地がEに売却され，その登記も具備されていることから，AのBに対する移転登記義務は履行不能となっています。結局，Bは所有権を取得できなかったのですから，Aに対してその損害賠償を請求したいところですが，その価格はいつの時点の価格なのでしょうか。

【小問1】

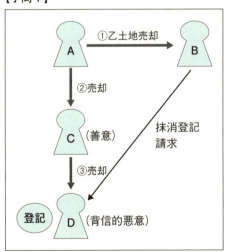

【小問2】

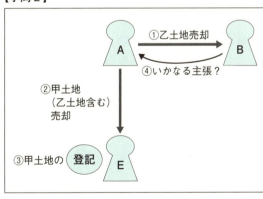

答案例

第1 小問1について

本問では，Bは，Aから乙土地を買い受けているものの，いまだその登記を経ていない。

そうすると，Dが「第三者」（177条）にあたれば，BはDに対して当該登記の抹消登記手続を求めることができないことになるので，Dが「第三者」にあたるかを検討する。 5

1 まず，Dの前主Cは，Bへの第一譲渡の事実につき善意であるから，「第三者」にあたることに問題はない。

2 ところが，Dは，Bの邪魔をしてやろうとして乙土地を譲り受けているので，登記の欠缺を主張することが信義則（1条2項）に反するような背信的悪意者といえる。 10

そこで，善意者から譲り受けた背信的悪意者は「第三者」にあたるのかが問題となる。

➡問題提起

論 善意者からの背信的悪意者と177条の「第三者」

(1) この点について，背信的悪意者論は，信義則の理念に基づいて背信的悪意者を登記制度の庇護のもとから排斥しようとする法理である。 15

そうだとすれば，背信的悪意者論は，登記欠缺者と当該背信的悪意者間の法律関係について相対的に適用されるべきものであり，善意の中間取得者の介在によって，その適用が左右される性質のものではない。 20

したがって，善意者から譲り受けた背信的悪意者は「第三者」にあたらないと解する。

➡規範

しかも，このように解しても，背信的悪意者は信義則上善意の前主への債務不履行責任（415条1項本文）を追及できないとすれば，前主の法律関係・法的地位に影響を及ぼすことはなく，不都合ではない。 25

(2) そうすると，本問のDは「第三者」にあたらない。

➡結論

3 よって，Bは，Dに対して当該登記の抹消登記手続を求めることができる。

第2 小問2について 30

1 本問では，善意のEはAから乙土地を含む甲土地を譲り受け，その移転登記を経ているので，Bは，乙土地の取得を「第三者」Eに対抗することができない（177条）。

そうすると，AのBに対する移転登記義務は，Aの責めに帰すべき事由によって履行不能になったといえる。 35

したがって，Bは，Aに対して損害賠償請求（415条），契約の解除（542条1項1号）を主張することができる。

➡問題提起

論 損害賠償額の算定時期

2 それでは，BはAに対していつの時点での評価額で損害賠償請求を主張することができるのか，乙土地の時価は契約時である令和元年5月1日以降も高騰し続けているので，損害賠償額の算定時期はいつかが問題となる。 40

(1) この点について，損害賠償の方法は原則として金銭賠償（417条）によるところ，損害賠償請求権という金銭債権に転化するのはその請求権の発生時点である。

　　　　そこで，損害賠償額の算定時期は，原則として，債務
　　不履行時（履行不能の場合は履行不能時）または契約解
　　除時と解する。

(2)　もっとも，債務者がその後に価格が高騰することを予
　　見しながら債務不履行となった場合には，上記原則を貫
　　くと当事者間の公平に反する。

　　　　そこで，価格変動原因を「特別の事情」（416条2項）
　　と捉え，それを債務者が履行不能の際に予見すべきであ
　　った場合には，その価格での賠償が認められると解する。 ➡規範

(3)　これを本問についてみると，乙土地は現在7000万円ま ➡あてはめ
　　で騰貴しているから，「特別の事情」がある。

　　　　そして，Aは，不動産価格の変動に詳しい不動産業者
　　であり，「値上がりするはずですから」などと言ってい
　　るから，履行不能の際に上記「特別の事情」を予見しえ
　　たといえる。

(4)　したがって，Bは，Aに対して，現在の価格7000万円 ➡結論
　　から代金6000万円を差し引いた1000万円の損害賠償請求
　　を主張することができる。

　　　　　　　　　　　　　　　　　　　　　　　以上

　現在の司法試験だけではなく，旧司法試験の論文式試験でも，問題文が長く，事案を把握するのに時間がかかる問題が頻繁に出題されていた（1999〔平成11〕年度第1問，2000〔平成12〕年度第2問，2002〔平成14〕年度第1問，2003〔平成15〕年度第2問）。論点自体はそれほど難しいわけではないが，具体的なあてはめが求められている。本問でも，損害賠償の金額については問題文に詳細な事情が与えられているのだから，具体的な金額にまでふみ込んで考える必要がある。

論点

1　善意者からの背信的悪意者と177条の「第三者」
2　損害賠償額の算定時期

答案作成上の注意点

① はじめに

　本問は，問題文が長いだけでなく，検討すべき論点も，善意者からの背信的悪意者や損害賠償額の算定時期等多岐にわたります。書くべき内容としてはそれほど難しくないと思いますが，1時間ですべての論点を満遍なく論じるのは難しいと思います。問題文が長い問題や，書くべきことが多い問題では，時間不足やスペース不足にくれぐれも気をつけるようにしてください。

② 177条の第三者（善意者からの転得者）

　小問1では，善意者から譲り受けた背信的悪意者が「第三者」にあたるかが問題となります。問題文中にCが善意である旨の記載があり，Dが背信的悪意者であることも容易に認定できるので，論点抽出は簡単だと思います。CとDの主観を認定してから論点の問題提起をすると，流れよく論じられるでしょう。この論点については，絶対的構成と相対的構成の両方が考えられますが，どちらの説に立ってもかまわないと思います（本問は，Dが善意者Cをわら人形のように利用した場合ですので，絶対的構成でもDが「第三者」にあたらないという結論は変わりません）。

③ 損害賠償額の算定時期

　小問2では，損害賠償額の算定時期が問題となります。この点については，判例（最判昭和37年11月16日民集16巻11号2280頁〔判例シリーズ42事件・関連判例〕）の立場から，規範を定立するとよいでしょう。ただ，あてはめの際に，Aが「不動産業者」であることや，Bに「値上がりするはずですから」等と言っているという事実を拾うのを忘れないようにしてください。なお，本問とは直接関係ありませんが，買主が転売のためではなく自己使用のために不動産を買った場合でも，上記の判例法理が妥当すると判示した判例（最判昭和47年4月20日民集26巻3号520頁〔百選Ⅱ9事件〕）があるので，この機会におさえておいてください。

【参考文献】
試験対策講座・物権法2章4節⑤【1】・【2】。試験対策講座・債権総論2章3節③【4】(2)(a)。判例シリーズ42事件（関連判例）。

第13問 c 立木所有権

Aは，Bから土地（更地）を譲り受けたが，所有権取得の登記をしないままそこに立木を植栽し，自己の氏名住所を書いた立札を立てた。ところが，その後，Bは，Cに対しても，本件土地を譲渡し，移転登記がなされた。なお，Cが本件土地を譲り受けた当時，上記立札は消滅していた。

本件土地および立木の所有権の帰属について論ぜよ。

【解答へのヒント】

1　Aは本件土地を譲り受けていますが，登記がないため同じく本件土地を譲り受けたCに対抗できません。したがって，本件土地の所有権はCに帰属します。問題は，立木の所有権が土地に伴って移転するのかという点です。このような場合を規律する民法の規定が何かなかったでしょうか。

2　また，所有権の帰属の問題が解決したとしても，これを対抗できるかどうかは別の話です。本件では立札が一度は立てられたようですが，このことが対抗問題について何か影響を及ぼすのでしょうか。

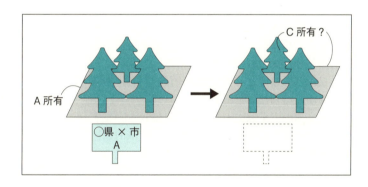

答案例

第1　本件土地の所有権の帰属について

　　本問において，Bは本件土地をACに二重譲渡しているところ，Aは未登記であるが，Cは登記をしている。

　　したがって，Aは，本件土地の所有権取得を「第三者」Cに対抗することができない（177条）。　　　　　　5

　　よって，本件土地の所有権はCに帰属する。

第2　本件立木の所有権の帰属について

1　このように，本件土地の所有権はCに帰属するとしても，本件立木はAが植栽したものである。

　　そこで，Aは立木所有権を留保できるかを検討する。　10

　　この点，立木が土地に「付合」（242条本文）するのであれば立木は独立した物権の客体とはいえず，Aは立木の所有権を留保できないことになる。

　　そこでまず，立木は独立した物権の客体となるのかが問題となる。　　　　　　　　　　　　　　　　　　　15

> ➡問題提起
> 📘立木は独立した物権の客体になるか（立木が土地に付合するか）

(1)　この点について，立木は土地の定着物（86条1項）であり，しかも，取引通念上，建物のような土地とは別個の不動産というよりも，土地の土砂や岩石のように土地の完全な構成部分に近いものと考えられる。

　　そこで，立木は，原則として土地に「付合」し，独立した物権の客体とならないと解する。　　　　　　20

(2)　もっとも，立木のみを取引の対象とする慣行も存在するのであり，その場合などには立木を独立の経済的価値を有する物権の客体として取り扱う必要がある。

　　そこで，「権原」（242条ただし書）によって植栽した場合等には，立木は，例外的に土地とは独立した物権の客体になると考える。　　　　　　　　　　　25

> ➡規範

(3)　そうすると，本問では，Aに242条ただし書の適用があれば本件立木は独立した物権の客体となり，立木所有権を留保できることになる。　　　　　　　30

> ➡結論

　　それでは，立木を植栽したAは，242条ただし書の適用により，立木所有権を留保できるか。

> ➡問題提起
> 📘242条ただし書の類推適用

　　たしかに，「権原」とは，他人の土地を利用する権利（地上権，賃借権等）をいうところ，登記の対抗力は遡及しないので，立木を植栽した時点で土地所有者であったAには直接適用をすることはできない。　35

　　しかし，Cが出現するまでは，Aは土地の利用権以上の権利である所有権を有していたのに，Aが保護されないのは不都合である。

　　また，Cが登記を備えればそれ以後Aは対抗力を失うところ（177条），これは他人の土地を利用していたのと同じ利益状況にあるといえる。　　　　　　40

　　そこで，Aは，242条ただし書の類推適用により，立木所有権を留保できると考える。

> ➡結論

2　そうだとしても，このような立木所有権の土地所有権か　45
らの分離は，立木が地盤に付合したまま移転する本来の物
権変動の効果を立木について制限することになる。
　　そこで次に，立木所有権を第三者に対抗するためには，
明認方法などの対抗要件を必要とするかが問題となる。

<blockquote>
(1)　この点について，公示の原則の趣旨は，物権の所在を　50
明らかにし，第三者に不測の損害を被らせない点にある。
　　そうであれば，242条ただし書の「権原」による分離
という例外的取扱いについても公示を要求し，第三者の
保護を図ることが上記趣旨に合致するといえる。
　　したがって，立木所有権を第三者に対抗するためには，　55
明認方法などの対抗要件を必要とすると解する。
</blockquote>

(2)　そうすると，Aは，明認方法の一種である自己の氏名
住所を書いた立札を立てているから，立木所有権をCに
対抗することができそうである。
3　そうだとしても，Cが本件土地を譲り受けた当時，上記　60
立札は消滅している。
　　そこで，Aはなお立木所有権をCに対抗することができ
るのか，明認方法がいったんなされれば後は消えてもよい
か，それとも第三者が権利関係をもつにいたった時点で存
続していなければならないのかが問題となる。　　　　　　65

<blockquote>
(1)　たしかに，判例上，登記官の過誤や第三者の申請によ
る登記の不法抹消の場合に対抗力の消滅は否定されてい
るから，明認方法の場合にもいったんなされれば後は消
えても対抗力は消滅しないとも考えられる。
　　しかし，登記につきこのように解するのは，登記抹消　70
による不利益を権利者に負わせるべき一般的事情がない
からであって，明認方法の場合も登記の場合と同様に考
えうるかは疑問である。
(2)　思うに，明認方法は歳月とともに消失する可能性があ
ることにかんがみ，明認方法の消失に対処する措置を講　75
じなかった権利者に消失による不利益を負わせるべきで
ある。
　　そこで，明認方法は，対抗力存続の要件でもあると考
えられ，第三者が権利関係をもつにいたった時点で存続
しなければならないと解する。　　　　　　　　　　　　80
</blockquote>

(3)　そうすると，Cが本件土地を譲り受けた当時，上記立
札は消滅しているから，Aは立木所有権をCに対抗する
ことができない。
4　よって，本件立木の所有権もCに帰属する。
　　なお，このような結論になっても，AはCに対して償金　85
請求（248条）をすることができるので，不都合ではない。
　　　　　　　　　　　　　　　　　　　　　　　　　以上

➡問題提起
論立木所有権の留保と明認方
法

➡規範

➡あてはめ

➡問題提起
論明認方法の存続の必要性

➡登記との対比。なお，大連
判大正12年7月7日民集2
巻448頁，大判昭和10年4月
4日民集14巻437頁，最判昭
和36年6月16日民集15巻6
号1592頁等参照

➡規範

➡あてはめ

明認方法については，有名な判例（最判昭和36年5月4日民集15巻5号1253頁〔百選 I 65事件〕，最判昭和35年3月1日民集14巻3号307頁〔判例シリーズ25事件〕）があるにもかかわらず，論文式試験ではいまだ直接的には出題されていない。そこで，明認方法の基本的理解を確認したく，これらの判例を素材に本問を出題した。

論点

1 立木は独立した物権の客体になるか（立木が土地に付合するか）
2 242条ただし書の類推適用
3 立木所有権の留保と明認方法
4 明認方法の存続の必要性

答案作成上の注意点

本問では，立木所有権の帰すうが問題となりますが，この問題は，立木に関しての「付合」（242条本文）と対抗問題が交錯する難問です。まず，立木が土地に「付合」するのかが問題となります。これを認めると，立木は独立した物権の客体とはいえないことになり，Aは立木を留保することができなくなるからです。この問題について，通説は，折衷的に考えているようです。そして，例外的に立木が独立の物権（所有権等）の客体となる場合として，①立木法によって保存登記された場合（立木ニ関スル法律1条，2条），②権原によって植栽された場合（民242条ただし書），③明認方法が施された場合があげられていますが，本問は②に関する事例ですから，②だけを検討すれば足りるでしょう。なお，「権原」（242条ただし書）とは地上権，永小作権，賃借権等他人の土地を利用する権利をいい，Aは立木を植栽した時点では所有権者だったのですから（対抗力はあくまでも登記がなされた時点で発生し，物権変動の時まで遡及するものではありません），本問は直接適用ではなく類推適用の問題となることに注意してください。判例（前掲最判昭和35年3月1日）も，「民法242条但書を類推すれば」と判示しています。以上のように，立木所有権がAに留保されるとしても，Cに対抗するのに明認方法などの対抗要件を必要とするかは別問題です（なお，明認方法を独立した所有権の成立要件とする説もありますが〔鈴木，近江等〕，ここでは省略します）。これを不要とする少数説もあるようですが，判例（前掲判例）・通説は，明認方法などの対抗要件を必要とします。これに従って論述すれば十分でしょう。このように，明認方法を対抗要件として必要としても，本問では，Cが本件土地を譲り受けた当時，Aが施した立札は消滅しています。そこで次に，明認方法は存続する必要があるかが問題となります。ここでは，登記との対比で考えるとよいでしょう。一般に，いったん登記がなされ，対抗力が生じると，登記官の過誤や偽造文書による抹消登記がなされたとしても，対抗力は消滅しないと考えられています。明認方法の場合もこれとパラレルに考えると，明認方法も存続要件ではないと考えることになります。しかし，通説的見解は，明認方法が不完全な公示方法であることを根拠に，明認方法を存続要件と考えています。判例（大判昭和6年7月22日民集10巻593頁，前掲最判昭和36年5月4日）も同様です。

【参考文献】
試験対策講座・物権法2章6節，4章3節[3]【1】。判例シリーズ25事件。

第14問 B 即時取得

> 　Aは，B所有の自動車（登録名義もBとする。以下「甲車」という）を保管していたところ，甲車を自分のものと偽り，これを信じたCに売り渡し，代金を受領した。Cは，甲車を使用していたが，通りすがりのDの放火にあい，甲車は滅失した。なお，Cに管理上の過失はないものとする。
> 1　B，Cは，それぞれDに対し損害賠償請求をすることができるか。
> 2　AC間の契約の解除をめぐる法律関係はどうなるか。

【解答へのヒント】

1　BとD，CとDとの間には契約関係はありませんから，不法行為に基づく損害賠償請求を考えます。「法律上保護される利益」としてまず考えられるのは甲車の所有権ですが，本問では甲車の所有権はどちらに帰属しているのでしょうか。

　また，Cに所有権が帰属しないとなった場合，Cについては甲車の所有権侵害がないこととなりますが，ほかにCは「法律上保護される利益」の侵害を受けていないでしょうか。

2　契約を解除した場合，すでに引き渡された甲車，支払われた代金はそれぞれどうなるのでしょうか。特に，甲車の滅失はA，Cともに帰責性がないことにも注意する必要がありそうです。

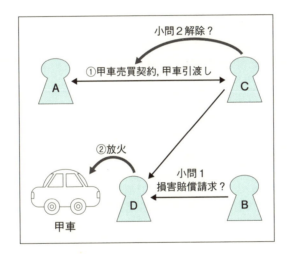

答案例

第1　小問(1)について
1　BのDに対する損害賠償請求について
　　本問において，甲車はDの放火により滅失している。
　　そうすると，Bは，Dに対し甲車の所有権侵害を根拠に
損害賠償請求（709条）をすることが考えられる。　　　　　　　5
　　そこで，放火前の甲車の所有権の帰属が問題となる。
2　まず，AはB所有の甲車を自分のものと偽ってCに売却
しているから，他人物売買（561条）といえる。
　　したがって，CはBの追認（116条本文類推適用）なきか
ぎり甲自動車を承継取得せず，甲車の所有権はBに帰属す　　10
るのが原則である。
　　しかしながら，Cは甲車をAのものと信じており，Cの
信頼を保護し，取引の安全を図る必要がある。
　　そこで，Cは甲車を即時取得しえないか，登録自動車が　　➡問題提起
「動産」（192条）にあたるかが問題となる。　　　　　　　　　15　論登録自動車の即時取得

（1）　この点について，即時取得制度の趣旨は，動産公示方
　法の不完全さを補い，もって取引の安全を図る点にある。
　　　そうであれば，自動車には公示（登録）制度が完備さ
　れている以上，即時取得制度を適用する基礎を欠く。
　　　したがって，登録自動車は，不動産扱いされ，「動　　　20　➡規範
　産」にあたらないと解する。
（2）　そうすると，Cは甲車を即時取得しえない。　　　　　　　➡あてはめ
3　よって，放火前の甲車の所有権はBに帰属する。
　　以上より，Bは，Dに対し甲車の所有権侵害を根拠に損
害賠償請求をすることができる。　　　　　　　　　　　　　25
4　CのDに対する損害賠償請求について
　　まず，Cは，前述のように，甲車を即時取得しえないか
ら，Dに対し甲車の所有権侵害を根拠に損害賠償請求をす
ることはできない。
5　しかし，Dの放火により，AのCに対する甲車の所有権　　30
を取得してCに移転する義務（561条）は履行不能（412条
の2第1項）となっている。
　　そこで，Cは，Dに対し甲車に関する561条の権利侵害を　　➡問題提起
根拠に損害賠償請求（709条）をすることができないか，　　　論第三者の債権侵害
第三者による債権侵害がありうるかが問題となる。　　　　　35

（1）　この点について，債権も「権利」であり，不可侵性を
　もつから，第三者による債権侵害もありうると解する。
　　　もっとも，債権関係は，物権関係と異なり，その存在
　が第三者にとって必ずしも明白とはいえない。
　　　そこで，債権侵害といえるためには，第三者が債権の　　40　➡規範
　存在を認識している必要があると解する。
（2）　本問では，放火したDは，通りすがりの者であるから，　　　➡あてはめ
　引渡請求権の存在を認識していないといえる。
　　　よって，Cは，Dに対し甲車の引渡請求権侵害を根拠　　　➡結論

に損害賠償請求をすることができない。 45

第2 小問(2)について
1 本問において，Cは，Aに対し本件売買契約を解除し，
 支払済代金の返還等を請求することが考えられる。
 (1) まず，Dの放火によりAのCに対する甲車の所有権を
  取得してCに移転する義務は履行不能となっているが，50
  Cに管理上の過失はないから，解除権は消滅しない（548
  条本文参照）。
   そこで，Cは，本件売買契約を解除（542条1項1号）
  し，支払済代金の返還および受領した日からの利息を請
  求することができる（545条1項本文，2項）。 55
 (2) 次に，Aは甲車を自己物と偽り，その所有権をただち
  に移転すべきなのにCに移転しておらず，履行遅滞に陥
  っている（412条1項）。そして，その間に甲車は焼失し，
  上記Aの所有権移転義務は履行不能となっているから，
  帰責事由が認められ（413条の2第1項），損害賠償請求 60
  （415条1項本文）をすることができる。
2 これに対して，Aは，Cに対し甲車の価額返還および使
 用利益の返還との同時履行（546条・533条本文）を主張す
 ることが考えられる。
3 まず，AのCに対する甲車の価額返還請求は認められる 65 ➡問題提起
 か。解除前に買主の帰責事由なく売買の目的物が滅失した 🔲542条1項1号による解除と
 場合に，買主がその価額返還義務を負うか問題となる。 買主の価額返還義務
 (1) そもそも，給付受領者は原則として原状回復義務を負
  うこととされ（545条1項），121条の2第1項の反対解
  釈から，有償契約においては，現物返還が不可能となっ 70 ➡規範
  た場合でも原状回復義務を免れず，その価額を償還しな
  ければならないと考える。
 (2) したがって，Cは甲車の価額返還義務を負う。 ➡結論
4 次に，AのCに対する甲車の使用利益の返還請求は認め ➡問題提起
 られるか，他人物売買が解除された場合に，買主は使用利 75 🔲542条1項1号による解除と
 益の返還義務を負うかが問題となる。 買主の使用利益の返還義務
 (1) 契約が解除された場合において，金銭以外の物を受領
  した場合には，原状回復として，その「受領の時以後に
  生じた果実をも返還しなければならない」（545条3項）。
  そして，使用利益は，物から生じる収益であるという点 80 ➡規範
  において，法定果実と同質であるといえる（88条2項参
  照）から，「果実」に含まれると解される。したがって，
  買主は使用利益を償還しなければならないと考える。
 (2) したがって，Cは甲車の使用利益の返還義務を負う。 ➡結論
5 よって，Aは，Cに対し甲車の価額の返還および使用利 85
 益の返還の同時履行を主張することができる。
以上

本問は民法の総合的な理解を問うという近年の論文式試験の傾向をふまえ，物権関係と債権関係とを相互に絡めて出題した。現場で事案を的確に処理する訓練の場としてぜひ活用してほしい。なお，本問の論点4は，有名な判例のある重要論点ではあるが（最判昭和51年2月13日民集30巻1号1頁〔判例シリーズ67事件〕），いまだ論文式試験で正面から出題がなされていない。そろそろ出題されてもおかしくないため，本問を機会に自説を確立しておいてほしい。

論点

1　登録自動車の即時取得
2　第三者の債権侵害
3　542条1項1号による解除と買主の価額返還義務
4　542条1項1号による解除と買主の使用利益の返還義務

答案作成上の注意点

1　BのDに対する請求

　小問1では，BおよびCのDに対する損害賠償請求の可否について問われています。ここで損害賠償請求とでてきたらすぐに思い浮かべなければならないのは，債務不履行責任（415条），および不法行為責任（709条）です。本問では，放火をしたDに対する損害賠償請求が問題となっているので，非契約関係から生ずる不法行為責任のみを問題とすれば足ります。そして，不法行為責任（効果）を導くためには，「権利又は法律上保護される利益を侵害」（709条）の要件をみたす必要があります。そこで，物権侵害と債権侵害とを考える必要があるのです（旧司法試験1996〔平成8〕年度第1問前段参照）。本問では，甲車がDによって滅失させられているので，まず所有権侵害に基づく損害賠償請求（709条）を検討します。ここで甲車の所有権がBとCのいずれに帰属するかに関連して，登録自動車の即時取得（192条）の成否が問題となります。一方，債権侵害についてはなかなか思いつきにくい事項であり，加点事由にあたります。

2　542条1項1号による解除と価額賠償，使用利益の返還

　小問2では，"契約の解除をめぐる法律関係"が問われているので，まず解除ができるかを検討し，次に，解除がなされればAとCはお互いどのような権利を主張でき，またお互いどのような義務を負うことになるかを検討します。まず，目的物の滅失と原状回復義務の問題については，答案例のように，返還できない原因が両当事者の責めに帰すべからざる事由によるかを問わず，当事者は現物の価額を償還する義務を負うと考えてよいでしょう。なお，改正前民法においては，危険負担の考え方を類推適用する構成も主張されていましたが，改正民法のもとでは危険負担は債権が消滅するのではなく履行が拒絶できるにとどまるようになったため（536条参照），この構成をとることは難しくなりました。

　次に，使用利益の返還の問題についてですが，金銭以外の物を受領した場合には，その受領の時以後に生じた果実をも返還しなければならない（545条3項）とあり，使用利益は，物から生じる収益であるという点において，法定果実と同質であると考えられますから，「果実」に使用利益も含まれ，使用利益の返還義務を負うと考えるべきでしょう。

【参考文献】
試験対策講座・物権法2章7節②【1】。試験対策講座・債権総論1章3節②【2】(2)。試験対策講座・債権各論1章4節②【2】(2)(a)。判例シリーズ67事件。

第15問 B　所有権

　甲は，A会社に対し，自己の所有する土地上に建物の建築工事を請け負わせ，A会社は，建設業者乙に対し，上記工事を下請けさせた。乙の請負報酬は，上棟時に出来高相当額，残額は出来高に応じて随時支払う約束であった。乙は，ただちに工事に着手し，自分で調達した資材で棟上げを終え，その後に屋根下地板を張り終えたが，A会社が約定の請負報酬を支払わなかったため，その後は屋根瓦もふかず，荒壁も塗らないまま工事を中止した（この時点での価値は完成建物の4分の1程度であった）。そこで，甲は，A会社との請負契約を合意解除し，B会社に対して上記建築続行工事を請け負わせた。B会社は，みずからの材料を供して工事を行い，建物を完成させたうえ，甲に引き渡した。
　この場合における甲乙間の法律関係について論ぜよ。
　また，甲A間に，契約が中途で解除された際の出来形部分の所有権は甲に帰属する旨の特約がある場合はどうか。

【解答へのヒント】

1　乙はAからの請負報酬をまだもらっていませんから，これを担保するため建物の明渡し請求，賃料相当額の損害賠償請求をしたいところです。もっとも，本問で建物の所有権は乙に帰属するといえるでしょうか。本件建物は乙によって4分の1，Bによって残りの部分が工事されたといえますが，このことが乙の所有権の帰属に影響するでしょうか。まずは，建築途中の建物（建前）の所有権がだれに帰属するかということから考えてみる必要がありそうです。

2　原則として契約はその当事者しか拘束しませんから，甲A間の特約もその当事者でない乙には影響を及ぼさないようにも思われます。もっとも，乙がAの下請人であるという事情は，何か影響しないでしょうか。

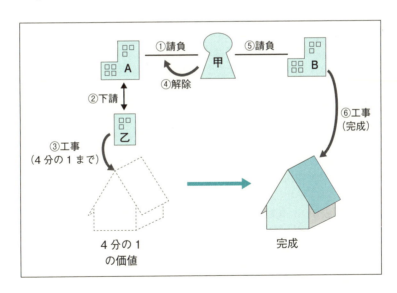

第1　設問前段について

1　乙は，出来高相当額の請負報酬を確保するため，甲に対して所有権に基づく本件建物の明渡し，および賃料相当額の損害金の支払請求をすることが考えられる。

　そこで，本件完成建物の所有権は，だれに帰属するのかが問題となる。　　　　　　　　　　　　　　　5

　まず，乙が工事した部分は，乙が調達した資材で棟上げおよび屋根下地板の張りが終えられているものの，屋根瓦をふかれず，荒壁も塗られていない。

　これは，建物利用の目的からして社会観念上独立した　　10
建物としての効用を有すると認められないから，いまだ独立の不動産にはいたらない建前といえる。

2　そこで次に，このような独立の不動産にいたらない建前の性質が問題となる。

➡問題提起

論 建築途中の建物（建前）の性質と所有権の帰属

　(1)　たしかに，建前を土地に定着する土地の一部と考え　　15
れば，土地に「付合」（242条本文）することになる。

　しかし，土地と建物を別個の客体とする民法のもとでは（370条本文参照），いまだ建物にいたらない建前も土地とは別個のものと考えるのが合理的である。

　したがって，独立の不動産にいたらない建前は，土　　20
地とは独立した動産であると解する。

➡規範①

　そして，請負人の報酬請求権の確保の観点から，請負人が材料の全部を提供した場合は，特約のないかぎり，建前の所有権は請負人に帰属すると解する。

➡規範②

　(2)　そうすると，本件建前の所有権は乙に帰属する。　　25

➡結論

3　ところが，その後，B会社は，みずからの材料を提供して工事を行い，建物を完成させている。

　そこで，本件完成建物の所有権は，B会社，そしてその引渡しを受けた甲に帰属するかを検討する。

　この点，乙とB会社との間には何ら契約関係は存在し　　30
ないから，完成建物の所有権の帰属は，特別な所有権取得原因を定める添付の規定（242条以下）によって決定せざるをえない。

　そこで，完成建物の所有権の帰属は，付合の規定（242
条本文または243条）と，加工の規定（246条2項）のい　　35
ずれに基づいて決定すべきかが問題となる。

➡問題提起

論 建前への第三者の工事と所有権の帰属

　(1)　この場合は，動産に動産を単純に付合させる場合と異なり，材料に対して施される工作が特段の価値を有し，仕上げられた建物の価格が原材料のそれよりも相当程度増加するような場合である。　　　　　　　　　　40

　そこで，完成した建物の所有権の帰属は，加工の規定に基づいて決定すべきと解する。

➡規範

　そして，加工の量は，建物が完成した時を基準に，全体的に把握されるべきである。

(2) 本問では，B会社が完成させた時の建物の価額は，乙が工事した建前の価額の4倍程度である。

➡あてはめ

(3) したがって，加工の規定に基づいて，完成した建物の所有権はB会社，そしてその引渡しを受けた甲に帰属することになる。

➡結論

4 よって，乙は，甲に対して所有権に基づく本件建物の明渡し等の請求をすることができない。

5 もっとも，乙は，「第242条から前条までの規定の適用によって損失を受けた者」（248条）といえる。
したがって，乙は，甲に対して703条および704条の規定に従い，償金請求（248条）をすることができる。

第2 設問後段について

1 本件建物の所有権は，設問前段と同様，甲に帰属する。
したがって，乙は，甲に対して所有権に基づく本件建物の明渡し等の請求をすることができない。

2 次に，乙は，設問前段と同様，甲に対して償金請求（248条）をすることができるかを検討する。
本問では，甲A間に，契約が中途で解除された際の出来形部分の所有権は甲に帰属するという特約がある。
そうすると，乙がかりに上記特約に拘束されるとすれば，乙は，本件建前の所有権の自己への帰属を前提とした，償金請求をすることができなくなる。
そこで，注文者・元請負人間の特約の拘束力は，下請負人にも及ぶかが問題となる。

➡問題提起
論 注文者・元請負人間の特約が下請負人に及ぶか

(1) この点について，下請契約の目的は，その性質上元請契約の存在および内容を前提とし，元請負人の債務を履行することにある。
そうだとすれば，下請負人は，注文者との関係では，元請負人のいわば履行補助者的立場に立つにすぎず，注文者のためにする建物建築工事に関して，元請負人と異なる権利関係を主張しうる立場にないといえる。
したがって，注文者・元請負人間の特約の拘束力は，特段の事情のないかぎり，下請負人にも及ぶと解する。

➡規範

(2) そうすると，乙は甲A間の上記特約に拘束されるから，本件建前の所有権が乙に帰属することはない。
したがって，乙は，甲に対して償金請求（248条）をすることができない。

➡あてはめ

3 なお，乙の損失によって受けた甲の利益は，甲A間の請負契約という「法律上の原因」に基づくものである。
したがって，乙は，甲に対して不当利得（703条，704条）に基づいて利得金返還請求をすることもできない。

以上

　建築途中の建物への第三者の工事と所有権の帰属（最判昭和54年 1 月25日民集33巻 1 号26頁〔百選 I 72事件〕）は有名な論点であるが，複雑な処理手順をふむため，整理して論じるのが意外と難しい。そこで，今一度自己の理解を確認していただきたく出題した。なお，設問後段は，上記理解の応用力を問う問題である。判例（最判平成 5 年10月19日民集47巻 8 号5061頁〔判例シリーズ76事件〕）の知識を応用して論じてほしい。

論点

1　建築途中の建物（建前）の性質と所有権の帰属
2　建前への第三者の工事と所有権の帰属
3　注文者・元請負人間の特約が下請負人に及ぶか

答案作成上の注意点

1　建前の性質と所有権の帰属

　設問前段について。本問では，「甲乙間の」法律関係が問われ，しかも，不利益を被っているのは乙です。ですから，乙が甲に対してどのような権利を有するかを論じていくことになります。そして，乙としては，出来高相当額の請負報酬を確保するため，甲に対して所有権に基づく本件建物の明渡し等を求めることになるでしょう。そこで，建築中の建物（建前）への第三者の工事と所有権の帰属という論点がでてくることになります。この論点は段階を追って論じる必要があります。

　第 1 に，乙が建物の建築工事を終了した段階で，独立した不動産となっているのかを認定する必要があります。判例（大判大正15年 2 月22日民集 5 巻99頁等）に従えば，いまだ独立した不動産にいたらない建前と認定することになります。

　第 2 に，"建前"の所有権の帰属が問題となります。この論点は，"完成建物"の所有権の帰属に関する，請負人帰属説と注文者帰属説の対立とパラレルに考えることができます（基礎演習民法87頁参照）。完成建物の所有権の帰属につき，判例（大判大正 3 年12月26日民録20輯1208頁）は，請負人が材料を提供して工事を完成した場合には，特約のないかぎり，請負人にその所有権がいったん帰属し，引渡しによりその所有権が注文者に移転するとしています。これとパラレルに考えると，建前の所有権は請負人乙に帰属することになります。注文者帰属説に立つと，当然甲に帰属することになります。

　第 3 に，第三者Bが上記建前を基礎に建物を完成させていますので，完成建物の所有権の帰属が問題となります。ここでは，所有権取得原因を定める添付の規定（242条以下）によって決定しますが，問題の所在は，付合の規定（242条本文または243条）と加工の規定（246条 2 項）のいずれで決定するのかという点です。判例（前掲最判昭和54年 1 月25日）は，加工の規定によって所有権の帰属を決定します。最後に，添付の規定を適用（あるいは類推適用）した場合には，償金請求（248条）を検討することも忘れないでください。

2　注文者・元請負人間の特約が下請負人に及ぶか

　設問後段について。ここは，下請負人乙は注文者甲と元請負人Aの特約に拘束され，建前の所有権は乙に帰属しない，したがって，乙は甲に対し償金請求（248条）できないのではないか，という問題です。

【参考文献】
試験対策講座・物権法 4 章 3 節③【2】。判例シリーズ76事件。

第16問 A　抵当権①

　Aは，Bから3000万円を借り受け，その担保としてAの所有する甲土地および乙建物（後記の庭石を除いた時価合計2900万円）に抵当権を設定して，その旨の登記をした。甲土地の庭には，抵当権設定前から，庭石（時価200万円）が置かれていたが，抵当権設定登記後，A宅を訪問したCは，同庭石を見て，それが非常に珍しい物であったことから欲しくなり，Aに同庭石を譲ってくれるよう頼んだところ，Aは，かねてより手入れをするのが面倒だと感じており，近いうちに山に捨ててしまおうとすら考えていたことから，これを快諾した。その後，AはCとの間で同庭石の売買契約を締結し，同庭石は後日引き渡すことにした。このAC間の売買契約を知ったDは，日ごろよりCを快く思っていなかったことから，もっぱらCに嫌がらせをする意図で，Aとの間で同庭石の売買契約を締結して，Cが引渡しを受ける前に，A立会いのもとで同庭石をDみずからトラックに積んで搬出し，これをただちにDの上記意図を知らず，かつ，ABCとまったく面識のないEに転売して，Eに引き渡した。

　この事案について，次の問いに答えよ。

1　CE間の法律関係について論ぜよ。

2　Bは，Eに対して物権的請求権を行使したいが，その成立の根拠となるBの主張について考察せよ。

【解答へのヒント】

1　CはEに対してどんなことをしてほしいのでしょうか？そして，そのためにはいかなる請求をすべきなのでしょうか？まずは，「金を払え」だとか，「物を返せ」といった当事者の視点に立脚した日常的な要求から考えてみましょう。

　なすべき請求の内容が定まったら，次は，DとEが何者であるか，また，両者がどういった関係にあるか，という点について検討してみてください。そうすれば，一筋の光明が見えてくるはずです。

2　論文問題を分析するときには，主体がだれであるか，客体がだれであるか（何か），行為（請求）が何であるか，といった点を意識しましょう。本件では何が問題になるのでしょうか？まずは，請求の内容が問題になりそうですね。そして，庭石やEといった，請求の客体との関係でもやはり検討すべきことがありそうです。

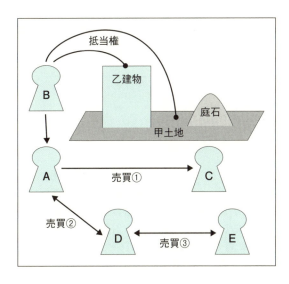

答案例

第1　小問1について
　　Cは，現在庭石を占有しているEに対して，所有権（206条）に基づく庭石の引渡請求をすることが考えられる。
1　これに対して，Eは，庭石の「引渡し」（178条）を受けていないCは，自己に対して庭石の所有権を対抗できないと反論することが考えられる。　　　　　　　　　　　　5
2　そこで，Cは，Eの前主Dは背信的悪意者であり，「第三者」（同条）にあたらず，このような者から買い受けたEもまた，「第三者」にあたらないと再反論をすることが考えられる。　　　　　　　　　　　　　　　　　　10
　(1)　まず，Dが「第三者」にあたらないといえるか。背信的悪意者が「第三者」に含まれるかが問題となる。

➡️問題提起

🔵178条の「第三者」の意義，背信的悪意者が178条の「第三者」にあたるか

> 　　同条の趣旨が動産取引の安全にあることから，「第三者」とは，引渡しの欠缺を主張する正当の利益を有する者をいい，背信的悪意者は，信義則（1条2項）上，引渡しの欠缺を主張する正当な利益を有しないから，「第三者」にあたらないと解する。　　　　　　　　　　　　15

➡️規範

　　　本問において，Dは，Cが庭石を買い受けたことを知ったうえで，もっぱらCに嫌がらせをするという不当な目的で庭石を買い受けており，背信的悪意者にあたる。　20
　　　そのため，Dは「第三者」にあたらない。

➡️あてはめ

➡️結論

　(2)　では，このような背信的悪意者Dから買い受けたEも，「第三者」にあたらないといえるか。

➡️問題提起

🔵背信的悪意者からの転得者が178条の「第三者」にあたるか

> 　　この点について，背信的悪意者の出現は契約の無効を招来せず，背信的悪意者は無権利者ではないので，その転得者も所有権を取得できると解する。　　　　　25
> 　　また，背信的悪意者排除の理由は信義則違反にあるので，転得者の権利制限の有無は，第1譲受人との関係で信義則に基づき相対的に判断すべきである。
> 　　そこで，背信的悪意者からの転得者は，自身が背信的悪意者にあたらないかぎり，「第三者」にあたると解する。　30

➡️規範

　　　本件では，E自身が背信的悪意者とされるべき事情はないから，Eは「第三者」にあたる。

➡️結論

　(3)　したがって，Cの再反論は認められない。　　　　　35
3　よって，Cは，上記請求をすることができない。
第2　小問2について
1　庭石が甲土地から搬出されて，甲土地の付加一体物（370条本文）たる性質を失うと，もはや抵当権実行のための差押えの効力の及ぶ範囲からはずれ，抵当権者はそこから優　40先弁済を受けえなくなる。そこで，庭石からも優先弁済を受けるべく，Bは，Eに対し，抵当権に基づいて自己に庭石を引き渡すよう請求することが考えられる。
2　上記請求が認められるには，まず，庭石にBの抵当権の

効力が及んでいる必要がある。そして，庭石は，甲土地所 45
有者Aが所有し，甲土地の「常用に供するため」附属させ
た「従物」（87条1項）にあたる。では，付加一体物に従
物は含まれ，従物に抵当権の効力は及ぶか。

➡問題提起
論抵当権の効力が及ぶ範囲──
　従物

 (1) 抵当権が目的物の交換価値を把握する価値権であるこ
とにかんがみ，付加一体物とは，目的物と価値的に一体 50
となった物をいうと解すべきである。
  そこで，目的物たる主物の経済的価値を高める従物は，
主物と価値的に一体となったものといえ，付加一体物と
して抵当権の効力が及ぶと解する。

➡規範

 (2) したがって，庭石に抵当権の効力が及びうる。 55

➡結論

3 そうだとしても，抵当権者であるBが庭石を自己に引き
渡すよう請求することができるか。

➡問題提起
論抵当権者による自己への引
　渡請求の可否
➡規範

  所有者において抵当権に対する侵害が生じないよう抵当
目的物を適切に維持管理することが期待できない場合，所
有者への引渡請求だけでは妨害排除の目的を達成できない 60
ので，抵当権者は占有者に対し，直接自己への引渡請求を
することができると解する。

  Aは庭石の手入れを面倒だと感じており，また，捨てて
しまいたいとすら思っていた。それゆえ，Aには庭石の適
切な維持管理を期待できない。 65

➡あてはめ

  したがって，Bは，上記請求をなしうる。

➡結論

4 もっとも，庭石は甲土地から搬出され，Eに転売されて
いる。そのため，Eは，Bが自己に抵当権を対抗すること
はできないと反論することが考えられる。そこで，抵当目
的物から分離された動産に抵当権の効力が及ぶか，及ぶと 70
しても第三者に対抗できるかが問題となる。

➡問題提起
論抵当権の効力が抵当不動産
　から分離した動産に及ぶか

 (1) 抵当権の性質上，分離物にも抵当目的物との経済的一
体性を有するかぎり，抵当権の効力が及ぶと解されるが，
第三者保護の必要があり，また，抵当権は登記を対抗要
件とする権利である。 75
  そこで，抵当権者は，分離物が抵当不動産のうえに存
在し抵当権設定登記による公示が及ぶかぎりで抵当権の
効力を第三者に対抗できるが，分離物が搬出された場合
は，その者が分離物に抵当権の効力が及ぶことにつき背
信的悪意者でないかぎり，抵当権の効力を第三者に対抗 80
できなくなると解する。

➡規範

 (2) 本問について検討するに，庭石は甲土地から搬出され
ている。そしてEは，Dの庭石を購入した動機を知らず，
また，ABCとも面識がなかったのだから，背信性を基
礎づける事情があるとはいえない。それゆえ，Eは背信 85
的悪意者にあたらない。

➡あてはめ

 (3) したがって，Eの反論は認められる。

5 よって，Bは，上記請求をすることができない。 以上

➡結論

本問の題材は，旧司法試験の2005（平成17）年度第2問を改題したものである。

また，本問は，動産の二重譲渡（背信的悪意者，背信的悪意者からの転得者等）および抵当権の効力（抵当不動産の従物，抵当権の追及力・対抗力，物権的請求権）に関する基本的理解を試すものである。

論点

1　178条の「第三者」の意義
2　背信的悪意者が178条の「第三者」にあたるか
3　背信的悪意者からの転得者が178条の「第三者」にあたるか
4　抵当権の効力が及ぶ範囲——従物
5　抵当権者による自己への引渡請求の可否
6　抵当権の効力が抵当不動産から分離した動産に及ぶか

答案作成上の注意点

1 小問1について

1　請求の定立

本問では，「CE間の法律関係について論ぜよ。」という抽象的な問われ方をしています。このような問題を見たときには，まず，両当事者の利益状況から法的視点を介在させる以前の日常的な要求を考えていくのがセオリーでしょう。本件についてみると，Eは庭石を手に入れることができていますが，その一方で，Cは買ったはずの庭石が手に入らないという不利益を被っています。そうすると，Cとしては庭石の引渡しを望むはずです。庭石の引渡しを請求するとなると，次にその根拠が問題となります。Cは，Aから庭石を購入したのですから，庭石の所有権をAから有効に承継取得している，ということを主張できそうです。ですから，Cは，Eに対し，所有権に基づく返還請求としての庭石の引渡請求をすることになります。

2　「第三者」の意義とそれをめぐる反論

上記請求の要件は，①Cの庭石所有と②Eの庭石占有ですが，本件では①②につき争いがないように思われます。そうすると，上記請求が認められ，Eは，せっかく手に入れた庭石をCに返還しなければならない羽目になってしまいそうです。これを避けるべく，Eは，Cの主張する①②の事実を前提として反論をしていくことになります。EとCは対抗関係に立ちますから，Eは，Cに対して，自己が「第三者」（178条）に該当する以上，CはEに対して所有権を対抗できないという反論をなしうるでしょう。

もっとも，Eは本当に「第三者」にあたるのでしょうか。本件では，Dが嫌がらせ目的で庭石を買い受けているところ，このようなDは，「物権変動についての登記の欠缺を主張することが信義に反するものと認められる」者，すなわち背信的悪意者にあたると考えられます（最判昭和43年8月2日民集22巻8号1571頁参照）。そうすると，Eは背信的悪意者からの譲受人ということになります。ここで，背信的悪意者からの譲受人が「第三者」たりうるか，という論点が浮上してきます。

「第三者」（177条）とは，登記の欠缺を主張する「正当の利益」を有する者のことをいうと解されています（大連判明治41年12月15日民録14輯1301頁〔判例シリーズ17事件〕）。そして，背信的悪意者はそのような正当な利益を有さず，「第三者」にあたりません。ただし，背信的悪意者排除論は，あくまで権利を対抗する段階で問題となる話であって，権利が有効に取得されていることを前提としています。ですから，Dは有効に権利取得しており，Dからの譲受人であるEも有効に権利を取得できています。権利を対抗できるか否かというのは，権利を対抗する側とされる側と

の相対的な関係において問題となることですから，本件では，EがCとの関係において背信的悪意者にあたるか，および「第三者」にあたるか，ということを問題とすべきです。検討するに，EはDの庭石購入の動機を知らなかったのですから，Eが背信的悪意者にあたるということはなさそうです。したがって，Eは，上記「正当の利益」を有しており，「第三者」にあたるといえるでしょう。

よって，上記反論が認められることになりますから，Cの請求は認められません。

② 小問2について

1 請求の定立

Bは甲土地および乙建物の抵当権者です。そうすると，Eは，庭石に抵当権の効力が及んでいるのであれば，これが搬出されてしまうことにより，庭石の価格分につき優先弁済権を行使できなくなるという不利益を受けることになります。ですから，Bは，これを避けるべく，Eに対して，抵当権に基づき，自己に対する庭石の引渡請求をすると考えられます。

2 抵当権の効力

このような請求を基礎づけるためには，まず，庭石に抵当権の効力が及んでいることを主張する必要があります。Bの抵当権は甲土地と乙建物に設定されているのであって，庭石それ自体に設定されているわけではありません。もっとも，庭石は，上記土地の「従物」（87条1項）にあたります。それゆえ，「従物」たる庭石は「付加して一体となっている物」（370条）に該当し，これについても抵当権の効力が及ぶとの理論構成が考えられます（最判昭和44年3月28日民集23巻3号699頁〔百選I 85事件〕）。

3 目的物から搬出されてもなお抵当権の効力・対抗力は及ぶのか

「従物」に抵当権の効力が及ぶとしても，抵当目的物から搬出された場合にはどうなるのでしょうか。Eは，庭石に抵当権の効力は及んでおらず，かりに及んでいたとしてもその効力を自己に対抗できないとの反論をすると考えられます。

上記の論点については，さまざまな考え方があり，判例・学説も錯そうしています。代表的な見解として，①抵当目的物から搬出された付合物にも抵当権の効力は及ぶが，搬出により対抗力が失われるという見解（我妻・民法講義III268頁）と，②抵当目的物から搬出された後の付合物にも，第三者による即時取得がなされるまで抵当権の効力・対抗力が及ぶとする見解（星野・民法概論II252頁）があり，答案例は①の見解をとっています。本件では，どちらの見解をとっても，Bの請求は認められない可能性が高いと考えられます。

いずれの見解をとっても問題はありません。ただし，自己のとった見解から一貫した，かつ，充実した論述になるように心掛けましょう。

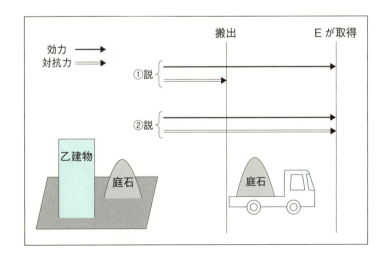

4 自己への引渡しまで認めてよいのか
　抵当権に基づき搬出物の引渡請求をした場合，原則として抵当権者自身への引渡しまでは認められません。なぜなら，優先弁済権の保全という目的は，抵当権設定者への引渡しにより達成されるからです。もっとも，本件のように目的物たる庭石の適切な維持・管理が期待できない場合は例外的に抵当権者への引渡請求が認められます。このような場合，抵当権者への引渡請求を認めないと上記目的が達成されないからです。

【参考文献】
試験対策講座・物権法7章3節③【1】・【4】。判例シリーズ17事件。

第17問 B   抵当権②

　Aは, Bに対する1000万円の債権を担保するため, 物上保証人C所有の甲建物 (時価800万円) および乙土地 (時価800万円) につき第1順位の共同抵当権の設定を受け, 登記も具備した。一方, Dも, Bに対する300万円の債権を担保するため, 甲建物について第2順位の抵当権の設定を受け, 登記も具備した。その後, Cは, Eに乙土地を売却した。以上の事案について, 以下の問いに答えよ。なお, 各小問は独立した問いである。

1　Bが倒産したため, Aは, 共同抵当権を実行しようとしたが, Eから400万円の代位弁済を受けるのと引換えに, 乙土地に対する抵当権を放棄した。そこで, Aは, 残代金を回収すべく, 甲建物の抵当権を実行して600万円の配当を受け, Dは, 200万円の配当を受けた。この場合に, Dは, Aに対していかなる請求をすることができるか。

2　Aは, 被担保債権の弁済期が到来したため, 共同抵当権を実行しようとしたが, 実行前にFが甲建物を放火して全焼させた。この場合に, Aは, Fに対して損害賠償を請求することができるか。

【解答へのヒント】

1　Aが乙土地に対する抵当権を放棄した結果, Dは, Aに代位して乙土地の抵当権を行使するという債権回収手段を採りえなくなってしまいました。Dはこの手段を採ることにより, 300万円全額を回収できたはずでした。

2　Fの放火により, 甲建物は全焼し, 経済的価値はほとんどゼロになっています。Aは甲建物の抵当権者ですから, Fに対して損害賠償請求をしたいと考えるはずです。しかし, 所有者Cによる損害賠償請求が認められる場合であっても, このような請求は認められるのでしょうか。抵当権の性質等に立ち返って考えてみてください。

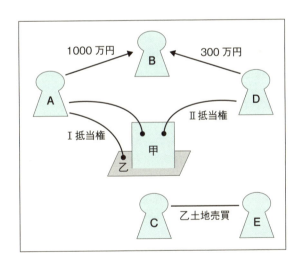

答案例

第1　小問1について

　　本問では，Dは，Aに対して不当利得返還請求権（703条）に基づいて100万円の請求をすることが考えられる。

　　すなわち，Dは，Aが乙土地に対する抵当権を放棄しなければ，392条2項後段により，500万円を限度として，Aに代位して，乙土地の抵当権を行使することができ，さらに100万円の配当を受けたはずであるとして，Aに対して100万円の請求をすることが考えられる。

1　この点，Dの100万円の「損失」と，Aのこれに対応する「利益」との間に，社会通念上の因果関係（「そのために」）があることに問題はない。

2　それでは，Aは，「法律上の原因なく」して100万円を得たといえるか，以下検討する。

　(1)　まず，共同抵当権の目的となった甲建物・乙土地は，同一の物上保証人Cの所有に属するものである。

　　　そこで，共同抵当権の目的である不動産が同一の物上保証人の所有に属する場合，392条2項後段によって後順位抵当権者の代位を認めるべきかが問題となる。

　　　ア　この点について，392条2項の趣旨は，異時配当における後順位抵当権者の代位に対する期待を保護する点にある。

　　　　　そして，後順位抵当権者の代位に対する期待は，共同抵当権の目的である不動産が債務者に属するか同一の物上保証人に属するかで異なるところはない。

　　　　　そこで，この場合も，392条2項後段によって後順位抵当権者の代位を認めるべきと解する。

　　　イ　そうすると，Dは，392条2項後段の規定に基づき，Aが392条1項の規定に従い乙土地から弁済を受けることができた金額を限度として，代位できそうである。

　(2)　そうだとしても，Aは目的不動産の一部である乙土地の抵当権を放棄しているので，Dの392条2項後段による代位の利益は害されることになる。

　　　そこで，共同抵当権者は，抵当目的物の一部を放棄した場合，残部につき，後順位抵当権者に優先することができるのかが問題となる。

　　　ア　この点について，392条2項後段の趣旨は，後順位抵当権者の保護によって共同抵当権の設定された不動産の担保価値の効率的利用を図る点にある。

　　　　　このような趣旨にかんがみ，後順位抵当権者は，放棄がなかったならば，後順位抵当権者が共同抵当権に代位しうる限度で，残部につき，共同抵当権者に優先すると考える。

　　　イ　そうすると，Aは，放棄がなかったならば，Dが乙不動産上の抵当権に代位しうる限度（100万円）で，

右欄注記：
- → 問題提起
- 論 共同抵当権の目的不動産が同一物上保証人に属する場合と後順位抵当権者の代位
- → 結論
- → 問題提起
- 論 共同抵当権の放棄と代位権
- → 結論

甲建物につき，Dに優先することができないはずである。 45

(3) しかるに，Aは，甲建物からDの上記優先額100万円についてまで配当を受けている。

したがって，Aは，「法律上の原因なく」して100万円を得たといえる。 50

3 よって，Dは，Aに対して不当利得返還請求権（703条）に基づいて100万円の請求をすることができる。

第2 小問2について

本問では，Aは，Fに対して抵当権侵害を根拠に損害賠償を請求（709条）することが考えられる。 55

1 まず，抵当権侵害も「故意又は過失によって他人の権利……を侵害した」といえることに問題はない。

2 次に，抵当権の本質は抵当目的物の価値把握にあるところ，「損害」があるといえるためには，目的物の価値の減少により被担保債権を担保しえなくなったことを要すると 60 解される。

そうすると，本問では，甲建物が全焼しており，その価値の減少により被担保債権1000万円を担保しえなくなったといえるから，「損害」があるといえそうである。

ところが，甲建物の所有者であるCも，Fに対して所有 65 権侵害を根拠に損害賠償を請求することができる。

そこで，AはなおFに対して損害賠償請求権を取得することができるのか，第三者が抵当目的物を滅失した場合における抵当権者と所有者の関係が問題となる。

(1) この点について，抵当権は非占有担保権であって，抵 70 当権者は最終的に債権の満足を受ければよい立場にある。

そして，抵当権者は，所有者が損害賠償請求権を取得すれば，それに物上代位（372条・304条1項本文）することによって被担保債権は十分に保全され，「損害」は被らなかったといえる。 75

そこで，この場合には，所有者のみが損害賠償請求権を取得し，抵当権者はこれに物上代位しうるにとどまると解する。

(2) そうすると，Aは，Fに対して損害賠償請求権を取得することはできず，Cの取得した損害賠償請求権に物上 80 代位しうるにとどまる。

3 よって，Aは，Fに対して抵当権侵害を根拠に損害賠償を請求（709条）することはできない。

以上

85

論 抵当権侵害──不法行為に基づく損害賠償請求（損害の有無）

→ 問題提起

論 抵当権侵害──不法行為に基づく損害賠償請求（所有者の損害賠償請求権との関係）

→ 結論

共同抵当権の目的不動産が同一物上保証人に属する場合と後順位抵当権者の代位の論点は，有名な判例（最判平成 4 年11月 6 日民集46巻 8 号2625頁）がある。その処理は，たとえ短答式試験問題としての出題であっても相当に骨が折れるものである。本問は，この処理手順を確認してもらうため出題した。また，抵当権侵害を根拠とした不法行為に基づく損害賠償請求については，旧司法試験1978（昭和53）年度第 1 問の出題もあるので，そちらもあわせて確認しておいてほしい。

■ 論点 ■

1　共同抵当権の目的不動産が同一物上保証人に属する場合と後順位抵当権者の代位
2　共同抵当権の放棄と代位権
3　抵当権侵害——不法行為に基づく損害賠償請求（損害の有無）
4　抵当権侵害——不法行為に基づく損害賠償請求（所有者の損害賠償請求権との関係）

■ 答案作成上の注意点 ■

1　小問 1 について

本問は，判例百選に掲載されている事例をもとに出題されていますし（前掲最判平成 4 年11月 6 日），共同抵当については，代表的な基本書で詳細な記述がなされています（内田［貴］Ⅲ461頁以下，近江［担物］221頁以下など）。しかし，そうはいっても，本問は難問に属する問題です。受験生としては，"本問を通じて，異時配当の計算方法を確認しておこう"，という姿勢で十分かと思います。ただし，異時配当に関する392条 2 項の構造については，具体例をふまえて理解しておくことを勧めておきます。さて，上記判例の内容は，①同一の物上保証人所有の不動産が共同抵当権の目的となった場合に392条 2 項の適用があることと，②共同抵当権者がその目的不動産の一部について抵当権を放棄した場合に，その後順位抵当権者に対しては，残余の不動産につき，割付額の限度でしか優先弁済権を主張できないことに分けられます。したがって，この 2 つの内容を自分なりに処理できれば，十分な合格答案となると思います。

2　小問 2 について

本問は，小問 1 よりは簡単な問題といえます。問いの形式も，小問 1 と異なり，「損害賠償を請求することができるか」となっていますから，不法行為の成立要件（709条）を検討していくなかで，何を論じればよいのかを容易に発見できるはずです（旧司法試験1996〔平成 8 〕年度第 1 問設問前段参照）。ここでは，「損害」が特に問題となります。「損害」の要件のなかで，損害の内容，所有者の損害賠償請求権との関係について論じてください。この点に関連して，本問では，"共同抵当権を実行しようとしたが，実行前に……"と書かれているので，"抵当権実行前の損害賠償請求"についても触れたいところです。難しいところですが，論理的には「損害」の要件をクリアしてから，損害算定時の問題がでてくると思います（高木［担物］166頁以下参照）。ですから，多数説である，抵当権者は所有者の損害賠償請求権に物上代位しうるにとどまるという立場（近江，内田［貴］等）を採用すれば，抵当権実行前の損害賠償請求について触れる必要はないでしょう。また，"厳密な論理関係よりも論点落としのほうが怖い"と思う場合は，先に，抵当権実行前の損害賠償請求を軽く論じ，そのうえで所有者の損害賠償請求権との関係を論じていくとよいでしょう。

【参考文献】
試験対策講座・物権法 7 章 5 節1，6 節2。

第18問 B 抵当権③

> 　甲はその所有の土地を乙に賃貸し，乙は借地の上に登記のある建物を所有していた。乙は，自己の債権者丙のためにその建物に抵当権を設定してその登記をした。その後，乙が上記建物に抵当権が設定されていることを秘したまま，甲に対してこれを買うように提案したところ，甲はこの提案を受け入れ，乙から上記建物を買い受けてその登記をした。その後，丙の抵当権が実行され，丁が競落した。
> 　甲丁間および甲乙間の法律関係を論ぜよ（ただし，賃料に関する法律関係を除く）。

【解答へのヒント】

1　甲丁間について

　　丁は競落した本件建物を利用したいはずですが，土地所有権者たる甲は当然黙っていないでしょう。甲からはどんな反論が，丁からはどんな再反論が考えられるでしょうか。

　　時系列で状況を整理し，じっくりと考えてみましょう。

2　甲乙間について

　　甲が本件建物を取得できないこととなった場合，甲は乙に対してなんらかの責任をとってもらいたいと思うはずです。本問ではお金で解決してもらうことになるでしょう。甲乙間には契約関係があります。請求の根拠はなんでしょうか。

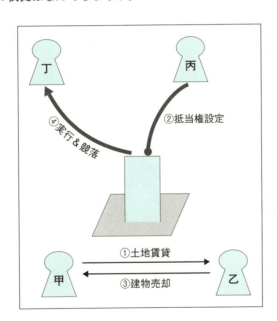

答案例

第1　甲丁間の法律関係について

1　本件建物について，甲の所有権移転登記に先立って丙の抵当権設定登記がなされているから，丁は，甲に対して，競落により取得した所有権を対抗することができ（177条），所有権に基づき本件建物の明渡しおよび所有権移転登記手続を請求することができる。

　　しかし，本件土地について，丁は，甲との間で約定利用権を設定していない。そこで，丁は，甲から本件土地所有権に基づく建物収去土地明渡請求された場合，丙の建物に対する抵当権の効力が甲乙間の土地利用権に及んでいるとして占有権原の抗弁を主張することが考えられる。

　　そこで，建物に対する抵当権の効力（370条本文）が土地の約定利用権（土地賃借権）に及ぶかが問題となる。

➡問題提起

論抵当権の効力が及ぶ範囲——土地賃借権

(1)　この点について，370条本文の趣旨は，抵当権が目的物の交換価値を把握する担保物権であることにかんがみ，目的物の全交換価値を把握させようとする点にある。

　　そうだとすれば，370条本文の「付加して一体となっている物」（付加一体物）とは，価値的・経済的に抵当不動産と一体をなし建物の効用を全うさせるはたらきをなすものをいう。

　　そして，従たる権利である土地賃借権は，価値的・経済的に土地上の建物と一体をなし建物の効用を全うさせるはたらきをなすから，建物のための従たる権利として，付加一体物に準じうる。

　　したがって，建物に対する抵当権の効力は土地賃借権に及ぶと解する。

➡結論

(2)　そうすると，丙の建物に対する抵当権の効力は，甲乙間の土地の約定利用権に及んでいる。

　　したがって，丁は，その約定利用権を取得しうる。

2　ところが，甲が乙から上記建物を買い受けたことによって，競落時には土地・建物が同一人甲に帰属している。

　　そこで，丁の約定利用権は存続するのか，それとも消滅し，法定地上権（388条前段）が成立するのか。

　　すなわち，建物の抵当権設定時は土地・建物の所有者が異なるが，競売時には同一人に帰属した場合，約定利用権は混同の例外（179条1項ただし書類推適用）によって存続するか，それとも混同（179条1項本文類推適用）によって消滅し，法定地上権が成立するかが問題となる。

➡問題提起

論法定地上権の成否——設定時別人・その後同一人の場合

(1)　たしかに，この場合，土地所有者は他人の設定した抵当権の負担のある建物を取得するにすぎない。

　　そうであれば，建物の存続を図る法定地上権の趣旨にかんがみ，建物に伴っていた約定利用権が混同によって消滅し，法定地上権が成立するとも考えられる。

　　しかし，後述のように，借地上の建物抵当権が実行さ

れても，競落人は，確定的に約定利用権を取得するわけ 45
ではなく（612条），借地借家法20条1項による財産上の
給付との交換によって取得できるにすぎない。
　　それにもかかわらず，たまたま土地・建物が同一人に
帰属したからといって，法定地上権が何らの反対給付も 50
なしに競落人のために成立するのは疑問である。
　(2)　388条前段は，抵当権設定当時に土地および建物が同
一人の所有に属する場合のみを法定地上権の要件とする
ものである。
　　そこで，この場合には，388条前段の要件をみたさな 55
いから，混同の例外によって約定利用権が存続し，法定
地上権は成立しないと解する。

➡結論

　(3)　そうすると，丁の土地の約定利用権は存続する。
3　もっとも，前述のように，競落によって約定利用権（賃
借権）の譲渡（612条）が生じている。

論賃借権の無断譲渡（612条）

　　そこで，丁は，土地所有者甲の賃借権譲渡の承諾（612 60
条1項），またはそれに代わる裁判所の許可（借地借家法
20条1項）があってはじめて，確定的に土地の約定利用権
を取得する。
第2　甲乙間の法律関係について
1　本問において，甲は，丙が建物の抵当権の設定を受けた 65
後に，建物を買い受けている。
　　したがって，甲は，競落人丁に対して，建物の取得を対
抗することができず（177条），建物所有権を失う。
　　そこで，甲は，乙に対して，契約不適合責任（565条，
564条，415条，542条）を追及できないか。 70

論565条，564条の契約不適合
責任

2　乙は建物に抵当権設定がなされていることを秘していた
のだから，甲乙間売買は，抵当権が付着していない建物所
有権の移転を行うことを内容としていたと考えられる。し
かし，実際には建物つき抵当権設定がなされている。それ
ゆえ，乙が甲に移転した建物所有権は「契約の内容に適合 75
しない」ものである（565条）。
3　丁が建物所有権を確定的に取得した以上，甲が建物所有
権を取得することは社会通念上不能であるから，甲は，乙
に対し，売買契約の無催告解除（542条1項1号）をする
ことができる。また，乙は建物に抵当権が設定されている 80
ことを秘したまま建物を売却しており，契約内容に適合す
る所有権を移転する義務を尽くしていないから，「責めに
帰することができない事由による」とはいえない（415条
1項ただし書）。したがって，解除のみでは免れられない
損害が生じている場合は，甲は，乙に対し，損害賠償請求 85
（545条4項，415条2項1号）をすることができる。
　　　　　　　　　　　　　　　　　　　　　　　　　以上

　抵当権の効力の及ぶ範囲については判例（最判昭和40年５月４日民集19巻４号811頁〔百選Ⅰ86事件〕）があり，旧司法試験においても，1988（昭和63）年度第１問，1997（平成９）年度第１問で出題されている。この点は従物の場合とあわせて確認しておこう。また法定地上権については，各要件の論点を再度確認しておこう。

論点

1　抵当権の効力が及ぶ範囲——土地賃借権
2　法定地上権の成否——設定時別人・その後同一人の場合
3　賃借権の無断譲渡（612条）
4　565条，564条の契約不適合責任

答案作成上の注意点

① 甲丁間の法律関係について

　競落人丁が建物を取得することに問題はありません。しかし，丁は甲との間で土地の賃貸借契約の締結をしていません。ですから，丁としては，土地利用権を取得しなければ，建物を取得しても意味がないことになります。そこでまず，抵当権者丙の建物に対する抵当権の効力（370条本文）が土地賃借権に及ぶのかが問題となります。370条本文の趣旨や抵当権の本質から論じるとよいでしょう。次に，これを肯定したとしても，本問では競落時には土地・建物が同一人甲に帰属しています。そこで，法定地上権の成否が問題となります。問題の所在は，約定利用権が混同の例外として存続するのか，それとも混同によって消滅し，法定地上権（388条前段）が成立するのかという点です（近江〔担物〕195頁）。なお，混同といっても，所有権という“物権”と賃借権という“債権”の混同ですから，179条１項や520条の“適用”の問題ではなく，179条１項の“類推適用（または準用）”の問題となるでしょう（高木〔担物〕193頁参照）。また，混同に関する話はあくまで理屈の問題であって，大切なのは価値判断です。法定地上権肯定説（我妻〔担物〕357頁）は，土地所有者が他人の設定した抵当権の負担のある建物を取得する場合には，法定地上権の趣旨を及ぼすべきであるとします。これに対して，法定地上権否定説（高木〔担物〕193頁等通説）は，買受人に法定地上権という強力な権利を与える必要がないとします。どちらの立場を採用してもかまいませんが，法律構成（理屈）だけでなく，価値判断（実質論）にも触れる必要があります。ちなみに，判例（最判昭和44年２月14日民集23巻２号357頁）は，“抵当権設定当時土地と建物が同一所有者に属していたこと”という388条前段の要件を欠くとして，法定地上権の成立を否定しています。なお，以上の議論は，“建物”に抵当権が設定されている場合の議論で，“土地”に抵当権が設定されている場合には，我妻先生も法定地上権の成立を否定していますので，注意してください。そして，法定地上権が成立しない，すなわち約定利用権が存続する立場によると，丁は約定利用権（賃借権）の譲渡を受けたことになりますから，土地所有者甲の承諾（612条１項），または裁判所の許可（借地借家20条１項）が必要となります（旧司法試験1997〔平成９〕年度第１問参照）。

② 甲乙間の法律関係について

　抵当権の実行により甲は建物所有権を失うのですから，565条，564条に基づき債務不履行の一般論を検討すれば足ります。

【参考文献】
試験対策講座・物権法７章３節③【2】，４節①。試験対策講座・債権各論２章２節③【1】(4)。

第19問 A　譲渡担保

　　1997年7月1日，Aは，Bに対して負う貸金債務を担保するため，自己所有の建物（以下「本件建物」という）をBに譲渡して所有権移転登記をしたが，引き続き本件建物を占有していた。ところが，Aが期限に債務を弁済しなかったので，2000年7月10日，BはAに対し，本件建物の評価額から被担保債権額を控除した残額を提供し，本件建物の明渡しを求めたが，Aはこれに応じなかった。その後，2000年8月1日，AはBに対し，債務の弁済の提供をしたうえ，本件建物をCに賃貸した。Cは，Aを本件建物の所有者と信じて，現在までAに賃料を支払って本件建物の占有を継続してきたが，2021年1月10日，本件建物はBからDに譲渡され，その旨の登記がされていた。

　　この場合における本件建物をめぐるAD間，CD間の法律関係について述べよ。

【解答へのヒント】

1　AD間の法律関係について

　　譲渡担保権設定者Aは，譲渡担保権者Bに対して債務の弁済の提供をしています。もっとも，それ以前に，Bは，Aに対し，清算金を提供して本件建物の明渡しを求めています。これによりAは本件建物の所有権を失っていると考えられそうです。しかし，Aは，Dに対し，長期間にわたり本件建物をCに賃貸してきたことから何か主張できないでしょうか。

2　CD間の法律関係について

　　かりに本件建物の所有権がDに認められるのであれば，Cは本件建物を無権利で占有していることになります。そうであれば，当然Dは，Cに対して本件建物の明渡しを要求するはずです。しかし，AB間の経緯についてまったく知らないCが害されてしまうのは，どこか不合理な感じがします。そこで，Cは，Dに対し，長期間にわたり本件建物をAから賃借してきたことから何か主張できないでしょうか。

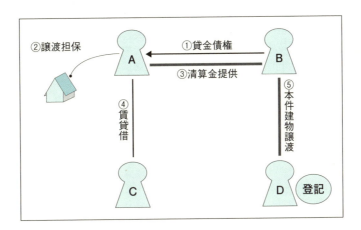

答案例

第1　AD間の法律関係について
1　Dは，本件建物をCに賃貸することで間接占有（181条）しているAに対して，所有権（206条）に基づき，本件建物の明渡請求をすることができないか。

2　上記請求が認められるためには，Dに建物所有権があることが必要であり，Dは本件建物をBから譲渡されたことによりその所有権を取得したと主張することが考えられる。このような主張は認められるか，建物譲渡時点でBが建物所有権を有していたかが問題となる。

(1)　まず，所有権者であったAがBに譲渡担保権を設定したことにより，建物所有権がBに移転するか。

この点について，譲渡担保の実質は債権担保にすぎない以上，このような実質を重視して，債権者は担保権を有するにすぎないと解する。

したがって，当該時点では，所有権は移転しない。

(2)　そうだとしても，Aが債務の弁済をせずBがAに清算金を提供したことで，所有権がBに移転しないか。

この点について，期日に弁済されないというだけで設定者の受戻しが不可能になるとするのは妥当でないから，清算等の処分が完了した場合に，はじめて設定者の受戻権が消滅し，所有権が確定的に譲渡担保権者に移転するものと解すべきである。具体的には，当該譲渡担保契約がいわゆる処分清算型の場合は，譲渡担保権者が目的物を第三者に譲渡したとき，いわゆる帰属清算型の場合は，清算金の支払，提供または清算金が生じない旨の通知をしたときに，受戻権が消滅すると解する。

本問では，Bが弁済期後ただちに清算金を提供していることから帰属清算型であったといえ，清算金の提供によりAの受戻権は消滅し，所有権がBに移転する。

(3)　したがって，Dの主張は認められる。

3　これに対して，Aは，本件建物を時効取得したと反論することが考えられるが，これは認められるか。

(1)　まず，本問では，AはBの清算金の提供を認識しており，所有権が自己にないことに少なくとも過失があったといえるから，Bへの所有権移転時の2000年7月10日から20年が経過したとして時効取得が認められる（162条1項）。

(2)　もっとも，Dは，このような時効取得を自己に対抗できないと再反論することが考えられる。

この点について，時効取得者は，時効完成前の第三取得者に対しては，承継取得における当事者と同様の関係にあるので，登記なくして時効取得を対抗できると解する。他方，時効完成後の第三取得者に対しては，二重譲渡類似の関係にあるので，登記なくしては時効取得を対

[右欄の注記]

5

➡問題提起
10　論譲渡担保の法的性質
➡規範（担保的構成）

➡結論
➡問題提起
論受戻権の消滅時期

20　➡規範

25

➡あてはめ

30

35

➡問題提起
40　論取得時効と登記
➡規範

抗できないと解する（177条）。

本問では，DがBから本件建物を譲渡された時点は
2021年1月10日であるのに対し，時効完成時は2020年7
月10日であるから，Dは時効完成後の第三者にあたる。
そして，Aは本件建物の登記を備えていない。

(3) したがって，Aの反論は認められない。

4 よって，Dは，上記請求をすることができる。このとき，
Aは，Cから受け取った賃料を不当利得（703条，704条）
としてDに返還する義務を負う。

第2 CD間の法律関係について

1 上記のとおりDは本件建物の所有権を有するから，Dは
本件建物の直接占有者Cに対しても，所有権に基づき，本
件建物の明渡請求をすることができるとも思える。

2 これに対して，Cは，占有権原を基礎づける賃借権の存
在を主張することが考えられる。もっとも，このような場
合におけるAC間の賃貸借は，他人物賃貸借（559条本文・
561条）となり，他人物賃借人であるCは，賃借権を所有
者であるDに対抗できない。

3 では，Cは賃借権の時効取得を主張できないか。

(1) この点について，不動産賃借権は継続的な不動産の占
有を内容とする債権であり，永続的な事実状態を尊重す
る必要性が認められる。そこで，「財産権」（163条）に
は賃借権も含まれると解する。もっとも，不利益を受け
る所有者保護の観点から，所有者が時効の完成を阻止す
る措置をとれるようにするため，目的物の継続的用益と
いう外形的事実が存在し，それが賃借の意思によること
が客観的に表現されており，162条所定の要件をみたす
場合には，賃借権の時効取得が認められると解する。

(2) 本問では，Cは本件建物を継続して占有しており，継
続的用益という外形的事実が存在する。また，Cは賃料
をAに支払い続けており，賃借の意思が客観的に表現さ
れている。そして，CはAを建物所有者と信じており善
意無過失の占有者（同条2項）にあたるところ，占有開
始時の2000年8月1日から現在まで10年経過している。

(3) したがって，Cは賃借権の時効取得を主張できる。

4 よって，Dは，上記請求をすることができない。また，
Cは善意であり，Dとの関係において使用利益取得につき
「法律上の原因」がある（189条1項類推）から，Dは使
用利益を不当利得としてCに請求することができない。

以上

45

50

55

60

65

70

75

80

85

→あてはめ

→問題提起
論 他人物賃借人の賃借権の時効取得の可否（163条）

→規範

→あてはめ

→結論

▌出題趣旨▐

本問は，旧司法試験の1992（平成４）年度第１問を改題したものである。

本問は，譲渡担保の設定された不動産の所有権の帰属について，設定当事者間の関係（対内的関係）を問いつつ，設定当事者・第三者間の関係と第三者間同士の関係をそれぞれ論じさせる問題である。このように多数の法律関係が問われる問題では，事案を整理・分析し，適切に処理することができるかが試されている。

▌論点▐

1　譲渡担保の法的性質
2　受戻権の消滅時期
3　取得時効と登記
4　他人物賃借人の賃借権の時効取得の可否（163条）

▌答案作成上の注意点▐

1　はじめに

本問では，AD間とCD間の法律関係について問われています。このような法律関係について論じる問題の場合には，その一方からもう一方へ請求を立てて論じると，上手に整理して書くことができます。

そこで，本問についても検討してみるに，問題文から現在本件建物を占有しているのがCであり，AはCに本件建物を賃貸して本件建物を間接占有していることが読みとれるはずです。そうすると，DがAないしCに本件建物から出て行くことを要求している，という構図が思い浮かぶのではないでしょうか。そうであれば，DからAやCに対して本件建物を明け渡すように求める請求を立てて論じればよいことになるでしょう。

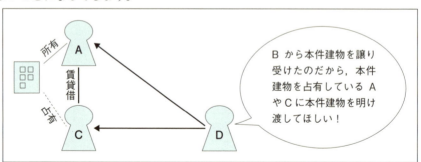

2　AD間の法律関係について

1　譲渡担保の法的性質

（狭義の）譲渡担保とは，信用授受を債権債務のかたちで残しておくようなものをいい，法形式上所有権を移転することによって担保とする方法をいいます。このように，譲渡担保は，担保目的であるという実質と，所有権を移転しているという形式にずれがあり，その法的性質が問題となります。この点については，譲渡担保は第三者に対する関係では目的物の所有権が債権者に移転するという所有権的構成と，所有権は設定者に残ったまま，債権者はあくまでも担保権を有するにすぎないという担保的構成の大きく２とおりの考え方があります。

しかし，本問で問われていることは，譲渡担保の法的性質についてどちらの構成に立つべきかではなく，自分がどの構成に立つのかを説明したうえでその先にある問題についてみずからの立

場から矛盾なく説明できるかということです。したがって，論述にあたって譲渡担保の法的性質について紙幅を割くことは得策とはいえません。答案例のように，みずからの立場を端的に説明したうえで先に進みましょう。

2 受戻権の消滅時期

(1) 譲渡担保権者は，譲渡担保権の実行により目的物の所有権を取得しますが，目的物と被担保債権の差額は清算金として設定者に支払わなければならないとされています（清算義務）。この清算の方法には，債務不履行が生じたときに目的物を売却して，その売却代金から優先弁済を受け，残額を清算金として設定者に交付する処分清算型と，債務不履行が生じたときに，担保目的物を直接，譲渡担保権者が自分の所有物にしてしまって優先弁済を受け，目的物の評価額と被担保債権額の差額を清算金として交付する帰属清算型があります。

(2) そして，債務者は，弁済期が到来して被担保債権を弁済しないとき譲渡担保権を実行されてしまいますが，その譲渡担保権の実行の前に被担保債権の全額を支払うことによって目的物を取り戻すことができるとされています。これを受戻権といい，本件でもAの受戻権が消滅していないかが問題となります。

この点について，受戻権の消滅時期は清算方法によるところ，本件では，Bが本件建物の評価額から被担保債権額を控除した残額をAに提供していることからして帰属清算方式であることが読み取れるため，BがAに対して清算金の提供をした時点で，Aの受戻権は消滅したということになります。

3 取得時効と登記

Aの受戻権が消滅していたことから，清算金提供の時点である2000年7月10日に本件建物の所有権はBに帰属しており，そのBから本件建物の譲渡を受けたDは当然所有権を取得できるということになりそうです。しかし，AはCに本件建物を賃貸することで長期間にわたり本件建物を間接占有していました。そこで，Aとしては，本件建物の所有権を時効取得していることを主張することが考えられます。問題文に日付が逐一記載されている場合には，時効について問われている可能性が高いので，意識できるとよいでしょう。

これに対して，Dとしては，Aは本件建物について登記を備えておらず，本件建物の所有権を自己に対抗することができないと反論することが考えられます（177条）。ここで，物権変動の原因が時効取得による場合にも177条は適用されるのかが問題となり，判例（大連判大正14年7月8日民集4巻412頁）はこれを認めています。もっとも，判例は，以下の5つの命題を立てているため，これを理解しておくことが重要です。

【判例の5つの命題】

① Q所有の土地を，Pが善意・無過失で占有し時効期間が満了した場合，Qは時効取得により権利を失うため当事者とされ，PはQに対して登記なくして時効取得を対抗できる（大判大正7年3月2日民録24輯423頁）。

② ①の場合，時効完成前にQから当該土地を取得したRは時効取得により権利を失うため当事者とされ，PはRに対して登記なくして時効取得を対抗できる（最判昭和41年11月22日民集20巻9号1901頁）。

③ ①の場合，時効完成後にQから当該土地を取得したSは，Qを基点とする二重売買の第2買主と同視できるためPと対抗関係に立ち，PはSに対して登記なくして時効取得を対抗できない（前掲大連判大正14年7月8日）。

④ 第三者（上記RおよびS）の出現が時効完成前であるのかそれとも時効完成後であるのかによって区別がなされている以上，時効の起算点は占有開始時に固定される（最判昭和35年7月27日民集14巻10号1871頁）。

⑤ ③の場合，Pの時効完成後にSが登記を備えた後も，更にPが時効取得に必要な期間占有を継続した場合には，新たに時効が完成してSは時効取得により権利を失うため当事者とされ，PはSに対して登記なくして時効取得を対抗することができる（最判昭和36年

7月20日民集15巻7号1903頁）。

　本問では，Aによる本件建物の時効取得後に，BからDが本件建物を取得していましたので，上記5つの命題のうち③があてはまることになります。したがって，AはDに対して登記なくして本件建物の時効取得を対抗できないため，Dの反論は認められます。なお，命題⑤も問題となりえますが，本問では，Aが新たに時効取得するために必要な期間占有したという事情はないため，本問の解決には不要でした。

　このように，取得時効と登記が問われている問題では，第三者の出現が時効完成前であるのかそれとも時効完成後であるのかという点が重要となりますので，留意しましょう。

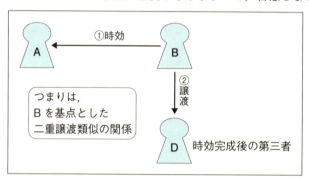

③　CD間の法律関係について

　AD間の法律関係を整理することで，本件建物の所有権がDに帰属していることが確認できました。そこで，まず，AC間の賃貸借関係が他人物賃貸借であり，CはDとの間で無権利者であるからDの請求に従わざるをえない立場にあるという前提を指摘しましょう。そのうえで，この賃借権をDとの間でも何とか主張できないか，という発想にいたるはずです。前提を飛ばした議論を組み立てないように気をつけましょう。

　不動産賃借権の時効取得が認められるためには，具体的には賃料を支払い続けていたことが必要とされていました。この点について，他人物賃貸借の場合は，賃料支払の相手は真の所有者でなくてもよいと解するのが多数説です。

【参考文献】
試験対策講座・スタートアップ民法・民法総則8章3節④【1】(2)。試験対策講座・物権法2章4節④【3】，11章2節①【1】・【4】，②【3】・【4】。

第20問 c   質権

> Aは，B所有の茶器を所持していたところ，Cから100万円を借り受けるにあたり，この茶器をCに質入れした。
>
> 1　この茶器は，AがBから預かっていたにすぎないのに，Bの承諾なしに，自己のものとしてCに質入れしたものであった場合に，Cは，質権の実行により，100万円の貸金債権の弁済を受けることができるか。次の3つの場合のそれぞれについて検討せよ。なお，(2)(3)において，Cは，Aが茶器の所有者でないことについて善意無過失であり，平穏かつ公然に茶器の占有を開始していたものとする。
>
> (1)　現在，Cが茶器を所持している場合
>
> (2)　質権の設定後にAの懇願を受けてCがこの茶器をAに引き渡し，現在は，Aがこれを所持している場合
>
> (3)　Cから茶器の引渡しを受けたAがこれを更にBに返還し，現在は，Bがこれを所持している場合
>
> 2　この茶器は，AがBに貸し付けた50万円の貸金債権の担保のためにBからAに質入れされたもので，これを，AがBの承諾なしに更にAB間の経緯を知っているCに質入れしたものであった場合に，Cは，自己の質権の実行により，100万円の貸金債権の弁済を受けることができるか。

【解答へのヒント】

1(1)　Aは茶器につき無権利ですから，Aに質権設定の権原はないはずです。この場合，質権設定契約の効力はどうなりますか？そこから考えてみましょう。

(2)　AとCの関係はどのようなものですか？

(3)　BはAC間の質権設定契約の当事者ではありません。ですから，第三者的な立場に立つ者といえるでしょう。Cは質権を実行しようとしていますが，Bとしてはいかなる反論をなしうるのか，まずは考えてみてください。

2　そもそも，質権はどんな権利でしょうか？質物を更に質入れするとは，どういうことなのでしょうか？質権の本質から考えてみましょう。

【設問1】

所有権者　　茶器③

B

茶器②　　　　　　　　　　茶器①

無権利者・質権設定者　　　　　　　　　　質権者

A　　　質権設定　　　　C
　　　茶器引渡し

答案例

第1　設問1について
　1　小問(1)について
　　　CがB所有の茶器（以下「本件茶器」という）について質権を実行するためには，質権を有効に取得していることが必要である。そこで，CがAとの質権設定契約により，質権を有効に取得したといえるか検討する。

　　(1)　Aは本件茶器を預かっていたにすぎず，本件茶器に物権を設定する処分権原を有しない。そのため，Bの承諾なく行ったCに対する質権設定では，Cは質権を有効に取得できないのが原則である。

　　(2)　もっとも，192条による即時取得が成立しないか。

質権も「その動産について行使する権利」であるから，即時取得の対象になると解される。

　　　　本問では，Cは，本件茶器という「動産」につき，処分権原を有しないAから，質権設定契約という「取引行為によって」，本件茶器の「占有を始め」ている。また，Cは占有開始のときに「平穏」，「公然」，「善意」，無「過失」であった。そのため，Cは本件茶器の質権を即時取得する。

　　(3)　よって，Cは，質権を実行し，貸金債権100万円の弁済を受けることができる。

　2　小問(2)について
　　　Cが上述のように本件茶器に対し質権を即時取得する場合において，Cが本件茶器を設定者たるAに任意で返却しても，なお質権を実行できるか。345条は，「質権者は，質権設定者に，自己に代わって質物の占有をさせることができない。」と規定していることから，質権設定後に質権者から質物が設定者へ返却されることにより，質権の効力が消滅しないかが問題となる。

　　(1)　たしかに，質権の留置的効力を重視すれば，質物の占有を質権者が喪失することによって，質権は消滅するとも思える。
　　　　しかし，質権の本質的効力は優先弁済的効力にあり，留置的効力はあくまで債務者による弁済を促進するものにすぎないから，留置的効力を重視すべきではない。
　　　　そこで，質物の占有継続は対抗要件にすぎず（352条），質権設定後に質物を設定者に返却しても，質権は消滅しないと考える。

　　(2)　本問において，Aへの本件茶器の返却後も，Cの質権は存続しているといえる。

　　(3)　よって，Cは，質権を実行し，貸金債権100万円の弁済を受けることができる。

　3　小問(3)について
　　　Cが質権を即時取得するとしても，Cは本件茶器の占有

→問題提起
論質権の即時取得
→結論

→問題提起
論質物を任意に質権設定者に返還した場合における質権の消滅の有無

→結論

（行番号：5, 10, 15, 20, 25, 30, 35, 40）

を継続していないことから,「第三者」(352条)たるBに　45
質権を対抗できず,質権を実行することはできないとBは
反論することが考えられる。このような反論は認められる
か。Bは本件茶器の所有者であるところ,質物の所有者が　➡問題提起
「第三者」にあたるかが問題になる。　論352条の「第三者」の範囲

(1)　「第三者」とは,原則として,設定者,債務者以外の　50
　者をいうと解される。そのため,設定者でも債務者でも
　ない質物の所有者は,「第三者」にあたるとも思える。
　　しかし,質権が即時取得された場合,その結果として
　質物の所有者は質権の存在を否定できない。そのため,　55
　質物の所有者は,他人の債務を担保するために自己の物
　の上に質権を設定した者,すなわち,物上保証人として
　設定者に準じた地位にあるというべきである。
　　そこで,質権が即時取得された場合には,質物の所有　➡規範
　者は「第三者」にあたらないと解する。

(2)　したがって,Bは「第三者」にあたらず,Bの反論は　60　➡結論
　認められない。

(3)　よって,Cが質権を即時取得する場合,本件茶器の占
　有の継続という対抗要件なくしてその質権をBに対抗で
　き,質権を実行し,貸金債権100万円の弁済を受けるこ
　とができる。　65
第2　設問2について
1　Cが本件茶器について質権を実行するためには,質権を
　有効に取得している必要がある。本問では,Aは,Bから
　質入れされた本件茶器を,Bの承諾なくして更にCに質入
　れしている。これは,責任転質(348条)として有効とい　70
　えるので,Cは有効に質権を取得している。
2　それでは,Cは,このような質権を実行して100万円の　➡問題提起
　貸金債権の弁済を全額分受けることができるか。原質権の　論責任転質の成立範囲
　被担保債権たるAのBに対する貸金債権の額が50万円であ
　ることから,転質権の成立範囲が問題になる。　75

(1)　同条前段の「質物について,転質をする」との文言か
　ら,責任転質は,再度の質権の設定であり,原質権によ
　り把握した担保価値を転質権者に優先的に把握させるも
　のと解する。
　　そして,上述した責任転質の法的性質から,転質権は,　80　➡規範
　原質権により把握した担保価値,すなわち原質権の被担
　保債権の額の範囲内で成立すると考える。

(2)　したがって,本件では,Cの転質権は,原質権の被担　➡結論
　保債権たるAのBに対する貸金債権額である50万円の範
　囲で成立する。　85
3　よって,Cは,自己の質権の実行により,50万円の限度
　で貸金債権の弁済を受けることができるにとどまり,100
　万円の弁済を受けることはできない。　　　　　　以上

出題趣旨

本問の題材は，旧司法試験の1990（平成2）年度第2問を改題したものである。

本問は，質権を題材に，いわゆるマイナー分野が出題された場合における対応力を問うものである。

論点

1 質権の即時取得
2 質物を任意に質権設定者に返還した場合における質権の消滅の有無
3 352条の「第三者」の範囲
4 責任転質の成立範囲

答案作成上の注意点

① 設問1について

1 小問(1)

Aは茶器につき無権利です。ですから，Aは質権の設定権原を有しません。そうすると，Cは茶器につき質権を取得できないのが原則です。もっとも，これでは，CがAに対して無担保で100万円もの大金を貸したことになってしまいます。Cとしては何とかして質権を取得したと主張したいところでしょう。ここで1つ考えられるのが，質権を即時取得したという主張です。

即時取得は，動産の占有に公信力を与えることにより取引の安全を保護するということを目的とした制度であって，このような制度目的が妥当するのは所有権取得の場合だけではありません。また，動産質権は動産の占有を取得してその交換価値を把握する権利ですから，「動産について行使する権利」（192条）といえるでしょう。それゆえ，質権の即時取得は可能といえます。

したがって，本問では即時取得の要件をみたすので，Cは質権を実行でき，貸金債権の弁済を受けることができます。

2 小問(2)

本問では，質権設定者Aが質権者Cに代わって質物たる茶器を占有しています。345条は「質権者は，質権設定者に，自己に代わって質物の占有をさせることができない」と規定しているところ，同条の解釈，具体的には，Aへの返却により質権の効力が失われてしまわないかが問題となります。

質権の意義は，その優先弁済的効力と留置的効力にあります。同条の解釈にあたっては，どちらを重視するかによって結論が異なりえます。すなわち，優先弁済的効力を重視するのであれば，質権設定者が目的物を占有していても優先弁済権行使が著しく困難になるわけではないので，質物の占有継続は対抗要件にすぎず，質権設定者に質物を占有させても質権は消滅しない，という解釈になるでしょうし，他方，留置的効力を重視するのであれば，質権設定者に目的物を占有させてしまうと，目的物を留置することにより間接的に弁済を強制するということができなくなってしまうので，これにより質権が消滅する，という解釈になると思われます。質権は，本来，その留置的作用をその本質としていましたが，時代の変化に伴って，目的物の有する交換価値を優先的に把握することを本質とする権利へと変容していったと考えられています（我妻民法講義III 111頁）。それゆえ，答案例では前者の考えをとっています。

3 小問(3)

Cが質権を即時取得するとしても，Cはすでに質物の占有を失っているのですから，「第三者」（352条）に対して質権を対抗できません。それゆえ，Cとしては，Bが「第三者」にあたらない，という旨の主張をしていく必要があります。

一般的に，「第三者」とは，当事者以外の者をさす言葉です。ですから，質権の対抗が問題となる場面においては，質権設定者・質権者以外の者は，原則として，「第三者」にあたると考えられます。

　これを前提にすると，質権設定契約の当事者でないBは「第三者」にあたる，ということになりそうです。本小問はいささか応用的で，かつ難易度が高いので，ここまで書ければ十分合格点に達するでしょう。しかし，この結論をとるということは，同時に，Cの債権回収失敗リスクが大幅に上昇してしまうことをも意味します。真の所有者Bを保護すべきと考えるか，このようなCを保護すべきと考えるか，いずれの考え方もありうるところですが，このような利益衡量の観点を答案例のように答案上に示すことができれば十分です。以下では，答案例に倣い，Cを保護する方向の解釈について触れます。

　上述のように，「第三者」とは，当事者たる質権設定者・質権者以外の者をいうと考えられます。Bは質物の所有者であり，質権設定の負担を受けることになる立場の者であって，単なる当事者以外の者とはわけが違います。このようなBを，質権設定者に準じる者と評価し，「第三者」にあたらないと理論構成をすることは可能でしょうか。

　もともと，Bは，質物の所有者として，質物の価値もすべて把握していました。しかし，Cは，質権設定契約により質権を即時取得しました。Cは，質権を原始取得することで，Cの被担保債権額に相当する部分について，質物の価値把握権を取得します。他方で，Cの質権原始取得によって，Bは，Cの被担保債権額に相当する部分について，質物の価値把握権を失うのです。Bは価値把握権を失った部分につき無権利となりますから，その部分につき権利を有している旨主張できません。それゆえ，答案例にあるように，Bは「質権の存在を否定できない」のです。そうすると，Bは自己の所有権に質権が設定されていることを受けいれざるをえません。このようなことから，Bを物上保証人と考えることができます。そして，Bは，質権設定による所有権制限の負担を受けることになるという点で，自己の所有物につき質権を設定した者と似た立場にあるといえます。ですから，Bは「物上保証人として設定者に準じた地位にある」わけです。このように，Bは設定者に準じる者であって「第三者」にあたらない，というように理論構成をすることができます。

② 設問2について

1　まずは，前提として，Cが質権を取得しているかを論じる必要があります。本件茶器はBからAに，AからCへと順次質入れされているところ，AからCへの質入れは転質にあたります。質権者は「自己の責任で」転質をすることができる（348条前段）のですから，転質をするにあたりBの承諾は不要と解されます。348条後段が転質者につき厳格な責任を課しているのも，承諾なしに転質をなしうることを前提にしているからです。原質権設定者の承諾がある転質は承諾転質，承諾のない転質は責任転質と，それぞれよばれています。

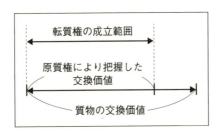

2　そうだとしても，Cは質権実行により100万円の貸金債権の弁済を全額分受けられるのでしょうか。Cが有しているのはあくまで転質権ですから，転質権がいかなる範囲で成立するのかが問題となります。

　転質権は，「質物について，転質をする」という文言から，原質権により把握した担保価値を転質権者に優先的に把握させるものと解されます。転質により原質の担保価値が転質権者の支配

に移るのです。

　それゆえ，転質権は，原質権により把握されている担保価値，すなわち，原質権の被担保債権の額の範囲内で成立すると考えられます。

【参考文献】
試験対策講座・物権法8章2節①・②，5節②・④。

第21問 B 所有権留保

甲は，乙に対して割賦販売契約に基づいて，高価な自転車を販売し，引き渡した。なお，上記契約には所有権留保の特約（以下「本件特約」という）がある。以下の各小問における甲丙間の法律関係について論ぜよ（なお，割賦販売法については考えなくてよい）。

1　乙は，本件特約の存在につき善意・無過失である丙に対して本件自転車を転売したが，丙が引き取りに来るまで預かっておくこととなった。しかしその後，乙が甲への支払を怠るようになったので，甲は乙との間の割賦販売契約を解除した。その後，丙は，本件特約の存在および解除につき悪意で本件自転車を引き取ったうえで，これにライトを取り付けた。

2　乙は，本件特約の存在につき悪意である丙に対して本件自転車を転売し，ただちにこれを引き渡した。丙は，本件特約の存在につき善意・無過失の丁に転売して，引き渡した。その後，乙が甲への支払を怠るようになったので，甲は乙との間の割賦販売契約を解除した。

【解答へのヒント】

1　小問1では，甲は丙に対し本件自転車の返還を請求することが考えられます。そして，所有権留保の法的性格をどのように考えるかによって，解除までの間に本件自転車の所有権が甲と乙のいずれに帰属するかが異なります。これによってその後の乙の反論も変わってくるので，まず所有権留保の法的性格を明らかにしておく必要があります。そのうえで，丙の反論を考えていきましょう。

2　小問2では，本件自転車が本件特約につき善意無過失の丁に転売され，引き渡されているので，小問1と同様の請求は認められなさそうです。では，甲は本件特約につき悪意で本件自転車を引き取り，丁に転売した丙に対して何も請求できないのでしょうか。甲の丙に対する請求の根拠となる条文がないか探してみましょう。

【小問1】

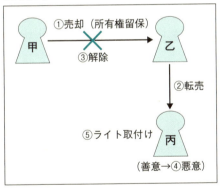

【小問2】

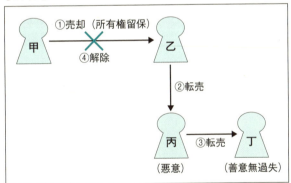

答案例

第1　小問1について
　1　本間では，甲は，乙との割賦販売契約を解除している。
　　　したがって，甲は，丙に対し，所有権（206条）に基づく本件自転車の返還請求をすることが考えられる。
　　(1)　まず，上記契約には，所有権留保の特約がある。　　　　　5
　　　　そこで，本件自転車の所有権は本件特約によって甲に帰属するのか，所有権留保の法律構成が問題となる。
　　　ア　この点について，所有権留保の特約の法形式にかんがみ，所有権は売主に属し，買主は利用権と代金完済という停止条件の成就によって所有権を取得する期待　10
　　　　　権を有するにすぎないと解する（所有権的構成）。
　　　イ　そうすると，本件自転車の所有権は，本件特約によって甲に帰属するのが原則である。
　　(2)　しかしながら，丙は，本件特約の存在につき善意・無過失で転売を受けており，保護の必要性もある。　　　　15
　　　　そこで，丙は本件自転車を即時取得できないか。丙は本件自転車を乙に預けているので，占有改定（183条）が「占有を始めた」（192条）といえるか，条文上明らかでなく問題となる。
　　　ア　この点について，即時取得の基礎として占有を要求　20
　　　　　した趣旨は，原権利者の静的安全を保護するためである。
　　　　　そうだとすれば，保護資格のためには原権利者の権利が奪われる程度のものであることが望ましい。
　　　　　ところが，占有改定は外部から認識が困難で不明確　25
　　　　　な行為であるから，これによって原権利者から権利を奪うのは酷である。
　　　　　したがって，占有改定は「占有を始めた」といえないと解する。
　　　イ　そうすると，丙は，本件自転車の転売を受けた時点　30
　　　　　では「占有を始めた」といえず，また，これを引き取った時点では本件特約の存在につき悪意であるから，本件自転車を即時取得できない。
　　(3)　よって，甲は，丙に対し，所有権に基づく本件自転車の返還請求をすることができる。　　　　　　　　　35
　2　ところが，丙は本件自転車にライトを取り付けている。
　　　そこで，丙は，その費用償還請求権を被担保債権に，甲に対し留置権（295条1項）を主張することが考えられる。
　　(1)　まず，ライトを取り付ける費用は，目的物を改良してその価格を増加させた費用であるから，「有益費」（196　40
　　　　条2項本文）にあたる。
　　(2)　次に，丙は，占有改定（183条）によって本件自転車の引渡しを受けているから（代理占有，181条），「他人の物の占有者」（295条1項本文）といえる。

➡問題提起
論所有権留保の法的性格

➡規範

➡結論

➡問題提起
論占有改定と即時取得

➡規範

➡あてはめ

(3) そして，上記有益費償還請求権の成立時において，被 45
担保債権の債務者と物の返還請求権者とは同一人甲であ
るから，「その物に関して生じた債権」にあたる。

(4) ところが，丙は，甲が割賦販売契約を解除した後に，
解除につき悪意で本件自転車を引き取ったうえ，これに
ライトを取り付けている。 50

そこで，占有権原をはじめはもっていたが後に喪失し
た場合（権原喪失型），295条2項は直接適用されないが，
295条2項が類推適用されるかが問題となる。

➡問題提起
論295条2項の類推適用

ア　この点について，295条2項の趣旨は，占有が不法
行為により始まった場合にまで留置権を認めることは 55
公平の観念に反する点にある。

そうだとすれば，権原喪失型の場合も，公平の観念
に反するといえ，その趣旨が妥当する。

➡規範

そこで，権原喪失型の場合にも，自己の占有権原が
無権原に帰する可能性につき悪意または有過失であれ 60
ば，295条2項が類推適用されると解する。

➡あてはめ

イ　そうすると，丙は解除につき悪意で有益費を支出し
ているから，権原の喪失につき悪意といえ，丙に295
条2項が類推適用される。

(5) よって，丙は，有益費償還請求権を被担保権に，甲 65
に対し留置権を主張することができない。

第2　小問2について

1　本問では，丙は，本件自転車を購入する際，本件特約の
存在につき悪意であるから，本件自転車を即時取得（192
条）することができない。 70

したがって，甲は，丙に対し，所有権に基づき本件自転
車の返還請求をすることができるのが原則である。

2　ところが，丙は，本件自転車を本件特約の存在につき善
意・無過失の丁に転売し，引き渡している。

したがって，丁が本件自転車を即時取得する結果，甲は 75
本件自転車の所有権を失うことになる。

そこで，甲としては，丙に対し，悪意占有者の損害賠償
義務（191条本文前段）を追及することが考えられる。

➡問題提起
論悪意占有者の損害賠償義務
（191条本文前段）

(1) まず，丙は，本件特約の存在につき悪意であるから，
「悪意の占有者」といえる。 80

(2) 次に，「滅失」は，物理的滅失だけでなく，他人への
譲渡による返還不能を含むと解されるので，丁の即時取
得によって本件自転車の「滅失」があるといえる。

(3) したがって，甲は，丙に対し，悪意占有者の損害賠償
義務（191条本文前段）を追及することができる。 85

以上

　所有権留保は，実務上も自動車の売買などで用いられる非典型担保であり，その重要性は高い。また，占有改定と即時取得，295条2項類推適用については，それぞれ最判昭和35年2月11日民集14巻2号168頁（判例シリーズ23事件）と最判昭和46年7月16日民集25巻5号749頁（百選 I 80事件）を確認しておこう。

論点

1　所有権留保の法的性格
2　占有改定と即時取得
3　295条2項の類推適用
4　悪意占有者の損害賠償義務（191条本文前段）

答案作成上の注意点

1　所有権留保の法的性格

　小問1については，まず所有権留保の法的性格（法律構成）について論じる必要があります。答案例では所有権的構成に立っていますが，もちろん，担保的構成に立ってもかまいません。担保的構成に立った場合，本問では契約が解除されていることから，まず丙が545条1項ただし書で保護されるかを検討し，次に保護されるとしても，丙は留保所有権の負担のない完全な所有権を即時取得（192条）するかについて検討していくことになります。

2　占有改定と即時取得

　占有改定と即時取得については，肯定説，否定説，および折衷説があります。最近有力な学説は否定説（最判昭和32年12月27日民集11巻14号2485頁，前掲最判昭和35年2月11日民集14巻2号168頁〔判例シリーズ23事件〕等）と折衷説ですが，両者の差異は，①占有改定の段階では，否定説では原所有者または第一譲受人に所有権があるのに対し，折衷説では相互に未確定状態にあり，原所有者等と即時取得者とでは，先に訴えたほうが敗訴すること，②即時取得者の善意無過失の判断時が，否定説では現実の引渡しを受けた時点であるのに対し，折衷説では占有改定時であることです（百選 I 139頁）。本問でも，肯定説・折衷説に立つと丙の即時取得が肯定され，否定説に立つと否定されるため，自分がどちらの見解に立つのかを明確にしていく必要があります。

3　費用償還請求と留置権

　本問では，甲が割賦販売契約を解除したことから，295条2項の類推適用が問題となります。この論点は第11問でも扱いましたが，公平の観点から権原喪失型の場合であっても，自己の占有権原が喪失する可能性について悪意または有過失の場合には，295条2項が類推適用されます。丙は，現実の引渡しの前に占有改定（183条）によって引渡しを受けているので，当初の占有（代理占有，181条）には権原があり，295条2項を直接適用はできない，というところにうまくたどり着いてほしいです。

　なお，小問(1)においては，ディーラー・サブディーラーの判例（最判昭和50年2月28日民集29巻2号193頁）のように，権利濫用という法的構成をとって答案作成をしたかもしれません。しかし，本問では，もともと転売などを予定していない取引であり，そのような法的構成を採ることは難しいと思われます。

4 悪意占有者の損害賠償義務

　小問2については，191条本文前段をあげられたかがポイントでした。191条本文の「滅失」「損傷」とは，単に物理的滅失または損傷だけでなく，返還が不能になったような場合をも含むと解されています（大判大正11年9月19日評論11巻民法937頁，基本法コンメンタール［物権］58頁参照）。この論点を知らなかったとしても，丙に対して不法行為責任（709条）を追及できるかということが頭に浮かんだ際に，"191条は709条の特則である"という短答の知識から，何とかたどり着いてほしいところです。

【参考文献】
試験対策講座・物権法2章7節②【5】(1)，3章3節③【3】，9章2節④，11章5節。判例シリーズ23事件・28事件。

答案構成用紙

甲は，乙との間で，乙がその倉庫に保管中のB型ワープロ500台のうち200台を，契約の日から1週間後を引渡し期日と定めて購入する契約を締結した。甲の債権は，制限種類債権であるとして，次の各場合につき，甲乙間の法律関係を論ぜよ。
1　契約の翌日，乙の倉庫の施錠が十分でなかったため泥棒が入りこみ，B型ワープロ全部が倉庫から消失してしまった場合
2　乙が甲に引き渡すために，契約後にあらかじめ甲が指定していたB型ワープロ200台を倉庫から搬出し，トラックに積載しておいたところ，トラックごとそれが消失してしまった場合
　　なお，1，2，ともに甲にB型ワープロの消失について帰責性はなく，ワープロ500台のうち，甲に売約済みの200台以外については，いまだ買取り相手が現れていないものとする。

【解答へのヒント】
1　まずは，甲から乙に目的物引渡請求をすることが考えられますが，乙としてはもうワープロは存在しないから引き渡せないと反論するでしょう。これを法的に論述してみましょう。目的物引渡請求が認められないとすると，甲としては契約解除や損害賠償請求をしたいと考えるでしょう。これらの根拠となる条文を探して検討を進めてみましょう。さらに，乙からも契約に即して何か請求できないか考えてみましょう。
2　小問2では200台のみが消失しています。債権者たる甲はどんなかたちでの問題解決を望むでしょうか。

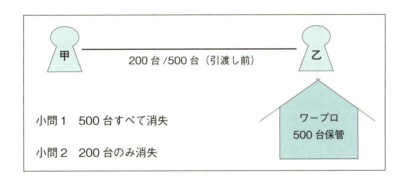

答案例

第1　小問1について
1　甲の乙に対する請求
(1)　甲は，甲乙間の売買契約（555条。以下「本件契約」
という）に基づくB型ワープロ200台の引渡請求をする
と考えられる。 5
ア　これに対し乙は，目的物引渡債務は履行不能となっ
ていると反論する。
イ　ここで，**制限種類債権とは，種類債権（401条1
項）のうち，特に目的物の範囲を特定の場所や範囲に
よって制限したものである。** そして，制限された範囲 10
の目的物がすべて消失した場合，「履行が契約……に
照らして不能」であるとして履行不能（412条の2第
1項）となると考える。
ウ　本問で甲の債権は乙の倉庫に保管されたワープロの
引渡しを目的とする制限種類債権であるが，乙の倉庫 15
内のワープロはすべて消失している。そのため，乙の
目的物引渡債務は「履行が契約……に照らして不能」
であり，乙の反論が認められる。
よって，甲の上記請求は認められない。
(2)　他方，ワープロ引渡債務は甲の帰責性（543条）なく 20
履行不能（542条1項1号）になっており，甲は本件契
約を無催告解除することができる（542条1項1号）。
(3)　また，本件では乙の倉庫の施錠が不十分で泥棒が入り
こみ，B型ワープロ全部が倉庫から消失したため，履行
不能につき乙に免責事由（415条1項ただし書）は認め 25
られず，甲は，履行不能に基づく損害賠償請求（同条2
項1号，1項）をすることができる。
2　乙の甲に対する請求
(1)　乙は，本件契約に基づく代金の支払請求をすることが
考えられる。 30
(2)　本問では，乙に帰責事由があり「当事者双方の責めに
帰することができない事由によって債務を履行すること
ができなくなったとき」（536条1項）でない以上，同項
の適用はない。したがって，甲は，536条1項に基づい
て乙の請求を拒めない。 35
(3)　もっとも，甲は，本件契約を解除（542条1項1号）
して請求を拒むことができ，本件契約を解除しない場合
でも，履行不能に基づく損害賠償請求権との相殺（505
条1項）を主張することができる。
第2　小問2について 40
1　甲の乙に対する請求
(1)　甲は，本件契約に基づき，あらかじめ指定していたワ
ープロ200台の引渡請求をすると考えられる。
これに対し，乙は，上記ワープロ200台の引渡債務は

履行不能となっている旨反論すると考えられる。　45

　　　上記ワープロ200台が消失時点に特定されていた場合，この反論は認められる（412条の2第1項）。

　　　そして，上記ワープロ200台は，あらかじめ甲が指定したものであるところ，これにより特定が生じたといえないか，合意による特定の肯否が問題となる。　50

　　ア　401条2項は任意規定で合意による特定を排除する趣旨までは有していないと解されるため，**当事者の合意による特定も認められると考える。**

　　イ　本件では，甲が上記ワープロ200台を指定し，乙はそれに従い，荷積みをしているため，ここに当事者の　55
　　　合意による特定が認められる。

　　ウ　したがって，上記ワープロ200台は消失時点において「特定」されており，上記反論は認められる。

(2)　そうだとしても，甲は変更権を行使し，倉庫に残る300台のワープロのうち200台の引渡しを請求できないか。　60
債権者に変更権が認められるかが問題となる。

　　ア　債権者の変更権行使は，債務者によるそれと違い，相手方に不利益を与える蓋然性が高く，原則として認めるべきではない。しかし，もとより種類債権は物の個性に着目しない債権であり，その特定は種類債権の　65
履行の手段にすぎず，これにより契約上の問題解決の柔軟性が失われるのは本末転倒である。

　　　　そこで，**債務者が，特定した物と同種同量の他の物の給付をすべきことになっても過大な不利益とならない場合には，債権者にも，例外的に，信義則上の変更**　70
権が認められると考える。

　　イ　本件では，残りの300台につき買い手は現れておらず，そのうち200台の給付をすべきことになっても，乙にとって過大な不利益とならない。

　　ウ　よって，甲は上記請求をなしうる。　75

2　乙の甲に対する請求

(1)　乙は，本件契約に基づく代金の支払請求をすることが考えられる。

(2)　これに対し，甲は同時履行の抗弁権（533条本文）を主張してワープロ200台の引渡しを受けるまでは，代金　80
の支払を拒むことができる。

　　　　　　　　　　　　　　　　　　　　　　　　　以上

85

➡問題提起
論当事者の合意による特定の可否

➡規範

➡あてはめ

➡結論

➡問題提起
論債権者の変更権

➡規範

➡あてはめ

➡結論

本問の題材は，旧司法試験の1986（昭和61）年度第1問を改題したものである。

小問1についてはいわゆる論点を問うものではなく，売買契約の後に目的物の全部が消失した場合について，当事者間の法律関係を条文に即して整理できるかが問われている。論点を中心に勉強してきたならば，取り掛かりが難しかったかもしれないが，条文に即して検討を進めることは基本的なことであり，かつ，とても重要なため，出題した。

小問2は，当事者の合意による特定を認めるか否か，および，これを肯定した場合に生ずる不都合をいかに解決するかを問うものである。

論点

1　当事者の合意による特定の可否
2　債権者の変更権

答案作成上の注意点

1　小問1について

1　甲の乙に対するワープロ200台の引渡し請求（555条）

甲乙間に売買契約が成立していることから，甲ができることとして真っ先に思いつくのはこの請求でしょう。しかし，倉庫内のB型ワープロはすべてなくなっています。ここで，種類債権とは一定の種類に属する一定量の物の引渡しを目的とする債権をいい，制限種類債権とは種類債権のうち，特に目的物の範囲を特定の場所や範囲によって制限したものをさします。本件では売買契約の目的物は乙の倉庫内に存在するワープロと制限された制限種類物であり，この目的物がすべて消失しているので履行不能となっています。したがって，この請求は認められません（412条の2第1項）。

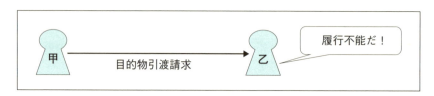

2　甲の契約解除権の行使（542条1項1号）

もっとも，甲はワープロが受け取れないならば，こんな契約に拘束されるのはごめんだと考えるでしょう。そこで次に，契約の解除ができないか検討します。542条1項1号がみつけられれば，本件ではその要件をみたしますから，解除できることがわかると思います。

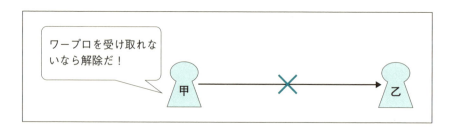

3　甲の乙に対する填補賠償請求（415条2項1号，1項）

　　さらに，甲としてはワープロ200台が受け取れないのならば，せめてその分のお金がほしいと考えるでしょう。この請求の根拠となるのが415条2項です。答案では最低限の記載にとどめていますが，その要件として，**各号に該当すること**，および**415条1項の要件をみたすこと**を確認しましょう。本件では，これらの要件がみたされているので，填補賠償請求，すなわちワープロの引渡しに代わる損害賠償請求をすることができます。具体的には，甲はワープロ200台分の時価相当額の金銭を受け取ることができます。このように，甲としては，ほしかったワープロは受け取ることができないものの，その分の金銭を受け取ることで一定の満足を得られることとなるわけです。

4　乙の甲に対する代金支払請求（555条）

　　次に，乙としては売買契約が有効に成立しているので，これに基づいて代金支払請求をすることが考えられます。しかし，これに対して甲は，ワープロを受け取れないのだからお金なんて払ってたまるものか，と考えるでしょう。これを法的に根拠づけると，甲は契約解除（542条1項1号）をする，もしくは解除はせずに自己の有する填補賠償債権と代金債権とを相殺する（505条1項本文）ことで，乙の代金支払請求を拒むということとなります。

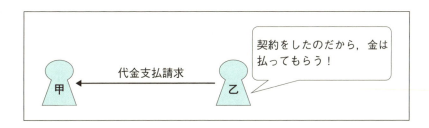

②　小問2について

1　甲の乙に対するワープロ200台の引渡し請求（555条）

(1)　当事者の合意による特定

　　甲としては，契約に基づき，ワープロ200台の引渡請求をしたいと考えるはずです。しかしながら，甲が指定した200台はすでに消失しています。ですから，乙としては，履行不能を主張したいところでしょう。消失時点においてワープロ200台の特定が生じていれば，当該200台の引渡債務は履行不能になりますが，本問では**特定が生じているといえるのかが問題**となるのです。

　　甲が指定したワープロ200台は種類物（当事者が，物の個性を問わず，単に種類，数量，品質等を指定して取引した物）であるところ，これについての引渡債務は**持参債務**（484条1項後段）となります。そして，持参債務の目的物は，現実の提供がなされた時点において特定されると解されており，これに従えば，本件では当該ワープロ200台につき特定が生じていなかったということになります。

　　しかし，解釈上，**当事者の合意による特定**は一般的に肯定されています（中田・債権総論38頁）。ですから，本問でも，甲がワープロ200台を指定し，乙がこれに従って当該200台をトラ

ックに積み込んでいる以上，消失時点において，当事者の合意による特定が生じていたといえるでしょう。

それゆえ，乙の当該200台についての引渡債務は履行不能になっており，甲の当該200台についての引渡請求は認められません。甲としては，別の手段を模索する必要があります。

なお，ここでは，特定した種類物が消失すれば引渡債務が履行不能になることを前提として説明していますが，実はこの点も争いがあるところです。有力な見解は，567条1項を，危険の移転時期を引渡し時と定める規定（特定しても，引渡しがなければ危険は移転しない）と解し，特定した種類物が消失しても危険がまだ移転していない以上，債務者は依然として給付義務を負うと解します。この問題は，567条1項が特定と危険の移転時期を切り離す趣旨のものと理解できるか否かの問題といえます。かなり高度な議論ですので，まずは答案例のように，履行不能になる前提で書き進めてもよいでしょう。

(2) 債権者の変更権

指定した200台は消失していますが，倉庫の中にはまだ同じワープロが300台もあり，しかも，買い手はついていません。こういった状況ですから，甲は別の200台を引き渡すよう請求すると考えられます。もっとも，契約の目的物はあくまで特定されていた200台だったのですから，当然にはこのような請求は認められません。ここで，事後的に契約の目的物を変更する権利，すなわち変更権が甲につき認められるかが問題となってきます。

債権者の変更権行使は，物の給付をするのに必要な行為を完了した債務者に再び同様の行為をする負担を課す点に問題が多く，原則として認められないと考えるべきでしょう。しかし，いっさいこれを否定するのでは，柔軟かつ妥当な問題解決の途が1つ閉ざされることになってしまいます。それゆえ，答案例は債務者に過大な不利益とならない場合には例外的に肯定されるという構成をとっています。マイナーな論点ですから，自分なりの規範を立て，筋のとおった論述を展開できれば十分です。

③ まとめ

答案作成上の注意点では，特にそれぞれの法的手段間の流れを重視しながら解説しています（物がほしい→それがだめならお金，解除など）。本問のように複数の請求や複数の法的手段が考えられる場合には，当事者が何を望むのかを念頭において検討すると，解答の方向性がみえてくることが多いです。本問を参考に練習してみましょう。

【参考文献】
試験対策講座・債権総論1章2節③【2】(1)・【3】(2)(a)，2章3節②【2】(3)(a)。

第23問 A　債務不履行

　A社は，B社に対し，実験用マウス30匹を売り渡した。ところが，このなかに，人およびマウスに有害なウィルスに感染したものが混じっていた。その後，Bの従業員Cがこのウィルスに感染して発病し，長期の入院治療を余儀なくされた。Bは，このウィルスに感染した他のマウス200匹を殺すとともに，Bの実験動物飼育施設に以後の感染を防止するための処置を施した。

　Aに，感染したマウスの引渡しについて帰責事由があったとして，以下の法律関係を論ぜよ。

1　AB間の法律関係について
2　AC間の法律関係について

【解答へのヒント】

1　まず，A社とB社との間には売買契約（555条）が成立しており，その目的物が契約内容に適合しないことがわかります。そこで，目的物が契約内容に不適合である場合に，買主Bはいかなる請求ができるか検討しましょう。条文上，考えられる手段は1つとはかぎりません。各手段を検討していく際には，発生した損害をすべて請求することを忘れないようにしましょう。

2　一方で，A社と従業員Cとの間には契約関係がありません。そこで，不法行為責任の追及（709条）のみが可能であると結論づけることができます。もっとも，CがB社の従業員であって，無関係の第三者ではなさそうな点を捉えて，A社がCに対してなんらかの義務を負担していると考えることができないでしょうか。そして，このような義務違反を理由として，不法行為に基づく請求よりもCに有利な請求を立てることができないか検討してみましょう。

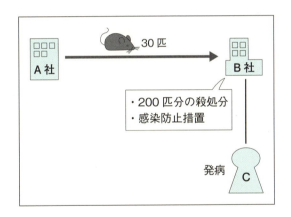

答案例

第1　小問1について

1　まず，Bは，Aに対して，売買契約に基づく追完請求
　（民562条1項）として，実験用マウス30匹の引渡請求を
　することが考えられる。

　⑴　この請求が認められるためには，①「引き渡された目
　　的物が……契約の内容に適合しない」こと（562条1　　5
　　項）および②その契約不適合が買主の責めに帰すべき事
　　由によるものでないこと（同2項）が必要である。

　⑵　本問では，実験に用いるためにマウス30匹の売買契約
　　が結ばれている。実験に用いるためには，有毒なウィル　　10
　　スに感染していないマウスでなければならないから，マ
　　ウスが健康であることが「契約の内容」（562条1項）と
　　なる。したがって，本件マウスは契約の内容に適合しな
　　いといえる（要件①）。また，マウスが感染していたこ
　　とにつき買主Bに帰責性はない（要件②）。　　　　　　15

　⑶　よって，上記請求が認められる。

2　次に，Bは，Aに対して，債務不履行に基づく損害賠償
　請求（415条1項）をすることが考えられる。

　⑴　この請求が認められるためには⑦債務不履行，⑧損害
　　の発生，⑨因果関係，㋺免責事由の不存在が必要である。　20

　⑵　本問では，健康なマウス30匹の引渡債務の不履行があ
　　り（要件⑦），そして，特段の事情なきかぎり，本問売
　　買契約においてAはマウスが感染していないかどうか確
　　認する義務があったといえる。しかし，Aはこれを怠っ
　　たのであるから，免責事由もない（要件㋺）。また，感　　25
　　染したマウスや感染防止措置の分の「損害」が発生して
　　おり，問題なく，因果関係も認められる（要件⑨，㋺）。

　　　では，200匹のマウスの殺処分と感染防止措置に要し　　　　➡問題提起
　　た費用を損害として請求できるか。損害賠償の範囲が問
　　題となる。　　　　　　　　　　　　　　　　　　　　　30　　論損害賠償の範囲（416条）

　　ア　そもそも，損害の公平な分担という416条の趣旨か
　　　ら，同条1項は，相当因果関係の原則を規定し，同条　　　　➡規範
　　　2項は，その基礎とすべき特別の事情の範囲を示した
　　　ものと解する。

　　イ　本問についてこれをみると，マウス200匹の殺処分　　35　　➡あてはめ
　　　や感染防止措置に要した費用は，通常生じる損害とは
　　　いえず416条1項によって損害とすることはできない。

　　　　もっとも，本件契約の内容は実験用マウス30匹の売
　　　買であるから，継続的にマウスの生態を観察していく
　　　ことが予定される。それゆえ，すでにB社において実　　40
　　　験中のマウスが飼育されているという事情は，A社に
　　　とって当然予見すべき事情であったといえる。このよ
　　　うな事情を基礎とすれば，病気に感染したマウスがB
　　　の実験動物飼育施設に入り込み，他のマウス200匹が

感染し処分することになることおよび感染防止措置を 45
講ずることになることは明らかである。したがって，
両費用は損害賠償の範囲に含まれる。
　　ウ　よって，Bは，Aに対して，上記損害賠償請求がで
きる。
　3　さらに，Bは，Aに対して不法行為に基づく損害賠償請 50
求（709条）をすることが考えられる。
　（1）　この請求が認められるためには，ⅰ権利侵害，ⅱ損害
の発生，ⅲ因果関係，ⅳ故意または過失が必要である。
　（2）　本問では，これらの要件をみたすから，上記請求が認
められる。そして，不法行為に基づく損害賠償請求と債 55
務不履行に基づく損害賠償請求とは請求権競合の関係に
立つ。
　4　また，Bは、541条、542条の要件をみたすことを主張し
て契約を解除する（564条）ことで代金債務を免れること
ができる。 60
第2　小問2について
　1　まず，Cは，Aに対して不法行為に基づく損害賠償請求
をすることが考えられ，前述した要件に照らせば，このよ
うな請求は認められる。
　2　では，Cは，Aに対して債務不履行に基づく損害賠償請 65
求をなしえないか。
　（1）　ここで，CとAとの間には契約関係が存在しない。そ
こで，債務不履行に基づく損害賠償請求は認められない ■→問題提起
とも思える。もっとも，契約当事者間に信義則上の保護 論 信義則上の保護義務
義務を認めることができないか。 70
　　ア　契約当事者は信義則の支配する密接な関係に立つ。 ■→規範
そこで，契約当事者は相手方に不当にその利益を害さ
ないようにする信義則上の義務を負うと考えるべきで
ある。
　　イ　本問では，CはBの従業員であり無関係な他者では 75 ■→あてはめ
ない。とすれば，AはBとの契約当事者として，Bの
従業員Cに対して不当に損害を加えないようにする信
義則上の保護義務を負担する。
　　ウ　したがって，Aに，Cに対する信義則上の保護義務 ■→結論
を認めることができる。 80
　（2）　これを前提とすれば債務不履行に基づく損害賠償請求
の要件をみたすから、Cは，Aに対して，債務不履行に
基づく損害賠償請求ができる。
以上
85

本問の題材は，旧司法試験の1993（平成5）年度第2問を改題したものである。

本問は売買契約において，契約内容に適合しない目的物が給付された事案につき，当事者を取り巻く法律関係を包括的に検討することができるかを問うものである。その際には，事案の中から，生じた損害を的確に抽出し，これを法的請求にのせて当事者の満足を図ることができたか確認してほしい。

さらに小問2では，直接の契約関係にない場合にもなんらかの義務を負うと考えることができないか，その問題意識をもとに適切に請求を定立できるかを問うものである。

論点

1　損害賠償の範囲（416条）
2　信義則上の保護義務

答案作成上の注意点

1　小問1について

1　前提

　民法は，売買契約の目的物が，契約内容に不適合である場合の売主の責任について，**追完請求権（562条）**や**代金減額請求権（563条）**を「第3節　売買」のなかで規定し，**損害賠償請求**および解除は契約の一般規定（**415条および541条，542条**）に基づくことを規定しています（564条）。したがって，契約内容に不適合な目的物が給付された場合には，これら権利行使を包括的に想起できることが必要となります。そして，「第3節　売買」の規定は売買以外の有償契約について準用されますから（559条），ここにあげた条文は典型契約において重要な位置を占めることとなります。ですので，必ず逐一条文を参照しその構造を理解できるように努めましょう。

$$
契約不適合 \begin{cases} ・追完請求（562条）\\ ・代金減額請求（563条）\\ ・損害賠償請求（564条，415条）\\ ・解除（564条，541条，542条） \end{cases}
$$

2　追完請求権

　目的物の契約不適合の場合には，買主は，「目的物の修補，代替物の引渡し又は不足分の引渡し」による履行の追完を請求することができます（562条1項）。そして，その要件検討に際しては「契約の内容に適合しない」ことが必要ですので，**「契約の内容」がいかなるものであったかを当事者の視点に立って説得的に説明**できるようにしましょう。また，契約不適合が買主Bの帰責事由によるものである場合には，BはAに追完請求できません（同2項）ので，Bに帰責事由がないことも忘れずに検討しましょう。

3　債務不履行に基づく損害賠償請求

　もっとも，Aは感染したマウスを持ってきた張本人ですので，Aが販売している他のマウスが健全でないことも考えられます。その場合には履行不能となり追完請求はできません（412条の2第1項）。また，Bとしても感染したマウスを提供するAからマウス30匹を改めて受け取るくらいならば，被った損害額をAから受け取り，マウスについては他の売り手を探したいと考えるかもしれません。そこで，Bは**債務不履行に基づく損害賠償請求**をすることが考えられます。

その際には，Bが被った損害をすべて抽出することが重要です。本問では，複数の損害が提示されており，Bとしては損害をすべて請求したいところですが，Aとしてはその損害は自分とは関係ないだろうと主張したいでしょう。そこで，損害賠償の範囲が問題となります。ここでは416条1項および2項を解釈し，本件の事情をもとに損害の範囲を答案に示していくこととなります。あてはめの質で論点の理解が試されますので，答案例を参考にあてはめ方を学びましょう。損害の範囲は常に相当因果関係の範囲の損害であって，当事者が予見すべきであったことにより拡張されるのは基礎事情のみであるということに注意しましょう。すなわち，予見すべきであった事情を基礎として，最後は相当因果関係の範囲内の損害といえるかを論じることとなります。

損害賠償の範囲──相当因果関係論

		相当因果関係の範囲内	相当因果関係の範囲外
基礎事情	通常事情に基づく損害	○	×
	予見可能な特別事情に基づく損害	○	×
	予見不可能な特別事情に基づく損害	×	×

4　不法行為に基づく損害賠償請求

また，考えられる請求は包括的に検討される必要がありますので，不法行為請求も簡潔に検討しておくようにしましょう。そして，不法行為に基づく損害賠償請求と債務不履行に基づく損害賠償請求とは請求権競合の関係に立つと考えられています。請求権競合とは債権者はどちらの請求権を選択して行使してもよいことをいいます。

5　解除権の行使

さらに、Bとしては、感染したマウスを持ってくるような相手とは契約関係を継続したくないと考えるかもしれません。そして、564条は541条（催告解除）、542条（無催告解除）の規定に従って解除が可能であると規定していますから、このような要件を充足する場合には、Bは解除権を行使することが考えられます。ここでは、564条を指摘することを忘れないように注意しましょう。なお、解除権行使にあたりAの帰責事由の存否は問題となりません。

2　小問2について

1　不法行為に基づく損害賠償請求

次に，Cは自分に感染して治療および入院することにより要した費用をAのせいだとして請求したいと考えるでしょう。もっとも，CとAの間には何らの債権債務関係が存在しません。そこで，法律の規定が発生原因となる債権である法定債権による請求ができないか検討することとなります。ここでは事務管理（697条）や不当利得（703条）は関係しなさそうですから，不法行為を定める709条に基づいて損害賠償請求することを検討します。条文の定める要件を検討すれば本問はこれが認められそうです。

2　債務不履行に基づく損害賠償請求

もっとも，不法行為責任の追及は過失の立証責任が債権者側，すなわち本問ではCにあるのに対して，債務不履行責任の請求においては，免責事由の立証責任は債務者側，すなわち本問では

Aにあります。このように，**不法行為責任の追及だけでなく，債務不履行責任の請求ができれば，より被害者救済に資する**こととなります。そこで，Cとしては債務不履行責任の追及をしたいと考えます。

しかし，上記のとおりCとAとの間には直接の契約関係は存在しないため，債務不履行責任を認めるにはAになんらかの義務があるといえなければなりません。ここで，契約当事者は相手方に不当な損害を生じさせない**信義則上の保護義務**を負担すると考えられています。これは契約関係に入った二当事者は互いに密接な関係にあり，それゆえの信義則上の義務が生じているという点に基づきます。かみ砕いていえば，道端ですれ違う他人と，契約関係にある相手とではその関係性に大きな違いがあるということです。

本問では，CはAが契約したBの従業員という立場にあります。この点を捉えて，AにBの従業員Cの身体を不当に害さない保護義務を認めることで債務不履行責任を可能とすることができます。少し難しいですが，AとCがまったくの無関係な者同士というわけではないという点に気づけるとよいでしょう。

債務不履行責任と不法行為責任との比較

	債務不履行	不法行為
過失の立証責任	債務者	債権者（被害者）
付遅滞の時期	履行の請求を受けた時（412 III）	不法行為成立時
消滅時効	権利行使できることを知った時から5年，権利行使できる時から10年（人の生命または身体の侵害による場合20年）（166 I①，②，167）	損害および加害者を知った時から3年（人の生命または身体を害する不法行為は5年），不法行為の時から20年（724，724の2）
過失相殺	418 ・責任の否定も可能 ・必要的考慮	722 II ・減額にかぎる ・裁量的考慮
相殺禁止	人の生命または身体を侵害した場合：債務者からの相殺は禁止（509②）	悪意による不法行為の場合：加害者からの相殺は禁止（509①） 人の生命または身体を侵害した場合：債務者からの相殺は禁止（509②）
損害賠償の範囲	416	416類推（判例）
失火責任法*	適用なし	適用あり

*　なお，失火責任法は不法行為法の特則であるので，債務不履行責任には適用されず，軽過失による失火によって損害を発生させた場合でも，それによって債務不履行が生じれば債務者は損害賠償責任を負う（判例）。

③　まとめ

本問は，複数の請求が立つ問題です。第22問でも示したように，複数の法的手段が検討できる問題の場合は特に当事者の立場に立って，だれに対して何を求めたいか検討を進めることが肝要です。当事者の思いを条文の根拠にのせてうまく法律的に構成していけるように練習を重ねましょう。

【参考文献】
試験対策講座・債権各論2章2節③【1】(4)。

第24問 A　債権者代位権

　Aは，甲からある土地（以下「本件土地」という）を賃借し，その引渡しを受けて本件土地上に建物を建築するための工事に着手した。ところが，Bは，Aよりも先に甲から本件土地を賃借し，また，Cも，乙から本件土地を賃借しており，それぞれ，自分が賃借人であると主張して，Aの建築工事を妨害しようとしている。ただし，A，BおよびCは，いずれも，賃借権設定の登記を受けていない。

　この場合において，Aは，BおよびCに対し，本件土地を使用するため自己の権利を主張することができるか否かにつき，本件土地の所有者が甲である場合と乙である場合に分けて論ぜよ。なお，Bは，甲と適法に本件土地の賃貸借契約を締結し，Cは乙と適法に本件土地の賃貸借契約を締結したとする。

【解答へのヒント】

1　Aとしては，建築を妨害されると困るため，BおよびCに対してその妨害を予防する請求をしたいところです。AとBおよびCとの間には特に契約関係はありませんから，まずは物権的請求を考えることになります。本件土地の所有者がだれであるかにかかわらず，Aが主張できる物権的請求は何かないでしょうか。

2　Aは本件土地の所有権は有していませんが，賃借権は有していそうです。賃借権は債権ではありますが，その性質は物権によく似ています。このような賃借権の性質から，賃借権自体に基づいて，BおよびCに対して何か請求できないでしょうか。

3　本件土地の所有権を甲が有している場合には，甲はCに対しては何か請求できるようにも思えます。甲は賃貸人ですが，Aは賃借人として甲の有する権利を行使する方法は何かないでしょうか。

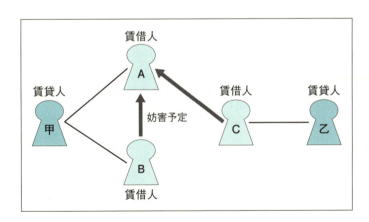

第1　本件土地の所有者が甲である場合

1　Aは，BおよびCに対し，占有保全の訴え（199条）を提
起し，建築工事の妨害の予防を請求することが考えられる。
　　Aは，本件土地を甲から賃借してその引渡しを受けてい
るから，「他人のために占有をする者」（197条後段）であ　　5
る。また，BおよびCは，みずから本件土地の賃借人であ
ると主張してAの工事を妨害しようとしているから，「占
有を妨害されるおそれがある」（201条2項）といえる。
　　したがって，Aのこの請求は認められる。

2　次に，Aは，BおよびCに対し，賃借権に基づく妨害予　　10
防請求権を行使し，建築工事の妨害の予防を請求すること
が考えられる。もっとも，対抗要件を備えた不動産賃借権
に基づき，妨害排除請求権および返還請求権を行使するこ
とはできる（605条の4）。では，妨害予防請求権を行使す
ることができるか。　　　　　　　　　　　　　　　　　　15

(1)　この点について，同条は文言上，妨害予防請求ができ
るとまでは規定していない。また，同条は本来排他性を
有しない権利に基づく妨害排除，返還請求権を認めた例
外的規定である。したがって，侵害がいまだ現実化して
いない妨害予防請求については認められないと考えるべ　　20
きである。

(2)　したがって，Aのこの請求は認められない。

3　次に，Aは，甲がBおよびCに対して有する甲土地の所
有権に基づく妨害予防請求権を代位行使（423条1項）す
ることが考えられる。　　　　　　　　　　　　　　　　　25

4　Aは，甲から本件土地を賃借しているから，甲に対し，
本件土地を使用収益する権利等の不動産賃借権を有してい
る（601条）。もっとも，この債権は金銭債権ではなく，特
定債権であるところ，このような債権も被保全債権となる
か。　　　　　　　　　　　　　　　　　　　　　　　　　30

(1)　たしかに，債権者代位権は，強制執行の準備のための
制度であり，本来債務者の責任財産を確保して間接的に
金銭債権を保全するものである。
　　もっとも，上記のようにその賃借権に基づき妨害予防
請求をすることはできない。また，占有保全の訴えにお　　35
いては，「工事により占有物に侵害を生ずるおそれ」が
あるときは，工事に着手してから1年以内にこれを提起
しなければならない（201条2項・201条1項ただし書）
という期間制限があるから，このような妨害予防請求権
の代位行使を認める必要性は高い。　　　　　　　　　　40
　　また，条文上423条1項本文は「債権」と規定し，金
銭債権に制限していないし，「保全」も債権者の責任財
産を確保して債権を保全することにかぎっていない。
　　そうだとすれば，特定債権を保全するため，債権者代

➡問題提起
論不動産賃借権に基づく妨害
　予防請求権

➡規範

➡結論

➡問題提起
論債権者代位権の転用

➡規範

位権を行使することも認められると考えるべきである。45
なお，この場合債務者の責任財産保全とは無関係である
から，無資力要件は不要であると考える。

(2)　したがって，本問でAは，Cに対しては，上記の不動　　　　　➡結論
　　産賃借権を被保全債権として，甲の有するCに対する妨
　　害予防請求権を代位行使して，建築工事の妨害の予防を50
　　請求することができる。
　　　一方，Bに対しては，Bも甲から本件土地を借り受け
　　ている以上，Bも本件土地を占有する正当な権原を有し
　　ている。そうだとすれば，甲はBに対して妨害予防請求
　　権を有していないから，Aはこれを代位行使することは55
　　できない。
第2　本件土地の所有者が乙である場合
1　Aは，BおよびCに対し，占有保全の訴え（199条）を提
　起し，建築工事の妨害の予防を請求することが考えられる。
　設問前段と同様，これは認められる。60
2　また，Aは，BおよびCに対し，賃借権に基づく妨害予　　　　　論 不動産賃借権に基づく妨害
　防請求権を行使し，建築工事の妨害の予防を請求すること　　　　　　 予防請求権
　が考えられるも，設問前段と同様，これは認められない。
3　次に，Aは，乙がBおよびCに対して有する甲土地の所　　　　　論 債権者代位権の転用
　有権に基づく妨害予防請求権を代位行使（423条1項）す65
　ることが考えられる。
　　しかし，Aは，本件土地を甲から借り受けており，乙に
　対しては何ら債権を有しないから，被保全債権が存在しな
　い。
　　したがって，Aのこの請求は認められない。70
4　また，Aは，甲がBおよびCに対する妨害予防請求権を
　代位行使（423条1項）することが考えられる。
　　しかし，甲は本件土地の所有者ではなく，BおよびCに
　対して妨害予防請求権を有しないから，被代位債権が存在
　しない。75
　　したがって，Aのこの請求は認められない。
第3　結論
　　以上から，Aは本件土地を使用するため，上記のような方
　法で自己の権利を主張することができる。
　　　　　　　　　　　　　　　　　　　　　　　　以上 80

85

本問の題材は，旧司法試験の1982（昭和57）年度第1問を改題したものである。

土地の賃借人が，その占有を妨害されるおそれのある場合にとることができる手段について，賃貸人が土地の所有者である場合と，賃貸人が土地の所有者でない場合に分けて，その手段を具体的に検討することを求めるものである。

論点

1　不動産賃借権に基づく妨害予防請求権
2　債権者代位権の転用

答案作成上の注意点

1　はじめに

本問では，土地の賃借人であるAが第三者から妨害を受けそうなケースです。このような場合において，土地の賃借人はどうやってこの妨害を排除，予防すればよいのでしょうか。

2　物権的請求

1　まず，土地の賃借人でなく，土地の所有者であった場合を考えてみましょう。所有権はその所有物を排他的に使用，収益および処分をすることのできる物権であり（206条），だれに対しても主張することができます。したがって，①第三者が土地を不法占拠している場合のような，占有の方法で所有権を侵害している場合には所有権に基づく返還請求権を行使して土地の返還を請求することができますし，②他人がその土地の隣地に建築した塀が崩れ，その土地に塀の残骸が散らばっている場合のような，占有以外の方法で所有権を侵害している場合には，所有権に基づく妨害排除請求権を行使し，残骸の撤去を求めることができます。そして，③塀はまだ崩れていないが，今にも崩れそうな場合のような，占有以外の方法で所有権を侵害するおそれがある場合には，所有権に基づく妨害予防請求権を行使し，その塀が崩れないように補修するなどの措置を求めることができます。

○所有者が第三者による所有権侵害（妨害）に対処する手段

> ①所有権に基づく返還請求
> ②所有権に基づく妨害排除請求
> ③所有権に基づく妨害予防請求

2　では，土地の賃借人の場合はどうでしょうか。賃借権はたしかに賃借物を使用，収益することができる権利ですが（601条），債権であるため賃貸人以外には主張できないのが原則です。例外的に第三者に主張できる場合もありますが（後述），ここでは賃借権以外の権利に基づいて何か請求できないか考えてみましょう。

3　賃借権は，使用収益させる権利ですから，土地の賃借人は基本的にその土地について引渡しを受けて占有をしているはずです。そうだとすれば，物を占有しているという事実自体から生じる占有権に基づく請求（198条から200条まで）を行うことが考えられます。

本問でもAは本件土地の引渡しを受けて占有していますから，BおよびCに対し占有保全の訴えを提起して，本件土地上の建物建築の妨害の予防を求めることができます。

4　しかし，占有保全の訴えには「工事により占有物に損害を生ずるおそれ」があるときは，工事に着手してから1年以内にこれを提起しなければならない（201条2項・201条1項ただし書）とい

う期間制限があります。本問では判然としませんが，もしこの期間制限を徒過していたときはどうすればよいのでしょうか。

③ 債権者代位権

1　所有権自体は時効で消滅することはなく（166条2項参照），所有権に基づく物権的請求権もまた時効で消滅することはないと考えられています。また，賃貸人が所有者であれば，賃貸人は第三者に対し所有権に基づく請求権（前述②(1)①から③まで）を有しているはずです。そこで，賃借人は，賃貸人が有するこの権利を代位行使することができないでしょうか。

2　賃借人は，賃貸人に対し，賃借物を使用収益させることを求める権利を有していますから，これを被保全債権とすることが考えられます。しかし，この債権は金銭債権ではなく，債権者代位権の趣旨である責任財産の保全と関係がありません。したがって，423条をただちに適用することはできません。

　　しかし，占有保全の訴えには期間制限があり，時効消滅することのない所有権に基づく物権的請求権の代位行使を認める必要性はあります。そして，条文上は「自己の債権」としか規定されておらず，金銭債権に限られているわけではなく，許容性も認められます。そうだとすれば，このような代位行使を認めてもよいのではないでしょうか。これが，債権者代位権の転用といわれるものです。そして，本来債権者代位権の行使には，保全の必要性，すなわち債務者の無資力が必要となりますが，このような転用類型においては，責任財産の保全と関係がないため，無資力要件は不要と考えられています。判例（大判昭和4年12月16日民集8巻944頁）も，賃借人による土地所有者たる賃貸人の，所有権に基づく返還請求権を代位行使することを認めています。

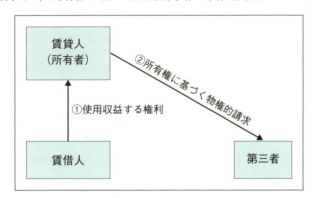

3　この方法は前述のように期間制限がないのが利点ですが，所有者の物権的請求権を代位行使する以上，そもそも賃貸人が所有者でない場合や，所有者がその第三者に対し物権的返還請求権を有していない場合は用いることができません（答案例第1の4，第2の3参照）。上記の図でいえば，②の請求が認められない場合はこの手段は用いることができないということになります。

④ 賃借権に基づく請求

1　賃借権は債権ですから，原則として第三者に主張することができません。しかし，不動産の賃借権については，継続的に不動産を使用収益する点において，物権である地上権と類似しており，また賃貸人と比べて弱い立場にある賃借人を保護する必要があることから，物権化しています。したがって，対抗要件を具備すれば第三者に賃借権を主張することができます（605条）。

2　このような物権化の帰結として，対抗要件を備えた賃借権を有する賃借人は，その賃借権に基づき，第三者に対し妨害排除請求（605条の4第1号）や返還請求（2号）をすることができます。

3　しかし，妨害予防請求については明文上外されており，本来排他性を有しない賃借権についてこのような請求を認めることは例外的であることを考えれば，賃借権に基づく妨害予防請求はできないと考えるべきでしょう。

○土地賃借人が第三者の妨害に対して採ることのできる手段

1　占有の訴え（198条から200条まで）
　　※期間制限がある（201条）。また，引渡しを受けていない場合は認められない。
2　賃借権に基づく請求（605条の4）
　　※対抗要件を備えている必要がある。妨害予防請求はできない。
3　賃貸人の有する所有権に基づく物権的請求権の代位行使（423条）
　　※賃貸人が所有者でない場合，二重賃貸人に対する場合は認められない。

5　まとめ

　このように，土地賃借人が第三者の妨害に対して採れる手段は複数あり，しかもそのどれもが一長一短です。答案作成上の注意点としては，これらの複数の手段を漏れなく比較検討することが重要となります。特に，債権者代位権の転用は，例外的な手段であることから，事案に応じて必要性，許容性の判断を慎重に行う必要があります。この転用類型については改正で一部明文化されましたが（423条の7），本問のようにいまだ明文化されていない類型も多くあり，今後も出題されることが予想されます。

【参考文献】
試験対策講座・物権法3章3節②。試験対策講座・債権総論5章2節⑥【3】(2)。試験対策講座・債権各論2章6節⑤【2】(4)。

第25問 A 詐害行為取消権

　買主Xは，売主Aとの間で，Aが所有する唯一の財産である甲土地の売買契約を締結した。ところが，XがAから所有権移転登記を受ける前に，Aは，Bに対して，甲土地について贈与を原因とする所有権移転登記をした。

1　上記の事案において，(1)AB間の登記に合致する贈与があった場合と，(2)AB間に所有権移転の事実はなくAB間の登記が虚偽の登記であった場合のそれぞれについて，Xが，Bに対して，どのような権利に基づいてどのような請求をすることができるかを論ぜよ。なお，BはXA間の売買契約が締結されていたこと，甲土地はAが所有する唯一の財産であることを知っていたとする。

2　上記の事案において，Bは，甲土地について所有権移転登記を取得した後，Cに対して，甲土地を贈与し，その旨の所有権移転登記をした。この事案において，(1)AB間の登記に合致する贈与があった場合と，(2)AB間に所有権移転の事実はなくAB間の登記が虚偽の登記であった場合のそれぞれについて，Xが，Cに対して，どのような権利に基づいてどのような請求をすることができるかを論ぜよ。なお，CはXA間の売買契約が締結されていたこと，甲土地はAが所有する唯一の財産であることを知っており，高値でXに甲土地を売りつける意図を有していたが，Bはこれらを知らなかったとする。

【解答へのヒント】

1　BはXと契約関係にありませんから，まず物権的な請求を考えてみましょう。もっとも，物権的請求ができない場合，契約関係のないBに対してXができる請求は何かないでしょうか。XはAに対し，なんらかの債権を有しているとも思えます。

2　設問1と同様に，物権的請求から考えてみましょう。特に2においては，Bの不実の登記を信頼したCの保護も問題となりそうです。また，同様にXはCに対して物権的請求以外に何か請求できないでしょうか。

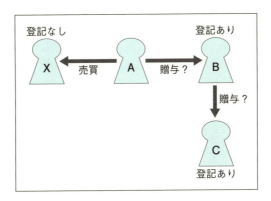

答案例

第1　小問1⑴について

1　Xは，原所有者Aとの売買契約（555条）により甲土地の所有権を承継取得した（176条）として，甲土地登記保有者Bに対し，所有権（206条）に基づく自己への所有権移転登記手続請求をすることが考えられる。　　5

これに対し，Bは，自己も甲土地を譲り受けており（549条），177条の「第三者」にあたる以上，登記を備えていないXは所有権を自己に対抗できないと反論すると考えられる。では，Bは，「第三者」にあたるか。

➡️問題提起

論177条の「第三者」の意義，悪意者が177条の「第三者」にあたるか

2　「第三者」とは，登記の欠缺を主張する正当の利益を有する者をいい，自由競争原理から，二重譲渡の一方譲受人が他方の譲渡の事実について悪意であっても，「第三者」にあたるのが原則である。　　10

➡️規範①

しかし，登記の欠缺を主張することが信義則（1条2項）に反するような背信的悪意者については，正当な利益を欠き，「第三者」にはあたらないと解する。　　15

➡️規範②

本問では，BはXA間の売買契約につき悪意であるにすぎず，登記の欠缺を主張するにつき正当な利益を欠くとまではいえないから，なお「第三者」にあたる。

➡️あてはめ

3　そうだとしても，Aが唯一の財産たる甲土地を贈与する行為は，詐害行為にあたり，また，詐害の事実につきAは悪意といえる。そこで，Xは，Bに対し，移転登記請求権を被保全債権とする詐害行為取消権（424条1項本文）に基づき，上記贈与を取り消すことが考えられる。　　20

⑴　まず，特定債権たるXの移転登記請求権は被保全債権となるか。　　25

➡️問題提起

論特定債権を被保全債権とする詐害行為取消請求の可否

ア　詐害行為取消権は，債務者の一般財産による価値的満足を受けるため，責任財産の保全をすることを目的とするものである。

そこで，特定債権者は，詐害行為取消権行使時までに，特定債権が損害賠償請求権にならなければ，詐害行為取消権を行使できないと解する。　　30

➡️規範

イ　本問では，Bが所有権移転登記を得たことで，Aの所有権移転登記債務は履行不能（412条の2第1項）となり，これによりXはAに対し履行に代わる損害賠償を請求できる（415条2項1号）ことから，Xの移転登記請求権は被保全債権となる。　　35

➡️あてはめ

⑵　また，受益者Bは詐害の事実につき悪意である（424条1項ただし書）。したがって，Xはこれを行使できる。

⑶　次に，Xが自己への移転登記まで請求できるか問題となるも，詐害行為取消権の目的は責任財産の保全にある以上，かかる請求はできないと解する。　　40

➡️問題提起

論債権者による自己への登記請求の可否

⑷　よって，Xは，詐害行為取消権に基づき上記贈与を取り消し，所有権移転登記の抹消を請求できる（424条の

　　　　　6 第1項前段）。　　　　　　　　　　　　　　45
　第2　小問1(2)について
　　　AB間に所有権移転の事実はないことから，Bは無権利者
　　であり，「第三者」にあたらないため，所有者たるXは，Bに
　　対し所有権移転登記手続請求をすることができる。
　第3　小問2(1)について　　　　　　　　　　　　　　　50
　1　Xは，Cに対して，所有権に基づき自己への所有権移転
　　登記請求をすることが考えられる。
　(1)　まず，Bは善意者であるから，登記を具備しないXは，
　　　Bから所有権を承継取得し，「第三者」にあたるCに対し
　　　て所有権を対抗できないとも思える。もっとも，Cは　55
　　　XA間の売買契約および甲土地を高値で売りつける意図
　　　を有していたから，背信的悪意者にあたり，Xは所有権
　　　をCに対抗できるのではないか。善意者が介在した場合
　　　が問題となる。

■問題提起
論善意者からの背信的悪意者
　と177条の「第三者」
■規範

　　ア　この点，法律関係の早期安定を図るため，中間取得　60
　　　者のもとで権利関係が確定し，その承継人は絶対的に
　　　所有権を取得すると解すべきである。

■結論

　　イ　したがって，本問では善意のBが登記を備えた時点
　　　で甲土地の所有権はBに確定的に帰属し，これを承継
　　　したCに対しては所有権を対抗できない。　　　　　65
　(2)　よって，Xは原則，上記請求をすることができない。
　2　次に，Xが，Cに対し詐害行為取消権に基づくAB間の贈
　　与契約の取消し，およびCに対してAへの移転登記手続を
　　請求することができるか問題となるも，本件ではBが善意
　　でありBに対し詐害行為取消請求をすることはできないか　70
　　ら，Cに対し詐害行為取消請求をすることはできない（424
　　条の5柱書，424条の6第2項）。
　第4　小問2(2)について
　1　Xは，無権利者からの譲受人たる無権利者Cに対し，所
　　有権に基づく移転登記手続請求をなしうるのが原則である。75
　　しかし，Cが虚偽の登記を信頼して甲土地を譲り受けた場
　　合にも，かかる結論を貫けば取引の安全を害する。

■不都合性への配慮

　2　そこで，94条2項の趣旨が虚偽の外観を信頼した者の取
　　引安全を図ることにあることにかんがみ，①虚偽の外観の
　　存在，②本人の帰責性，③外観への信頼があれば，同項を　80
　　類推適用できると解する。

論94条2項の類推適用
■規範

　　　本問では，虚偽の登記があり，①②③をみたしうる。
　　　しかし，Cは背信的悪意者にあたる。

■あてはめ

　3　よって，Xの上記請求は認められる。

■結論

　　　　　　　　　　　　　　　　　　　以上　85

出題趣旨

　本問の題材は，旧司法試験の2007（平成19）年度第1問である。

　本問は，不動産に関する特定物債権の債権者について，二重譲渡関係が生じた場合とそうでない場合のそれぞれに関して，登記なくして物権変動を対抗できる第三者の範囲ならびに債権者代位権および債権者取消権の行使の可否の論述を通じてこれらの法理の理解を問い，さらに，転得者が生じた場合の法律構成の能力や権利外観法理に関する理解を問うものである。

論点

1　177条の「第三者」の意義
2　悪意者が177条の「第三者」にあたるか
3　特定債権を被保全債権とする詐害行為取消請求の可否
4　債権者による自己への登記請求の可否
5　善意者からの背信的悪意者と177条の「第三者」
6　94条2項の類推適用

答案作成上の注意点

1　設問1小問(1)前半の主張整理

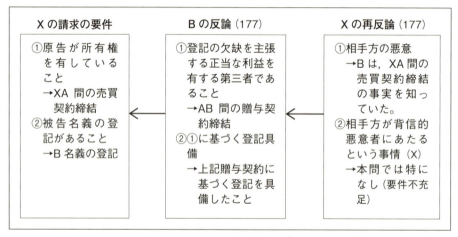

　上記のBの反論の内容としては，AB間の売買契約が成立し，これに基づいて登記を具備したため，Bは「第三者」にあたり，確定的に甲土地の所有権を取得した。その結果，Xは反射的に甲土地の所有権を失ったとの反論になります。これに対するXの再反論の内容は，Bは背信的悪意者であるから，そもそも「第三者」にあたらないとの再反論になります（第11問参照）。

2　設問1小問(1)後半の主張整理

　これは，単純に詐害行為取消権（424条）の要件を検討することになります。要件としては，

> ①被保全債権が発生したこと
> ②債権者が財産権を目的とする行為をしたこと
> ③②の行為によって完全な弁済をする資力がなくなったこと
> ④②の行為が債権者を害する行為であること
> ⑤債務者が債権者を害する行為であることを認識していたこと

これらの要件をみたす必要があります。答案では紙幅の関係上すべての要件は検討していませんが，余裕があれば触れておいたほうがいいでしょう。なお，本問では特に①の被保全債権が発生したかどうかが問題となっています（論点②①）。

③ 設問2小問(1)前半の主張整理

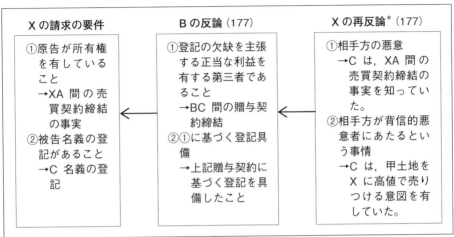

*　相対的構成（転得者ごとに背信的悪意者か否かを判断する考え方）に立つ場合にのみ再反論となります。本答案は，法律関係の早期安定を図るべくいったん第三者が出現すればそこで権利が確定する考え方である絶対的構成をとっていますので，この事情は再反論とはなりません。

④ 設問2小問(1)後半の主張整理

　設問1小問(1)後半と同様に詐害行為取消権の要件を検討することになります。しかし，本件では「受益者」B「に対して詐害行為取消請求をすることができる場合」（424条の5柱書）でないため，Cに詐害行為取消請求をすることはできません。

⑤ 設問2小問(2)の主張整理

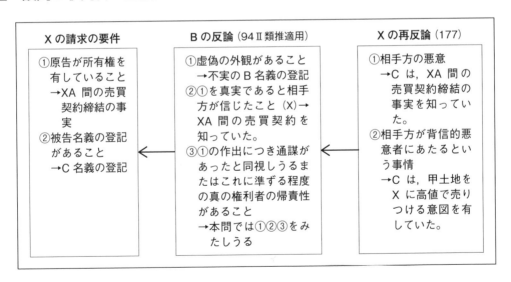

⑥ 自己への登記請求の可否について補足

　本問では，債権者Xが自己への登記請求をしていますが，一般に，詐害行為取消権の責任財産保全という趣旨から，これは認められないと考えられています。詐害行為取消制度は強制執行の準備

のための制度なので，他の債権者に対する抜け駆けとなってしまうことから「自分に登記を移転しろ」とまでは言えず，「債務者に登記を戻せ」としか言えないということになります。

　一方，債権者が金銭その他の動産の支払または引渡しを求める場合，債務者が費消するまたは受取り拒否をして責任財産保全が全うできないおそれがあることから，直接自己への支払または引渡しを求めることができる（424条の9，424条の6）ため，注意が必要です。

　また，債権者は受け取った金銭につき債務者に返還する義務を負いますが，この義務と債務者に対する金銭債権を相殺（505条1項）することで，債権者は事実上の優先弁済を受けることができます。このように，金銭の引渡しを求める場合には事実上抜け駆けが起きてしまうのですが，これは相殺の制度上の問題であり，致し方ないといえるでしょう。

【参考文献】
試験対策講座・スタートアップ民法・民法総則4章2節4【5】。試験対策講座・物権法2章4節5【2】。試験対策講座・債権総論5章3節。

第26問 B　保証

> 　被保佐人Aは，保佐人の同意を得ないで，Bから高級車を購入し，この引渡しを受けた。Cは，Aの代金債務について連帯保証人となった。以下の各問いに答えよ。
> 1　Aが代金債務を支払わないので，BはCに対し保証債務の履行を請求した。Cは，これを拒むことができるか。また，Cが保証契約の当時，Aが被保佐人であることを知っていた場合はどうか。
> 2　Aが代金債務を支払わないので，Bは本件売買契約を解除した。ところが，高級車が返還される前に，Aの不注意で滅失したので，BはCに対しその代価の賠償を請求した。Cは，これを拒むことができるか。

【解答へのヒント】

1　まずは，高級車の購入が補佐人の同意を必要とする行為であることについて13条を参照して確認することがスタートです。そうすると，取り消しうる行為ということになりますから，Cとしては取消権を行使することを考えます。では，保証人は取消権者として規定されていたでしょうか。また，規定されていなかったとしても，保証人Cが無抵抗に金銭を支払わなければならないとすることは妥当でしょうか。

　次に，小問1後段では，449条の適用を受ける場面であることがわかります。これを前提に，前段の結論を維持すべきか検討してみましょう。

2　まずは解除によって，Aに原状回復義務が発生していることを確認します。そのうえで，この原状回復義務の履行を保証人Cが行わなければならないか検討することとなります。原状回復義務の性質に着目しつつ，更に本来Aが負担していた債務との関係性や当事者の意思などまで十分に考慮して結論を示してみましょう。

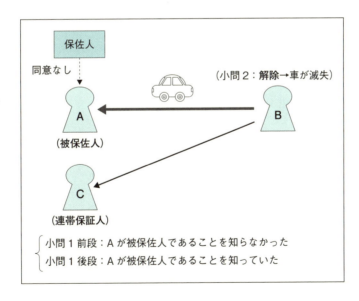

答案例

第1　小問1前段について
　1　被保佐人Aが高級車を購入する行為は,「重要な財産に関する権利の得喪を目的とする行為」(13条1項3号)である。
　　　そうすると,Aは,保佐人の同意を得ないでなした購入行為を取り消すことができる(13条4項)。　　　5
　　　そこで,Cは,購入行為を取り消し,付従性により保証債務を消滅させることにより,Bの請求を拒むことができないか,保証人に取消権が認められるかが問題となる。　➡問題提起
　　(1)　この点,保証人は,120条1項の取消権者のなかにあ　10　論保証人の取消権
　　　げられていないし,120条1項の「承継人」にもあたらない。
　　　　また,保証人に債権者と主債務者との関係に干渉する権限を与えることは妥当でない(私的自治の原則)。
　　　　そこで,保証人には取消権が認められないと解する。　15　➡規範
　　(2)　したがって,Cは,上記購入行為を取り消すことによって,Bの請求を拒むことはできない。　➡結論
　2　しかしながら,457条3項は,主たる債務者が債権者に対して取消権を有する場合において,保証人に履行拒絶権を認めている。　20
　　　これを本問についてみると,主債務者Aは「制限行為能力者」(120条1項)として取消権を有する。そして,CはAの連帯保証人であるから保証人にあたる。
　　　したがって,CはAの代金支払を拒むことができる。
第2　小問1後段について　　　25
　1　Cは,保証契約の当時,Aが被保佐人であることを知っていた場合,主債務が取り消されてもなお同一の目的を有する独立の債務を負担すると推定されている(449条)。
　　　そうだとすれば,Cは,小問1前段と異なり,Bの履行請求を拒むことができるとしても,実際上意味がないとも　30
　　　思える。
　2　しかし,この場合も,小問1前段と同様に履行拒絶の抗弁権を認めて,遅延利息の発生を阻止する必要がある。　➡問題提起
　　　　　　　　　　　　　　　　　　　　　　　　　　　　論457条3項と449条の関係
　　(1)　この点,449条にいう独立の債務の性格は,一種の損害担保債務と解される。　35
　　　　そうだとすれば,保証人は,取消前は通常の保証債務を,取消後は債務内容の異なる一種の損害担保債務を負うことになる。
　　　　そうすると,保証人には,取消前は通常の保証債務に対しての履行拒絶が認められるべきである。　40
　　　　そこで,保証人は,主債務者が被保佐人であることを知っていた場合も,主債務者等が取消し・追認をするまで,債権者の履行請求を拒むことができると解する。　➡規範
　　(2)　したがって,Cは,この場合も,Aや保佐人等が取　➡結論

消・追認をするまでは，Bの履行請求を拒むことができ 45
る。
第3　小問2について
1　本問では，Aは，Bが本件売買契約を解除（541条本文）
することによって，原状回復義務（545条1項本文）とし
て高級車の代価の賠償義務を負うことになる。　　　　　　50
2　それでは，保証人Cも上記賠償義務を負うのか，原状回
復義務も保証債務の内容（446条1項，447条1項）となる
かが問題となる。

➡問題提起
論保証債務と契約の解除

(1)　たしかに，解除により契約は遡及的に消滅するから
（直接効果説），原状回復義務は不当利得返還義務とい　55
う性質を有する。
そうだとすると，原状回復義務は，契約本来の債務と
は別個であるから，保証債務の内容とはならないとも考
えられる。
しかし，これでは，売主は所期の目的を達成しえず不　60
都合であり，保証人がどこまでの責任を負うかは，むし
ろ保証契約の解釈によって決せられるべきである。
この点，当事者の合理的意思にかんがみれば，保証人
は，通常，その契約当事者として負担するいっさいの債
務を保証し，その契約の不履行によって相手方に損害を　65
被らせない趣旨であると解される。
そこで，原状回復義務も保証債務の内容となると解す
る。

➡規範

(2)　したがって，Cは，高級車の代価の賠償義務を負う。

➡結論

3　よって，Cは，Bの賠償請求を拒むことはできない。　　70
以上

75

80

85

　保証は，人的担保の典型例であり，物的担保と並んで債権確保のために重要な役割を果たすものであるところ，旧司法試験1989（平成元）年度第2問，1997（平成9）年度第2問，2005（平成17）年度第1問，新司法試験2006（平成18）年度民事系第2問で出題されている。そこで，基本的な問題（小問1前段，小問2）に応用問題（小問1後段）を付加して出題した。

論点

1　保証人の取消権
2　457条3項と449条の関係
3　保証債務と契約の解除

答案作成上の注意点

1　小問1前段について

　本問でA（および保佐人）は本件売買契約を取り消すことができます（13条1項3号，13条4項，120条1項）。そうすると，Cは，取り消しうる債務の保証をしたことになります。そこで，Cは，取消権を行使するなどしてBの請求を拒むことができるかが問題となります。457条3項は，主債務の運命が取消権の存在によって不確定である場合は，保証人は保証債務の履行を拒絶できるとします。本問でも，457条3項に従って論じれば十分であると思います。

2　小問1後段について

　449条をみつけて自分なりに論じれば十分です。449条との関係からCがBの履行請求を拒んでも無意味であるとしてもよいですし，あるいは実質論（価値判断）を示して，なお意味があるとしてもよいでしょう。答案例は，独立の債務（449条）の性格から法律構成も示していますが，細かいところなので加点事由といったところでしょう。ちなみに，その性格は，一般に，一種の損害担保債務であると解されています（内田［貴］Ⅲ345頁等）。

3　小問2について

　保証債務と契約の解除という典型論点です。ただ，本問は，旧司法試験平成元年度第2問で出題された“売主の保証”ではなく，“買主の保証”であることに注意してください。すなわち，判例（最大判昭和40年6月30日民集19巻4号1143頁〔判例シリーズ52事件〕）は，“特定物売買の売主の保証の事案において”，損害賠償義務（545条4項）および原状回復義務（545条1項本文）について保証の責に任ずるとしていますが，この判例の射程（特定物売買の売主にかぎるか，不特定物売買の売主にも及ぶか，売買契約一般にまで及ぶか）につき争いがあります（百選Ⅱ51頁，奥田［債総］393頁以下等）。さて，この論点は，かつて解除の性質論との関連で論じられてきました。間接効果説および折衷説では，原状回復義務（本来の債務の変形）に及ぶことになるのに対し（折衷説につき，田山［債各上］100頁），直接効果説では，解除により契約は遡及的に効力を失い，原状回復義務は不当利得返還義務という別個の債務となるから，保証債務の内容とはならないと解されていました（大判大正6年10月27日民録23輯1867頁等）。しかし，現在では，直接効果説も，解除の性質論に拘泥せず，この論点を当事者の合理的意思解釈の問題と捉えて，原状回復義務も保証債務の内容になるとする見解が有力です（我妻［債総］468頁等）。

【参考文献】
試験対策講座・債権総論6章5節③【3】(1)・④【1】(2)。判例シリーズ52事件。

第27問 A　債権譲渡①

　　Xは，Aから2000万円を借りており，その返済に窮していた。Xは，このままではXみずから所有する土地（以下「本件土地」という）をAへの返済にあてるしかないと考えていたところ，BからBの取引上の信用のために，本件土地を仮装譲渡するように頼まれた。Xは，かねてからの友人であったBの頼みを断ることができず，本件土地をBに売るつもりがないのにこれを譲渡することをBと合意した。そして，Xは，Bとの間でXがBに本件土地を代金2000万円で売る旨の売買契約書を作成し，この売買契約書に基づいてXからBへの売買を原因とする所有権移転登記の移転および本件土地の引渡しを行ったが，BからXへ代金2000万円は支払われなかった。そこで，Xは，Bに対して有する上記売買代金債権をAへの返済にあてることを思いつき，Aとの間で代物弁済契約を締結することにした。Aは，XがBとの間で作成した売買契約書に特に疑わしい点がなかったことからXがBに対して有する上記売買代金債権の存在を信じ，Xとの間で代物弁済契約を締結した。その後，Xは，Bに対して上記売買代金債権をAに譲渡した旨の通知を内容証明郵便で行った。

　　この場合において，Aは，Bに対してXB間の売買契約にかかる代金2000万円の支払を求めることができるか。

【解答へのヒント】

1　まず，Aの請求の根拠を考えてみましょう。Aとしては，Xとの間で締結した代物弁済契約によってXB間の売買契約にかかる代金債権を譲り受けていることから，Bに対してかかる代金債権を行使したいわけです。次に，Bの反論を考えてみましょう。XB間の売買契約が締結された経緯を考えてみると，Bも何かしらの反論ができそうです。このとき，反論する相手方がXではなくAであるという点にも注意しましょう。

2　もっとも，Bの反論を前提にすると，更にAが保護される余地がでてきそうです。そこで，互いの主張の抵触を解決する必要があります。

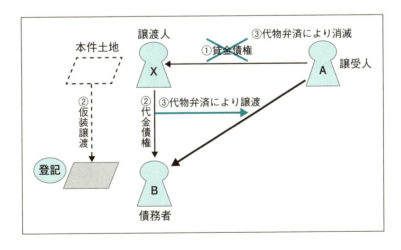

1 Aは，Bに対し，XB間の売買契約（555条）に基づく代金2000万円の支払を請求することが考えられる。

(1) XはAに対して2000万円の貸金返還債務を負っていたところ，これに代えてXB間の売買契約に基づく2000万円の代金債権をXに譲渡する旨の代物弁済契約（482条）がXA間で締結されている。　　　　　　　5

したがって，Aは，この代金債権を有効に取得している。

(2) また，この代金債権の譲渡について，譲渡人であるXから債務者であるBに対し，内容証明郵便による債権譲渡通知がなされている。　　　　　　　　　　　　　　　　10

したがって，Aは，Bに対し，この債権譲渡を対抗することができる地位（467条1項）を有する。

(3) よって，Aの請求は認められるとも思える。

2 これに対して，Bは，XB間の売買契約は虚偽表示により無効である（94条1項）と反論することが考えられる。　15

(1) Xは，本件土地をBに売るつもりがないのにこれをBに譲渡することをBと合意し，売買契約書を作成したうえで本件土地の売買を仮装しているから，「相手方と通じて」「虚偽の意思表示」をしたといえる。　　20

したがって，XB間の売買契約は虚偽表示により無効である。

(2) そして，債務者は，対抗要件具備時までに譲渡人に対して生じた事由をもって譲受人に対抗できる（468条1項）。　　　　　　　　　　　　　　　　　25

本問で，XB間の売買契約は，BがAから債権譲渡通知を受ける前に締結されているから，XB間の売買契約が虚偽表示により無効であることは対抗要件具備時までに生じた事由といえる。

したがって，XB間の売買契約が虚偽表示により無効　30
であることを譲渡人であるAに対抗しうる。

(3) よって，Bの反論は認められるとも思える。

3 もっとも，Aは 94条2項の「第三者」にあたり，BはXB間の売買契約が虚偽表示により無効であることを対抗することができないと再反論することが想定される。　35

(1) Bは前述の通り468条1項に基づき虚偽表示無効を主張しうる地位にあるが，かかる主張は94条2項の「第三者」に対しても認められるのか。468条1項と94条2項のいずれの適用を優先すべきかが問題となる。

この点について，468条1項の趣旨は，債権譲渡に関　40
与しない債務者に不利益を与えないようにする点にある。しかし，虚偽表示をした債務者は，虚偽の外観を作出した点において帰責性が認められ，この外観を信頼した第三者との関係で不利益を被ってもやむをえないといえる

➡問題提起
🔲94条2項の「第三者」の意義，94条2項の「善意」と無過失の要否

➡問題提起
🔲468条1項と94条2項の適用関係

から，譲受人が94条2項の「第三者」にあたるときは，
上記趣旨が妥当しない。

　　　したがって，94条2項の適用を優先すべきであると解
する。

（2）　では，Aは94条2項の「第三者」にあたるか。

　　ア　そもそも，94条2項の「第三者」とは，虚偽表示の
当事者またはその一般承継人以外の者であって，その
表示の目的につき新たな独立の法律上の利害関係を有
するにいたった者をいうと解する。

　　　　そして，通謀して虚偽の外観を作出したという原権
利者の帰責性の大きさからすれば，「善意」であれば
足り，無過失は不要と解する。

　　イ　本問で，Aは，虚偽表示の当事者やその一般承継人
ではない。また，Aは，虚偽表示により無効である
XB間の売買契約に基づく売買代金債権を代物弁済に
より取得して新たな独立の法律上の利害関係を有する
にいたった者といえる。

　　　　そして，Aは，XがBとの間で作成した売買契約書
に特に疑わしい点がなかったことからXがBに対して
有する上記売買代金債権の存在を信じていたため，虚
偽表示について善意であったといえる。

　　ウ　したがって，Aは94条2項の「第三者」にあたる。

（3）　よって，BはXB間の売買契約が虚偽表示により無効
であることを対抗することができない。

4　以上より，Aは，Bに対し，XB間の売買契約に基づく代
金2000万円の支払を請求することができる。

以上

➡規範（468条1項と94条2項の
　適用関係）

➡規範（94条2項の「第三者」
　の意義）

➡規範（94条2項の「善意」と
　無過失の要否）

➡あてはめ（94条2項の「第三
　者」の意義，94条2項の「善
　意」と無過失の要否）

➡結論

出題趣旨

　本問は譲渡債権が虚偽表示によるものである場合の譲受人・債務者間の法律関係について問うものであり，虚偽表示と債権譲渡という典型論点を複合した問題である。各論点の基本的な処理を通じて規範相互の抵触を発見し，その法的処理の論理的思考力を問うものである。

論点

1　94条2項の「第三者」の意義
2　94条2項の「善意」と無過失の要否
3　468条1項と94条2項の適用関係

答案作成上の注意点

1　Aの主張

　債権譲渡とは，債権の同一性を維持しながら債権を他人に移転することをいいます。本問では，Xが，Aに対し，XがBに対して有する売買代金債権を譲渡しており，代物弁済契約を介して債権譲渡が行われています。

　そして，Aが，Bに対して譲受債権を行使するには，譲渡人が債務者に債権の譲渡通知をしておくか，債務者が債権譲渡を承諾している必要があります（467条1項）。467条1項にいう「対抗することができない」とは，債権譲渡の事実を主張することができないということです。本問では，譲渡人であるXが，債務者であるBに対して債権の譲渡通知をしていますから，Aは，Bに対して譲受債権を行使できるということになります。この点については，答案上で指摘をし忘れないように注意しましょう。

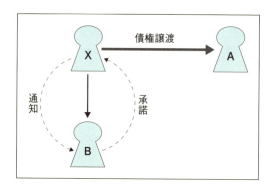

2　Bの主張

　これに対して，Bは，譲受人であるAに対し，対抗要件具備時までに譲渡人であるXに対して生じた事由を主張することができます（468条1項）。ここにいう「対抗要件具備時」とは，譲渡人が467条の規定による通知をし，または債務者が467条の規定による承諾をした時をいいます（466条の6第3項参照）。

　そこで，Bとしては，XB間の売買契約が虚偽表示により無効であり（94条1項），譲受債権が発生していないことを「譲渡人に対して生じた事由」として主張することが考えられるでしょう。

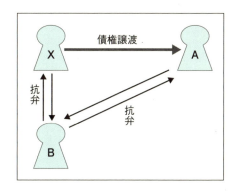

③ 468条1項と94条2項の適用関係

　XB間の売買契約が虚偽表示によることは明らかです。もっとも，94条1項の無効は，善意の第三者に主張することができません（94条2項）。そうすると，Aが94条2項の「第三者」にあたるのであれば，Bは，Aに対してXB間の売買契約が虚偽表示により無効であることを主張できないということになりそうです。そこで，468条1項と94条2項のいずれの適用を優先すべきかが問題となります。

　この点について，譲受人の善意・悪意を問わないで債務者は無効を譲受人に対抗することができるとしていた判例もありましたが，その後の判例は，94条2項を優先的に適用し，債務者は94条2項で保護される譲受人に対して無効を主張できないとしています。虚偽表示をした債務者に帰責性があるため，468条1項による保護よりも94条2項の「第三者」を保護すべきといえ，その後の判例の立場は支持することができるでしょう。

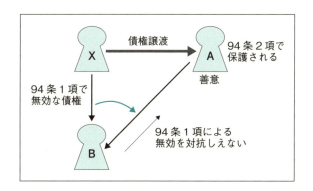

④ まとめ

　468条1項と94条2項の適用関係についてはあまりなじみがなかったかもしれません。しかし，判例の結論を知らなくとも同様の結論を導くことはできるはずです。本問で，虚偽表示を行った張本人であるBが，仮装譲渡について善意であったAに対し，仮装債権の不発生を主張できるとしたらあまりにAの保護に欠けることにならないでしょうか。そうであれば，Aを保護するために94条2項の適用を優先させようとなります。このように，妥当な結論を導くうえでどちらを保護すべきなのかという観点に立ち戻ることができれば論述の方向性も定まるでしょう。判例知識を覚えることも大切ですが，その結論を導くための法的思考力をより大切にしてください。

【参考文献】
試験対策講座・債権総論3章1節①【1】・③【1】(1)・④【1】(1)・(2)(a)。

答案構成用紙

第28問 A 債権譲渡②

　Aは，Bに対して債権を有していたが，2月1日，Cに対して当該債権を譲渡し，確定日付ある証書によって通知を発送した一方，2月2日，Dに対して当該債権を譲渡し，確定日付ある証書によって通知を発送した。Cへの譲渡の通知は2月4日にB宅に到達し，Dへの譲渡の通知は2月3日にB宅に到達した。Bは，AがCに当該債権を譲渡したと聞いていたのにDへの通知が先に到達したので不思議に思い，Aに説明を求めたところ，Aは，当該債権の二重譲渡が発覚するのをおそれ，Dへの当該債権の譲渡は解除されたとBに虚偽の事実を述べた。そこで，Bは，Aの言葉どおりCを債権者であると信じて，Cの弁済の請求に応じた。なお，Bは，Dに解除の有無を確認していない。

　この場合に，DはBに対して当該債権の請求をすることができるかについて，考えられるDの主張およびBからの反論を考慮して論ぜよ。

【解答へのヒント】

1　本件ではCとDは，ともにAから債権を譲渡されており，対抗関係に立ちます。本問はともに確定日付ある証書によって債務者Bに債権譲渡が通知されていますが，この場合，どのように優劣を決するのでしょうか。

2　Bとしては，Cに弁済したのだからDの請求に応じる必要はないと反論したいところです。Cが債権者であればよいのですが，Dが債権者であった場合には，Cは無権利者であり，Bは無権利者に弁済してしまったことになります。そうすると，弁済の効力は認められないとも思えますが，Bを保護する法律構成は何かないでしょうか。

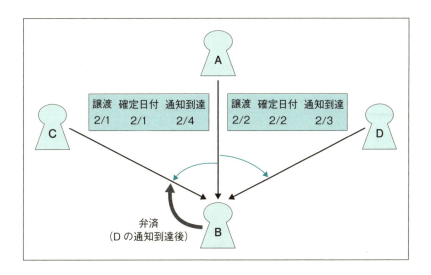

答案例

1　Dは，当該債権がすでに発生し，2月2日，Aからこれを譲り受けたことから，DはBに対し当該債権の履行を請求することができると主張する。

(1)　これに対し，Bは，同じく当該債権を2月1日にAから譲り受けたCに対し弁済をしたから，当該債権は消滅したと反論する。

(2)　このBの主張に対しDは，Bによる弁済の前に，Bに対し確定日付ある通知をし，第三者対抗要件を備えた（467条2項）から，優先する債権者はDであり，Bの弁済は非債弁済として無効であると主張する。

　　一方，Bは，Bによる弁済の前に，CもBに対し確定日付ある通知をし，第三者対抗要件を備えたから，優先する債権者はCであり，Bの弁済は有効であると反論する。

(3)　このように確定日付ある証書による通知が競合した場合，どのように優劣を決すべきか，条文上明らかでなく問題となる。

ア　467条1項が通知・承諾を対抗要件とした趣旨は，債務者の債権譲渡の認識を通じて，債務者の第三債務者に対する表示を公示方法とした点にある。

　　そして，467条2項が確定日付を要求した趣旨は，旧債権者が債務者と通謀して譲渡の通知・承諾の日時をさかのぼらせる等の行為を可及的に防止する点にある。

　　そうだとすれば，467条2項は，467条1項の対抗要件制度の構造に何らの変更を加えるものではなく，債務者の認識を基準とすべきである。したがって，**通知の到達の先後によって対抗要件の優劣を決すべきであると解する。**

イ　本問では，通知の到達は前述のようにDが先であるから，Dの対抗要件具備が優先することとなる。

(4)　したがって，Dが優先し，DのBに対する請求は認められるとも思える。

2　もっとも，Bは，Cを債権者であると信じて弁済しているから，例外的に，478条によって保護され，Dに対する当該債務を免れると反論することが考えられる。

　　そこで，劣後譲受人に対してなされた弁済に478条の適用を認めることができるかが問題となる。

(1)　この点，467条2項は，債務者の劣後譲受人に対する弁済の効力についてまで定めているものとはいえない。

　　そうだとすれば，その弁済の効力は，478条等債権の消滅に関する規定によって決する必要がある。

　　そこで，**劣後譲受人に対してなされた弁済にも478条の適用を認めることができると解する。**

　　しかも，このように解しても，優先譲受人は劣後譲受

右欄注記:

➡問題提起

論　確定日付ある証書による通知が競合した場合の優劣

➡規範

➡結論

➡問題提起

論　劣後譲受人への弁済と478条

➡規範

人に対し不当利得の返還（703条，704条）を求めうるので，必ずしも467条2項の規定の趣旨を没却することにはならない。

(2) そうすると，Bは，その反論どおり，478条によって，保護され，Dに対する当該債務を免れうる。

➡結論

3 そうだとしても，Bは，Dに解除の有無を確認することなく，Aの言葉どおりCを債権者であると信じている。
したがって，Dは，Bには「過失」があるから，478条によって保護されないと主張することが考えられる。
これに対して，Bは，自己の弁済には「過失」がなかったと反論することが考えられる。

(1) そこで，債務者の弁済につき「過失」がなかったというための要件が問題となる。

➡問題提起
論 受領権者としての外観を有する者に対する弁済（478条）──弁済者の「過失」の内容

ア　この点，467条は，前述のように，対抗要件具備の優先者を正当な債権者とする対抗要件主義を採用する。
そうだとすれば，劣後譲受人への弁済を安易に478条によって救済すると，対抗要件主義を没却する。
そこで，債務者の弁済につき「過失」がなかったというためには，劣後譲受人を真の債権者であると信ずるにつき相当な理由があることが必要であると解する。

➡規範

イ　これを本間についてみると，たしかに，Bは，Aの言葉どおりCを債権者であると信じている。
しかし，債権譲渡契約の解除通知は，譲渡人Aではなく譲受人DからBに対しなされるべきとされている。
それにもかかわらず，Bは，譲受人Dに解除の有無を確認することなく，Cを債権者であると信じている。
そうだとすれば，BにはCを真の債権者であると信じるにつき相当な理由があるとはいえない。

➡あてはめ

ウ　したがって，Bは，自己の弁済に「過失」がなかったと反論することができない。

(2) よって，Bは，Dの主張どおり，478条によって保護されない。

➡結論

4 以上より，DはBに対して当該債権の請求をすることができる。

以上

　本問は，最判昭和49年3月7日（判例シリーズ59事件），および最判昭和61年4月11日（判例シリーズ63事件）に題材を求めたものである。債権譲渡は，旧司法試験平成14年度第2問，新司法試験2006（平成18）年度民事系第2問で出題されている。そこで，本問は，債権譲渡の基本的な理解を確認していただく趣旨で出題した。

論点

1　確定日付ある証書による通知が競合した場合の優劣
2　劣後譲受人への弁済と478条
3　受領権者としての外観を有する者に対する弁済（478条）——弁済者の「過失」の内容

答案作成上の注意点

1　はじめに

　本問は，直接的には「DはBに対して当該債権の請求をすることができるか」と問われていますが，「考えられるDの主張およびBからの反論を考慮して」という制約が課されています。ですから，この制約に従って答案を作成する必要があります。論文式試験では，比較的易しい問題（論点を発見しやすい問題）に対して適度の負荷を課し，答案作成が困難な形式で出題してくることがあります。このような出題形式に苦手意識のある方は，この機会に克服してください。

　さて，本問では，通知の到達時点ではDが優先しますが，確定日付ではCが優先します。そこで，確定日付ある証書による通知が競合した場合の優劣の判断基準が問題となります。判例（前掲最判昭和49年3月7日）が到達時説で固まっていますし，確定日付説ではその後論じることがなくなるので，到達時説を採用すべきでしょう。判例に従って467条の趣旨から論じると説得的です。

2　劣後譲受人への弁済と478条

　このように，Dが優先すると，BのCに対する弁済は広義の非債弁済となりますから，次に，Bが受領権者としての外観を有する者への弁済（478条）によって保護されるかを検討することになります。この点については，478条の適用を否定する見解もありますが，判例（前掲最判昭和61年4月11日）・多数説に従って478条の適用を肯定するほうが無難だと思います。最後に，Bの「過失」の有無を検討することになります。この点につき昭和61年判例は，債務者の弁済につき「過失」がなかったというためには，"劣後譲受人を真の債権者であると信ずるにつき相当な理由が必要である"としています。本問において，Bは，Cを債権者と信じていますが，それはAの言葉を信じたことに起因し，Dに解除の有無を確認していません。これをどう評価するかが本問のポイントです。ところで，467条の規定する通知は，虚偽の通知を防ぐという趣旨から，"債権者たる譲渡人"からしかできないとされています。そうすると，逆に，債権譲渡契約の解約通知の場合には，"譲渡によって債権者たる地位を得た者（本問のD）"から債務者Bに対してなされる必要があるはずです（大判明治45年1月25日民録18輯25頁）。したがって，BがDに解除の有無を確認することなくCを債権者と信じても，相当な理由はない，すなわち「過失」があると認定するべきでしょう。ただし，上記の知識がなくても，問題文の事実に自分なりの評価を加えてBの「過失」を認定できれば，十分です。

【参考文献】
試験対策講座・債権総論3章1節③【2】(4)，4章1節③【2】(4)。判例シリーズ59事件・63事件。

第29問 B 弁済①

> 　Bは，Aから甲土地を賃借しており，甲土地上に自己所有の乙建物を所有し，これをCに賃貸している。ところが，Bは，多額の借財を抱えて地代の支払ができなくなったので，現在は土地賃借権を消滅させる意思で地代の支払を停止するにいたっている。
> 　Bの未払額および遅延損害金の総額が100万円であるとして，Cは，乙建物および甲土地の使用を続けるために，どのような手段を採ることができるか。
> 　また，Cが，Aに対して100万円の債権を有している場合はどうか。

【解答へのヒント】

1　設問前段

　AはBの地代不払いを理由に土地賃貸借契約を解除しようとしていると思われます。CはAに対してどのような主張をしていくべきでしょうか。Aとしては，賃料に相当するお金が手に入るのであれば，それがBから支払われようがCから支払われようがどうでもよいはずです。

2　設問後段

　当事者間の利害関係から考えてみましょう。AC間に相対立する債権はありませんが，相殺を認めることができないでしょうか。

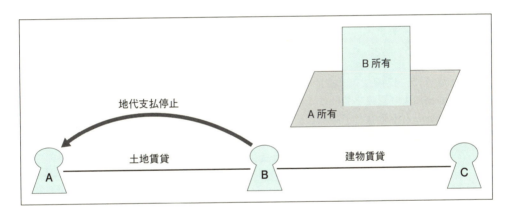

答案例

第1　設問前段について

1　本問において，Bは，土地賃借権を消滅させる意思で地代の支払を停止するにいたっている。

そうすると，AがCの建物賃借権の基礎となる甲土地賃貸借契約を債務不履行解除（541条）すれば，Cは，乙建物および甲土地の使用を続けることができなくなる。　5

そこで，Cとしては，乙建物および甲土地の使用を続けるために，未払額および遅延損害金の総額100万円を第三者弁済（474条）するという手段を採ることが考えられる。

まず，本件債務は金銭債務であるから，債務者Bによらなければ債権の目的を達しえないものではない。　10

したがって，Cは，原則どおり，本件債務を弁済できそうである（474条1項）。

2　ところが，Bは土地賃借権を消滅させる意思で支払を停止しているから，Cの弁済は債務者Bの「意思に反して」　15（474条2項本文）なされる弁済といえる。

そうすると，Cが「正当な利益を有する者でない第三者」（474条2項本文）にあたれば，Cは，本件債務を弁済できなくなる。

そこで，「正当な利益」を有する者の意義が問題となる。　20　➡問題提起

(1)　思うに，474条2項本文の立法趣旨は，債務者が他人の弁済により恩義を受けることを潔しとしないという精神の尊重と，債務者が第三者からの過酷な求償にさらされるおそれを避けることにある。

このような趣旨にかんがみ，「正当な利益」を有する　25者とは，弁済をすることに法律上の利害関係を有する第三者をいうと解する。

論第三者弁済——「正当な利益」（474条2項）の意義

➡規範

(2)　これを本問についてみると，たしかに，CとAとの間には直接の契約関係はないから，Cは，本件債務を弁済することに事実上の利害関係を有する第三者にすぎない　30ともいえそうである。

しかし，土地賃借権が消滅するときは，CはAに対して，乙建物から退去して甲土地を明け渡すべき義務を負う法律関係にあるといえる。

そうだとすれば，Cは，甲土地の地代を弁済し，甲土　35地の賃借権が消滅することを防止することに法律上の利益を有するものといえる。

したがって，Cは，弁済をすることに法律上の利害関係を有する第三者であるから，「正当な利益」を有する者といえる。　40

➡あてはめ

(3)　よって，Cは，「正当な利益を有する者でない第三者」にあたらない。

➡結論

3　以上より，Cは，乙建物および甲土地の使用を続けるために，未払額および遅延損害金の総額100万円を第三者弁

済するという手段を採ることができる。　　　　　　　　45

第2　設問後段について
　1　本問では，CがAに対して100万円の債権を有している。
　　　そこで，Cとしては，乙建物および甲土地の使用を続け
　　るために，自己のAに対して有する上記債権をもって本件
　　債務と相殺するという手段を採ることが考えられる。　　50
　(1)　このように，第三者は債権者に対して有する債権をも
　　って債務者の債務と相殺をなしうるかが問題となる。

➡問題提起
論第三者からの相殺（第三者弁済的相殺）

　(2)　この点，判例は，同一人間の債権の対立という505条
　　1項本文の要件をみたしておらず，また，特にこれを認
　　める規定もないため（443条1項，457条3項対照），相　55
　　殺をなしえないとする。
　　　しかし，第三者は，設問前段のように，弁済をなしう
　　るのに，相殺をなしえないとするのは均衡を失する。
　　　この場面における相殺は，実質的にみると，第三者が
　　債権者から取り立てた金銭をもってただちに第三者弁済　60
　　をなすのと同じといえる（簡易決済機能）。
　　　そうだとすれば，債権者との関係のみを問題とするか
　　ぎりでは，第三者からの相殺を禁ずる理由はない。
　　　もっとも，債権者が破産状態にある場合にまでこのよ
　　うな相殺を認めると，その債権者に対する他の債権者と　65
　　の関係では債権者平等の原則を害する。
　　　そこで，第三者は，債権者が破産状態である場合以外
　　にかぎって，このような相殺をなしうると解する。

➡規範

　(3)　そうすると，本問では，Aが破産状態である事情はう
　　かがえないから，Cは相殺をなしうる。　　　　　　　　70

➡あてはめ＋結論

　2　よって，Cは，乙建物および甲土地の使用を続けるため
　　に，自己のAに対して有する債権をもって本件債務と相殺
　　するという手段を採ることができる。

　　　　　　　　　　　　　　　　　　　　　　　　以上

　　　　　　　　　　　　　　　　　　　　　　　　　　　75

　　　　　　　　　　　　　　　　　　　　　　　　　　　80

　　　　　　　　　　　　　　　　　　　　　　　　　　　85

　弁済は，債権の消滅原因として，民法のなかでも実際の社会的経済的活動と特に密着した部分であり，基本からの理解が必要である。また，設問後段の第三者弁済的相殺についても，判例の帰結だけではなく，どのような問題状況が生じているかまで，具体的に確認しておくことは有益といえる。そして，相殺が簡易な弁済手段である点では，両者は関連させて検討することが可能である。そこで，統一的な視点から論じる訓練として格好の素材と考え，2つの問題をあわせて出題した。なお，第三者弁済を論じさせる問題が，旧司法試験2002（平成14）年度第2問で出題されている。

論点

1　第三者弁済──「正当な利益」（474条2項）の意義
2　第三者からの相殺（第三者弁済的相殺）

答案作成上の注意点

1　「正当な利益」の意義

　設問前段では，Bの地代および遅延損害金の支払が滞っていることから，Cが乙建物および甲土地の使用を続けるためには，当該債務を第三者弁済することができればよい，ということには気づかなければなりません。そして，答案上は，第三者弁済が許されているという民法上の原則（474条1項）に触れたうえで，本問は例外として第三者弁済が制限される事案なのではないかということを検討していきます。この際，Cの支払が債務者の「意思に反」（474条2項本文）する弁済であるということを必ず認定してください。なぜなら，この認定があってこそ「正当な利益」（474条2項本文）の意義を論じる実益が生まれるからです。この「正当な利益」の意義については，改正前民法下の「利害関係」についての判例（最判昭和63年7月1日判時1287号63頁〔判例シリーズ62事件〕など）のように"法律上の利害関係"に限定する見解と，"事実上の利害関係で足りる"というように広く解する見解があります（平野［債総］34頁参照）。答案作成上は，判例の立場に立ちつつ，本事例では事実上の利害関係しかないのではないか，という悩みを示せれば，厚みのある論述になると思われます。これに対して，学説のように広く解する立場に立つ場合には，あてはめがあっさりになる分，なぜ広く解する必要があるのかについて積極的な理由づけが必要です。

2　第三者弁済的相殺

　設問後段については，いわゆる第三者弁済的相殺が問題となります。ここで注意しなければならないのは，形式的には相殺の要件をみたさない，という原則論をしっかり書くということです。ここが設問後段の問題の所在ですから。そして，この原則論をふまえたうえで，自分なりに設問前段とのバランスを考慮した論証ができれば合格点がつくと思われます。判例は，この第三者弁済的相殺を否定していますが（大判昭和8年12月5日民集12巻2818頁），形式的にすぎるとして学説からの批判が多いところです。学説としては，無制限肯定説（星野III293頁），制限肯定説①（於保［債総］353頁），制限肯定説②（我妻［債総］323頁）があります。制限肯定説①は，答案例のように，債務者たる債権者が破産状態にある場合には否定するという見解で，制限肯定説②は，物上保証人・抵当不動産の第三取得者のように他人の債務につき責任を負担する者についてのみ肯定するという見解です。本問で，このような学説を知らない場合には，歯止めの視点にまで言及することは困難だったと思われます。今回書けなかったとしても気にせず，これを機会に理解しておけば十分です。

【参考文献】
試験対策講座・債権総論4章1節3，4節2【1】(1)。判例シリーズ62事件。

第30問 c   弁済②

A は，B に対し，平成16年6月1日，弁済期を平成17年6月1日として，1500万円を貸し付けた。その際，B の債務の担保のため，C および D がそれぞれ保証人となったが，D は更に自己の甲土地（1000万円）につき抵当権を設定した。その後，B が無資力となったので，C は，A に対し，平成17年6月1日，1500万円全額を弁済した。一方 D は，E に対し，同年5月15日，甲土地を抵当権付きのまま譲渡し，登記を移転した。

上記の事例において，C は，だれに対しいかなる権利を行使することができるか。

【解答へのヒント】

1500万円全額を A に弁済した C としては，まず，主債務者 B に求償することが考えられますが，無資力の B に対する求償は実効性を欠くため，D，E に対する求償や代位を検討する必要があります。代位の割合については，明文がある場合がほとんどですが，明文がない場合もあります。明文がない場合については，代位の割合を定めた規定の趣旨にさかのぼって考えてみましょう。

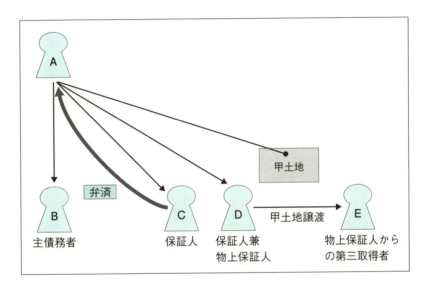

第1　CのBに対する権利の行使について

1　Cは，Aに1500万円全額を弁済しているので，Bに対し求償権（459条1項）を行使することができる。

　　また，Cは，「弁済をするについて正当な利益を有する者」であるから，当然Aに代位する（500条括弧書）。　　5

　　したがって，Cは，Bに対し求償権の範囲でAが有していた債権を行使することができる（501条1項，2項）。

2　しかし，Bは無資力であるから，CのBに対する求償権の行使は実効性を欠くといえる。

第2　CのDに対する権利の行使について　　10

1　そこで，Cとしては，Dに対し負担部分を超える部分について求償権（465条2項・462条1項，459条の2第1項）を行使していくことになる。

　　そして，CはAに代位することによって，Dに対する抵当権を取得する（501条1項，2項）。　　15

　　ところが，Dは保証人と物上保証人を兼ねる者であって，代位の割合の規定がない（501条3項各号参照）。

　　そこで，保証人と物上保証人を兼ねる場合，1人と数えるべきか，それとも2人と数えるべきかが問題となる。

➡問題提起

論 保証人と物上保証人の二重資格者と弁済による代位

(1)　この点，二重資格は，債権者との関係における責任態様にすぎず，他の代位者との関係での責任の重さを意味しない。　　20

　　そこで，保証人と物上保証人を兼ねる場合，1人と数えるべきと解する。

➡規範①

(2)　そうだとしても，その1人を保証人とみるべきか，それとも物上保証人とみるべきかが問題となる。　　25

　　この点，保証人は一般財産をもって無限定責任を負うのに対し，物上保証人は限定的責任を負うものである。

　　そうだとすれば，保証人が物上保証人をも兼ねることは，物上保証した債務額だけは確実に責任を負うとする趣旨と考えるのが合理的である。　　30

　　そこで，その1人を保証人兼物上保証人1人とみるべきと解する。

➡規範②

　　すなわち，数え方は保証人として代位者の頭数を基準とするが，物上保証人としての地位を否定されず，弁済者は求償権の範囲内で抵当権を代位行使することもできると考える。　　35

(3)　したがって，Cは，Dに対し750万円の限度で求償ができ，求償権の範囲内でAの債権とDが設定した抵当権をAに代位して行使することもできる。　　40

➡結論

2　しかし，Dは，その後Eに対し甲土地を譲渡している。

　　そうすると，Cは，Eに対し，甲土地に対する抵当権の実行を行使することができる必要がある。

第3　CのEに対する権利の行使について

1 Eは物上保証人Dからの第三取得者であるから，Cは，E
に対し，750万円の範囲で代位することができる（501条3
項5号，4号本文）。
2 よって，Cは，Eに対し750万円の範囲内で甲土地に対す
る抵当権を行使することができる。

以上

45

50

55

60

65

70

75

80

85

　求償や代位に関しては，条文の構造が複雑であり，論文式試験の時間内に適用条文を探すのは困難である。しかし，求償や代位は短答式試験で頻出であり，受験生としては「条文を知らない」ではすまされない。そこで，条文の大切さを今一度確認していただく趣旨で，本問を出題した。

論点

保証人と物上保証人の二重資格者と弁済による代位

答案作成上の注意点

① はじめに

　本問は，「Cは，だれに対しいかなる権利を行使することができるか。」を聞いています。ですから，たとえ論点を思いついたとしても，それに飛びつくことなく，B，DおよびEそれぞれに対しいかなる権利を行使することができるかを順に検討する必要があります。

　まず，Bに対する求償（459条1項）および代位（500条括弧書，501条2項）に触れてください。これが原則論ともいえるからです。条文も正確に示してほしいところです。

② Dに対する権利の行使

　ただ，Bに対する求償が実効性を欠く旨の"つなぎ"を入れて，Dに対する求償（465条2項・462条・459条の2第1項）および代位（501条2項）を検討していくことになります。ここで，Dは，保証人としての地位と物上保証人としての地位を兼ねていますが，このときの代位の割合については規定がありません（501条3項各号参照）。そこで，両資格を兼ねている者の負担部分が問題となります。この点は，大きく分けて，二人説（我妻［債総］261頁等）と一人説とがあり，一人説のなかには，保証人一人説，物上保証人一人説（奥田［債総］553頁以下），および保証人兼物上保証人一人説＝資格融合一人説（近江［債総］339頁）などがあります。判例（最判昭和61年11月27日民集40巻7号1205頁）は，保証人兼物上保証人一人説の立場と位置づけられているようです（近江前掲340頁参照）。この見解では，代位者の頭数を基準とするが（したがって，保証人として数える），その負担部分につき保証人・物上保証人の両資格で責任を負い，代位した者は負担部分にいたるまで保証債務，抵当権のいずれを行使してもよいことになります。この見解に従って論じればよいでしょう。本問では，Dの負担部分は750万円となります。

③ Eに対する権利の行使

　次に，DはEに対し甲土地を譲渡しているため，CのEに対する代位行使（抵当権の行使）を検討する必要があります。

　Eは，物上保証人Dからの第三取得者なので，物上保証人とみなされ，501条3項4号が準用されます（同項5号）。したがって，Eの負担部分は750万円となります。

【参考文献】
試験対策講座・債権総論4章1節④。

第31問 c 　同時履行の抗弁権

> 　不動産業者甲は，平成15年4月1日，Aに対して欠陥があるのにこれを秘して住宅用の建物（以下「本件建物」という）を3000万円で売却した。Aは，本件建物の引渡しを受けたが，その欠陥に気づかず居住していた。その後，Aが死亡し，乙が本件建物を相続した。乙は，上記の事情を知らず，しばらく本件建物に居住していたが，ある日，欠陥部分があるのを発見したため，修繕を行ったうえで本件建物に居住していた。その後乙は，甲が欠陥住宅を多数販売していたことを聞きつけ，本件建物の欠陥の原因が甲にあることを知った。そこで乙は，平成17年4月1日，甲の詐欺を理由に甲A間の売買契約を取り消した。
> 　以上の事例における甲乙間の法律関係を論ぜよ。

【解答へのヒント】

1　乙は，甲A間の売買契約を取り消していますから，支払済みの3000万円の返還を求めたいはずです。一方，甲はAから本件建物を相続した乙に対し，本件建物の返還を求めたいはずです。もっとも，これら以外にも甲，乙は返還を求めたいものはないでしょうか。売買契約成立から2年経過していることが鍵となりそうです。

2　また，甲，乙の返還債務はどのような関係に立つでしょうか。取り消した契約は売買契約であって，これを原因とする甲，Aそれぞれの債務は、取消前において同時履行関係にあったことが関係しないでしょうか。

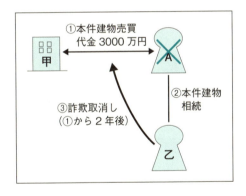

答案例

1　本問において，Aを相続（896条本文）した乙は，Aの「承継人」（120条2項）として，甲の詐欺を理由に甲A間の売買契約を取り消している（96条1項）。

　　そうすると，上記契約は遡及的に無効となるから（121条），甲と乙は互いに相手方を原状に復させる義務を負う（121条の2第1項）。 5

　　したがって，甲は，乙に対し3000万円の返還義務を負う。他方，乙は，甲に対し本件建物の返還義務を負う。

2　もっとも，甲は，乙に対し受領時からの利息の返還義務を負い，乙は，甲に対し本件建物に2年間居住していたことによる使用利益の返還義務を負うのか。明文なく問題となる。 10

➡️問題提起
論原状回復義務（121条の2第1項）の内容

(1)　たしかに，受給者は取消しまでは善意，悪意を問題とするまでもなく適法な占有者であったから，189条1項の類推適用により使用利益の返還を免れるとも思える。 15

　　しかし，189条はいわゆる侵害利得に適用される規定であって，契約関係の清算を前提として，全額返還の原則が認められるいわゆる給付利得には適用されないと解すべきである（545条2項，3項参照）。

　　そうだとすれば，契約関係の清算を前提とする121条の2第1項の原状回復にあたっては，給付目的から生じた果実や使用利益，金銭を受領した場合における利息を含めてすべて返還しなければならないと解する。 20

➡️規範

(2)　よって，甲は，乙に対し利息を含めて返還する義務を負い，乙は，甲に対して使用利益を含めて返還する義務を負う。 25

➡️結論

3　もっとも，これらの返還義務は未履行なので，果実と費用との清算を趣旨とする575条1項が適用されて，両者の返還義務が消滅しないか。

➡️問題提起
論金銭の利息の返還義務と使用利益の返還義務の関係

(1)　たしかに，121条の2第1項における原状回復は契約の清算の場面であるから，売買契約が双方とも未履行の際の575条1項を類推適用して処理すべきとも思える。 30

　　しかし，契約の履行過程と異なり，無効・取消しの場合には，金銭の利息と使用利益の実質的等価性が期待されないので，575条1項を類推適用するのは不均衡である。 35

　　そこで，金銭の利息の返還義務と使用利益の返還義務は存続すると考えるべきである。

➡️規範

(2)　よって，甲の利息の返還義務と乙の使用利益の返還義務は存続する。 40

➡️結論

4　それでは，以上のような甲・乙相互の返還義務は同時履行の関係（533条本文）に立つか。無効・取消しによる相互返還義務については解除のような準用条文（546条）がなく，同時履行の関係に立つかが問題となる。

➡️問題提起
論相互の原状回復義務と同時履行

（1）　この点，533条の趣旨は，公平の理念に基づき，対立する債務間に履行上の牽連関係を認める点にある。

そして，無効・取消後の法律関係についても公平の理念を及ぼすべきであるから，その趣旨が妥当する。

したがって，無効・取消しによる相互返還義務についても，533条を類推適用して同時履行の関係に立つと解する。

➡規範

（2）　したがって，甲・乙相互の返還義務は，同時履行の関係に立つといいうる。

➡結論

5　そうだとしても，甲は，欠陥があるのにこれを秘して本件建物を売却した詐欺者である。

そこで，詐欺者であっても同時履行の関係を主張することができるかが問題となる。

➡問題提起
論 詐欺者による同時履行の抗弁権の主張

（1）　この点，公平の理念に照らすと，詐欺者は，295条2項の類推適用により同時履行の関係を主張することができないとする見解がある。

しかし，不当利得による契約の清算は，利得者の故意・過失とは無関係な中立的な性格をもっているものである。

また，たとえ同時履行の抗弁権の主張ができないとしても，詐欺者が反訴すれば結果は同じであり，かえって訴訟経済に反する。

しかも，それでも被詐欺者に損害が残れば，詐欺者の有責性を理由に不法行為に基づく損害賠償請求（709条）を認めれば足りる。

そこで，詐欺者であっても同時履行の関係を主張することができると解する。

➡規範

（2）　よって，甲も同時履行の関係を主張することができる。

➡結論

6　最後に，乙は，本件建物の欠陥の修繕を行うことによって費用を支出しているところ，これは物の保存に必要な費用であるから，「必要費」（196条1項本文）といえる。

したがって，乙は，甲に対し必要費の償還請求をすることができる（196条1項本文）。

また，上記の必要費は，債権が物自体から生じた場合といえるから，「その物に関して生じた債権」（295条1項本文）にあたる。

したがって，「他人の物の占有者」である乙は，必要費償還請求権を被担保債権として，甲に対し本件建物の留置権を主張することができる。

以上

論文式試験では，法律関係を的確に把握しないと，論じるべき点がみつからない問題が出題される。また，論文式試験では，法律関係を丁寧に論じることが求められている問題もある。そこで，本問を通じて法律関係を的確に把握し，論じる訓練をしていただきたい。

論点

1　原状回復義務（121条の２第１項）の内容
2　金銭の利息の返還義務と使用利益の返還義務の関係
3　相互の原状回復義務と同時履行
4　詐欺者による同時履行の抗弁権の主張

答案作成上の注意点

　本問では，詐欺取消しがなされていますから，甲A間の契約は遡及的に無効となります（121条）。そうすると甲と乙は相互に原状回復義務を負うことになります（121条の２第１項）。ですから，本問では甲と乙の返還義務の内容を考えていく必要があります。甲が3000万円を，乙が本件建物を返還する義務があることは容易にわかるところでしょう。また，甲については利息，乙（Aの分も含む）は２年間本件建物に居住していたのですから，使用利益の返還も思いついてほしいところです。改正前民法では121条の２第１項がなかったため，不当利得で処理しており，その際189条（190条）が給付利得にも適用されるかという問題がありましたが，改正後については121条の２第１項が原状回復義務を定め，また，解除の場合ですが原状回復においては利息（545条２項），果実（３項）の返還義務を定めていることから，121条の２第１項の原状回復においても利息，果実の返還義務を認めるべきでしょう。

　次に，"金銭の利得の返還義務と使用利益の返還義務の関係（給付内容における対価的牽連関係）"も問題となります。使用利益は実質的に法定果実といえるので，この場合に575条が類推適用（準用）されないか問題となります。575条の趣旨は，果実を収受する利益と管理費用との差額を代金の利息に等しいと考えて（答案例でいう実質的等価性），売主は目的物を引き渡すまでは，果実を取得し管理費用を負担するとともに，買主は代金の利息を払う必要はないと定めることによって，複雑な権利関係を簡単かつ画一的に解決するというものです。この点，121条の２第１項の原状回復は契約の清算過程にほかならないから，575条の趣旨が妥当するとして575条の類推適用（準用）を肯定する説と，契約の清算過程では上記の実質的等価性が必ずしも成り立たないとして，これを否定する説とがあります。

　さらに，"取消し（無効）による相互返還義務が同時履行の関係に立つか（履行上の牽連関係）"が問題となります。一般論としては，肯定説で争いのないところですが，通説が533条を類推適用しているのに対し，判例（最判昭和28年６月16日民集７巻６号629頁［未成年取消しの例］）は546条を準用しているので，注意してください。ただ，詐欺（強迫）の場合には，詐欺者（強迫者）からの同時履行の関係の主張を否定する見解（星野，四宮）もあります。肯定，否定のいずれでもかまいませんが，悩みを示しつつ論証すると説得的です。

　最後に，乙が本件建物を修繕している点を検討する必要があります。これが必要費に含まれ，その償還請求ができることに問題はないでしょう。

【参考文献】
試験対策講座・スタートアップ民法・民法総則５章１節①【4】(2)。試験対策講座・物権法９章２節②。試験対策講座・債権各論２章２節③【1】，４章１節④【3】。

第32問 A　第三者のためにする契約

> Aは，Bに対して，100万円の売買代金債権（以下「甲債権」という）を有している。Bは，Cに対して，自己所有の絵画を80万円で売却する契約を締結した。その際，Bは，Cに対して，売買代金を甲債権の弁済のためAに支払うよう求め，Cもこれに同意した。これに基づき，CはAに対して80万円を支払い，Aはこれを受領した。この事案について，以下の問いに答えよ。なお，各問いは，独立した問いである。
>
> 1　甲債権を発生させたAB間の売買契約がBの錯誤を理由としてBによって取り消されたとき，Cは，Aに対して80万円の支払を求めることができるか。Bに対してはどうか。
>
> 2　甲債権を発生させたAB間の売買契約は有効であったが，BC間の絵画の売買契約がBの詐欺を理由としてCによって取り消されたとき，Cは，Aに対して80万円の支払を求めることができるか。Bに対してはどうか。

【解答へのヒント】

1　CとAの間には直接の契約関係はありませんが，AB間の売買契約がBの錯誤を理由として取り消されていることから，121条の2第1項の原状回復請求ができないでしょうか。

2　同じく原状回復請求を考えますが，今回はBC間の売買契約が詐欺を理由に取り消されています。特にAに対して，その要件をみたしているか検討する必要がありそうです。

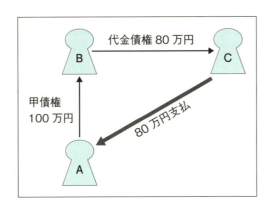

答案例

第1　小問1について
1　Aに対する請求
(1)　Cは，Aに対して，原状回復請求権（121条の2第1項）に基づいて80万円の支払を求めることができるか。
　　まず，Cは，80万円をAに支払っているから，Aは80万円の「給付を受けた者」にあたる。

(2)　では，この給付は，「無効な行為に基づく債務の履行として」といえるか。

➡問題提起
論第三者のためにする契約

　　ア　そもそも，対価関係が欠如していることは要約者，諾約者間の補償関係に何ら影響を及ぼさない。したがって，対価関係が消滅しても，諾約者から受益者に対してされた給付は「無効な行為に基づく債務の履行」とはいえないと解する。

➡規範

　　イ　本問において，BC間の契約は，C（諾約者）が第三者A（受益者）に直接代金支払債務を負担することをB（要約者）に約するというものであり，第三者のためにする契約（537条1項）にあたる。
　　　したがって，BC間の契約はAB間の契約の効力にかかわらず有効であるため，CのAに対する80万円の支払は「無効な行為に基づく債務の履行」とはいえない。

➡あてはめ
➡総論

(3)　よって，Cは，上記請求をすることができない。
2　Bに対する請求
　　Cは，Bに対して，原状回復請求権に基づいて80万円の支払を求めることが考えられる。しかし，CがBではなくAに80万円を支払っていることから，Bは「給付を受けた者」にあたらない。
　　よって，Cは，上記請求をすることができない。

第2　小問2について
1　Aに対する請求
(1)　Cは，Aに対して，原状回復請求権に基づいて80万円の支払を求めることが考えられる。
(2)　まず，Cは，Aに代金を交付しており，Aは80万円の「給付を受けた者」にあたる。
　　本件ではBC間の絵画の売買契約がBの詐欺を原因として，Cによって取り消されているから，BC間の売買契約は無効である（121条）。そして，諾約者であるCは，受益者であるAに対して，その無効を主張できる（539条）から，上記の給付は「無効な行為に基づく債務の履行」にあたる。
(3)　よって，Cは，上記請求をすることができる。
2　Bに対する請求
(1)　Cは，Bに対して，原状回復請求権に基づいて80万円の支払を求めることができるか。

(2)　本件では，上記のようにBC間の売買契約は無効で　45
あり，「無効な行為に基づく」とはいえる。しかし，
CがBではなくAに80万円を支払っていることから，B
は「給付を受けた者」にあたらない。
　　よって，Cは，上記請求をすることができない。
　　　　　　　　　　　　　　　　　　　　　以上　50

55

60

65

70

75

80

85

本問の題材は，旧司法試験の2008（平成20）年度第2問である。

第三者のためにする契約における補償関係，対価関係を区別し，各関係が他の関係に及ぼす影響を具体的に考察することで，諾約者，要約者，受益者間の各法律関係を検討してもらいたい。

論点

第三者のためにする契約

答案作成上の注意点

1 第三者のためにする契約

1 第三者のためにする契約とは，537条1項にあるように，当事者以外の第三者に直接権利を取得させる契約ですが，これだけではよくわからないという方は多いのではないでしょうか。

2 第三者のためにする契約において，契約上の利益を受ける「第三者」を受益者，受益者に給付をすることを承諾し，受益者に対し給付する債務を負担する者を諾約者，受益者に対し給付してくれと頼んだ本人を要約者とよびます。また，要約者，諾約者間の関係を補償関係，要約者と第三者との関係を対価関係とよびます。

3 もっとも，第三者のためにする契約という独立した契約の類型があるわけではなく，売買契約や賃貸借契約といったさまざまな契約において，第三者が債務者（諾約者）に対する権利を取得するという特約が付されているにすぎないものです。

2 対価関係と補償関係

1 そもそも，なぜ第三者のためにする契約を結ぶのでしょうか。もっとも典型的な事例は，本件のように受益者となる第三者が要約者に対して債権を有しており，この弁済のために要約者が諾約者に対して取得するはずの債権を代わりに受益者に取得させる事例です。

　　このように，対価関係はいわば，第三者のためにする契約のきっかけにすぎないものであり，第三者のためにする契約自体の内容にはなりません。したがって，対価関係が無効であったり取り消されたりした場合であっても，第三者のためにする契約の効力には影響しないのです。

2 一方，諾約者は補償関係の契約に基づく抗弁をもって，受益者に対抗することができます（539条）。したがって，補償関係の契約が無効，取消し（120条によって遡及的に無効となる）となった場合は，第三者のためにする契約の効力に影響することとなります。

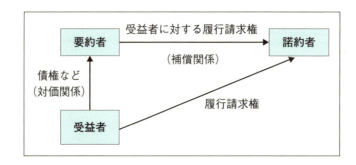

【参考文献】

試験対策講座・債権各論1章2節5。

第33問 B 解除

　甲は，乙に対し，A土地を売り，代金の一部を受領して登記名義を乙に移転するとともに，A土地を乙に引き渡した。その後，乙は，代金の一部が未払である事情を知っている丙に対し，A土地を転売し，代金を受領してA土地を丙に引き渡した。ところが，乙が甲に対し残りの代金を支払うことができなかったので，甲は，乙の代金未払を理由に売買契約を解除した。なお，A土地の登記名義は，いまだ乙にある。
　この事例における甲丙間および乙丙間の法律関係について論ぜよ。

【解答へのヒント】

1　甲丙間の法律関係

　　乙との売買契約を解除した甲としては，A土地を占有する丙に対してA土地の返還を請求することが考えられます。これに対して，丙としては，解除前にA土地を乙から取得しているため，なんらかの保護を受けることができないでしょうか。本問では解除の法的性質をどのように解するかによって結論に差がでるので，この点を意識した論述が求められます。

2　乙丙間の法律関係

　　甲乙間の売買契約が解除されたことによって，乙丙間の法律関係はどのような影響を受けるでしょうか。甲丙間の法律関係で論じたことと矛盾しないように注意しましょう。

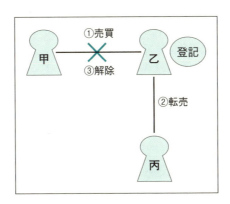

答案例

第1 甲丙間の法律関係について

1 本問において，甲は，丙に対して，所有権に基づきA土地の返還請求をすることが考えられる。

　ところが，丙は，甲が甲乙間の売買契約を解除する前に，乙からA土地の売却を受けている。 5

　そこで，丙は，545条1項ただし書の「第三者」として保護されないか。「第三者」の意義について，条文上明らかでなく問題となる。 → 問題提起

論 545条1項ただし書の「第三者」の意義

(1) この点，解除の本質は，解除権者を法的拘束から解放し，契約締結前の状態に回復せしめる点にある。 10

　そうだとすれば，解除の効果は，契約に基づく法律関係が遡及的に消滅するものと解する。

　そうすると，545条1項ただし書は，遡及効を制限し，取引の安全を図った規定であるといえる。

　したがって，「第三者」とは，解除前の第三者をいうと解する。 15 → 規範

(2) そうすると，丙は，解除前の第三者であるから，「第三者」にあたりうる。 → あてはめ

2 そうだとしても，丙は，乙が代金の一部を未払である事情を知ってA土地の売却を受けている。 20

　そこで，「第三者」として保護されるためには善意であることを要するのか，他の第三者保護規定（94条2項，96条3項等）との比較から問題となる。 → 問題提起

論 545条1項ただし書の「第三者」の主観

(1) この点，解除原因が存在しても解除するか否かは解除権者の意思によるものであり，必ずしも解除されるとはかぎらない。 25

　そうだとすれば，他の第三者保護規定と異なり，解除されるまで第三者の善意・悪意は問題とならない。

　したがって，「第三者」として保護されるためには善意であることを要しないと解する。 30 → 規範

(2) そうすると，丙は，前述のような事情を知っていても，「第三者」にあたりうる。 → 結論

3 そうだとしても，A土地の登記名義は，いまだ乙にあって，丙は登記を具備していない。

　そこで，「第三者」といえるためには，登記を必要とするかが問題となる。 35 → 問題提起

論 545条1項ただし書の「第三者」と登記の要否

(1) この点，解除権者は，詐欺などの場合と異なり，帰責性がなく，むしろ債務者の落度によって法律関係を清算するものであるから，第三者が出現すれば常に権利を失うというのは酷である。 40

　また，第三者が保護されるのは，第三者が解除権者に優越する利益状況に立ったと判断されるときにかぎられるべきである。

　そこで，「第三者」といえるためには，権利保護資 → 規範

格要件としての登記を必要とすると解する。

(2) これに対して，判例は，第三者として保護されるためには対抗要件としての登記が必要であるとする。

しかし，前述のように，解除の効果を契約に基づく法律関係が遡及的に消滅するものと解すると，解除権者と第三者は前主と後主の関係に立つから，対抗要件としての登記は不要であるといえ，支持しえない。

(3) そうすると，丙は，登記を具備していないので，「第三者」とはいえない。　　　　　　　　　　➡あてはめ

4 よって，丙は，「第三者」として保護されない。

5 なお，前述のように，登記を権利保護資格要件と考える以上，第三者は少なくとも返還請求を受けるまでに登記を備えている必要があり，かつ，解除権者は登記なくして未登記の第三者に権利主張できると考える。

6 以上より，甲は，丙に対して，所有権に基づきA土地の返還請求をすることができる。

第2　乙丙間の法律関係について

1 本問において，甲が甲乙間の売買契約を解除することにより，遡及的にA土地が甲に復帰し，乙はA土地の所有者でなかったことになる。

したがって，乙丙間の売買契約は他人物売買となり，乙は，A土地の所有権を取得して丙に移転する義務を負う（561条）。

2 しかし，甲が甲乙間の売買契約を解除した以上，乙がA土地の所有権を取得することは社会通念上不可能であり，「債務の全部の履行が不能であるとき」（542条1項1号）にあたる。

したがって，丙は催告をすることなく，乙丙間の売買契約を解除することができる。　　　　　　　　➡規範

3 また，甲乙間の売買契約が解除されたのは乙の代金未払いが原因であるから，「債務の不履行が……債務者の責めに帰することができない事由によるものであるとき」（415条1項ただし書）にはあたらない。

したがって，丙は，乙に対して損害賠償請求をすることができる。　　　　　　　　　　　　　　　➡あてはめ

以上

解除の効果（法的性格）は，基本的な論点である。そして，545条1項ただし書の「第三者」の意義は，旧司法試験2008（平成20）年度第1問，新司法試験2008（平成20）年度民事系第1問等で出題されている重要論点である。そこで，その理解を確認していただきたく，本問を出題した。

論点

1 545条1項ただし書の「第三者」の意義
2 545条1項ただし書の「第三者」の主観
3 545条1項ただし書の「第三者」と登記の要否

答案作成上の注意点

1 甲丙間の法律関係について

甲のA土地返還請求に対して，乙は「第三者」（545条1項ただし書）として保護されるかが問題となります。まず，取消し等の場合は，原則論→不都合性→「第三者」（96条3項）で保護されるか，という流れで検討することになりますが，解除の場合は，その効果（法的性質）に争いがあり，直接効果説（＋有因説）を前提としないかぎり，上記の流れで書けないので注意してください。「第三者」（545条1項ただし書）については，①時期の問題，②主観面の問題，および③登記の要否の問題に分けられます。①解除前の第三者が「第三者」として保護されること自体に争いがありませんから，答案例のように展開せずにあっさりと認定してもよいと思います。次に，②については，その「第三者」は悪意であってもよいのかを論じる必要があります。最後に，③登記の要否について論じます。この点，間接効果説および折衷説（直接効果説＋無因説も同じ）からは，177条の問題となるので対抗要件としての登記が必要となります（対抗要件説）。これに対し，直接効果説＋有因説（通説）からは，177条の問題ではないから対抗要件としての登記は不要で，ただ，利益衡量上，権利保護（資格）要件としての登記が必要とされています（権利保護要件説）。もっとも，判例は，直接効果説に立ちながらも（大判大正6年12月27日民録23輯2262頁），対抗要件としての登記を必要としているので（大判大正10年5月17日民録27輯929頁等），注意してください。では，対抗要件説と権利保護要件説でどのような違いがあるのでしょうか。まず，対抗要件説では，解除権者自身も登記を得なければ第三者に対抗できないことになります。これに対して，権利保護要件説では，①第三者は解除までに登記を取得しなければならないとする説（本田・債各54頁），②対抗要件説と同様に処理する説，③第三者は少なくとも返還請求を受けるまでに登記を備えていることが必要とする説（内田）があります（内田［貴］Ⅱ100頁参照）。

2 乙丙間の法律関係について

まず，直接効果説（＋有因説）＋権利保護要件説①説・③説では，乙丙間は他人物売買と同様の法律関係になります（答案例参照）。したがって，乙はA土地の所有権を取得して丙に移転する義務を負いますが，甲乙間の売買契約が解除されている以上，かかる義務は履行不能となっています。よって，丙は解除（542条）や損害賠償請求（415条）ができます。その他の見解では，場合分けが必要となるでしょう。丙が先に登記を備えた場合には，乙丙間に何らの法律関係を生じないことになります。他方，甲が先に登記を備えた場合，すなわち乙が甲に登記を移転（または甲から乙への登記を抹消）した場合には，乙は丙に対し債務不履行責任を負うことになるでしょう。

【参考文献】
試験対策講座・物権法2章4節③。試験対策講座・債権各論1章4節⑤【2】(1)・(2)。

第34問 A　契約不適合責任

　　Aは，Bから登記簿上330平方メートルと記載されている本件土地を借り受け，本件土地上にみずから本件建物を建てて保存登記を行い，居住していた。Aは，本件建物を改築しようと考え，市の建築課と相談し，敷地面積が330平方メートルならば希望する建物が建築可能と言われたため，本件土地を売ってくれるようBに申し込み，Bは，これを承諾した。売買契約では，3.3平方メートル当たり25万円として代金額を2500万円と決め，Aは，代金全額を支払った。

　　以上の事案について，次の問いに答えよ（なお，各問いは，独立した問いである）。

1　本件土地の売買契約締結直後に，本件土地建物を時価より1000万円高い価格で買い受けたいというCの申込みがあったため，Aは，Cとの間で本件土地建物の売買契約を締結した。しかし，専門業者の実測の結果，本件土地の面積が実際には297平方メートルであることが判明し，面積不足のためにCの希望していた大きさの建物への建替えが不可能であることがわかり，AC間の売買契約は解除された。

　　Aは，Bに対してどのような請求ができるか。

2　数年後，Bは，Aへの移転登記が未了であることを奇貨として，本件土地をDに売却しようと，「Aはかつて賃借人だったが，賃料を支払わないため契約を解除した」と虚偽の事実を告げた。Dは，事情を確かめにA方に出向いたが，まったく話をしてもらえなかったため，Bの言い分が真実らしいと判断し，本件土地を買い受け，移転登記をした。

　　AD間の法律関係について論ぜよ。

【解答へのヒント】

1　本問は，具体的な面積に着目して締結された土地の売買契約に関する問題です。小問1では，土地の面積が不足していた場合において，買主が売主にどのような請求ができるかが問われています。請求は1つとはかぎりません。それぞれの請求が認められるか検討してみましょう。

2　小問2では，本件土地がBからA，BからDに二重譲渡されています。先に登記を具備したDは，Aに建物収去土地明渡請求をすることが考えられます。AB間の本件土地の売買契約以前に，AがBから本件土地を賃借していたという事情にも着目して，Aがどのような反論をなしうるかを考えてみましょう。

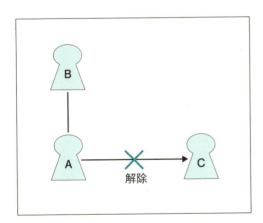

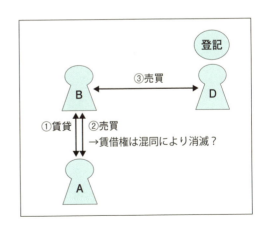

第1　小問1について

1　まず，Aは，Bに対し，本件土地の不足分の引渡しを請求（562条1項本文）することが考えられる。

　　本問では，AB間で，本件建物の改築が可能であることを前提とした本件土地売買契約（以下「本件契約」という）が締結されているところ，敷地面積が330平方メートルであることが本件契約の内容となっていた。しかし，本件土地の面積は，実際には297平方メートルしかなかった。したがって，「目的物が……数量に関して契約の内容に適合しないものである」といえる。

　　もっとも，土地の面積不足の場合には，合意された面積を備える状態にすることは不可能であるから，不足分の引渡請求をすることはできないと解すべきである。

　　したがって，Aの上記請求は認められない。

2　次に，本件契約の履行の追完は不能であるから，Aは，Bに対し，不足部分相当の250万円につき，催告をすることなくただちに代金減額請求ができる（563条2項1号）。

　　もっとも，Aが，Bに対し，Cへの売却によって得られるはずであった利益についても請求するためには，代金減額請求では目的を達成することができない。

3　そこで，Aは，Bに対し，本件契約を無催告解除（542条1項5号）して代金返還請求をしたうえで，転売利益を「損害」として，債務不履行に基づく損害賠償請求（415条1項本文）をすることが考えられる（564条）。

　⑴　Bは，数量に関して契約内容に適合しない本件土地を引き渡し，契約内容に適合した給付をすべき義務（562条1項参照）を果たしていないから，「債務者がその債務の履行をせず」，Aが「催告をしても契約をした目的を達するのに足りる履行がされる見込みがない」（542条1項5号）といえ，Aは本件契約を解除できる。

　　　解除をした場合，545条1項本文に基づき，Aは，Bに対し，2500万円の代金返還請求ができる。

　⑵　また，同様に，Bは「債務者がその債務の本旨に従った履行をしないとき」（415条1項本文）にあたる。加えて，Bは測量をしていないことから，Bに免責事由は認められない（同項ただし書）。

　⑶　では，転売利益は損害賠償の範囲に含まれるか。 　　　➡問題提起

　　　ア　この点について，416条の趣旨が損害の公平な分担であることにかんがみ，同条1項は，相当因果関係の原則を規定し，同条2項は，その基礎とすべき特別の事情の範囲を示したものと解する。 　　　論損害賠償の範囲（416条）　　　➡規範

　　　イ　本問で，Aは，転売利益を得ることを目的として 　　　➡あてはめ

いることをBに説明していない。そうすると，Cに 45
時価より1000万円高い価格で転売するという事情を
「予見すべきであった」（同条2項）とはいえない
から，かかる事情は相当因果関係を判断するうえで
基礎事情とならず，債務不履行と転売利益を得られ
なかった事実との間に相当因果関係は認められない。 50
　ウ　したがって，転売利益は損害賠償の範囲に含まれ
　　　ず，Aの上記損害賠償請求は認められない。 ➡結論

第2　小問2について
　　Dは，Aに対して所有権（206条）に基づく建物収去土
　地明渡請求をすることが考えられる。 55
　1　これに対して，Aは，背信的悪意者たるDが上記請求
　　　をすることは権利濫用（1条3項）にあたり，認められ
　　　ないと反論することが考えられる。
　　　　しかし，Dは，Bの言い分を真実と判断しており，BA
　　　間の本件土地売買の事実等につき善意で取引に及んでい 60
　　　る。そのため，Dが背信的悪意者とはいえない。
　　　　したがって，上記反論は認められない。
　2　次に，Aは，BD間の売買より先にBと本件土地の賃貸
　　　借契約を締結し，同土地上に自己名義の建物を所有して
　　　いるため，Aの借地権は対抗要件を具備している（借地 65
　　　借家10条1項）。そこで，Aは，借地権をもって本件土
　　　地の占有権原を対抗できると反論することが考えられる。
　　　　これに対し，Dは，Aが本件土地の所有権を取得した
　　　時点で賃借権は混同により消滅したと再反論をすること
　　　が考えられる。そこで，この再反論について検討する。 70 ➡問題提起
　　　　　　　　　　　　　　　　　　　　　　　　　　　　　論賃借権の混同による消滅と所
　　　　　　　　　　　　　　　　　　　　　　　　　　　　　　有権喪失
　　（1）この点，不動産の賃借人が当該不動産の所有権を取
　　　　得した場合，対抗力を有する賃借権は物権たる地上権
　　　　（民法265条）と同様の機能を有することから，混同
　　　　により消滅しうる（179条1項本文類推適用）。
　　　　　しかし，賃借人が，所有権を取得しなければ第三者 75
　　　　に賃借権を対抗できたのに，所有権を取得したことで，
　　　　かえって不利な地位に立たされるのは妥当でない。
　　　　　そこで，不動産の所有権と賃借権が同一人に帰属す ➡規範
　　　　るにいたった場合でも，その賃借権が対抗要件を具備
　　　　し，かつ，その対抗要件を具備した後に第三者が当該 80
　　　　不動産の所有権を取得したときは，同項ただし書を類
　　　　推適用し，賃借権は消滅しないものと解する。
　　（2）本問では，前述のように，Aの賃借権が対抗要件を ➡あてはめ
　　　　具備した後に，Dが本件土地の所有権を取得している。
　　（3）したがって，Dの上記再反論は認められない。 85
　3　よって，Dの上記請求は認められない。 ➡結論
　　　　　　　　　　　　　　　　　　　　　　　　以上

出題趣旨

　本問の題材は，旧司法試験の2003（平成15）年度第2問である。

　本問は，数量の契約不適合の担保責任と二重譲渡に関する問題である。小問1は，追完請求の可否，代金減額請求の可否，契約解除の可否および損害賠償の範囲など，基礎的知識を事案に即して展開する能力を問う問題である。小問2は，背信的悪意者排除を含めて，対抗要件による問題処理の基本構造を正確に理解しているかをみたうえで，所有権の取得を対抗できない賃借人を保護する必要性と方法を考えさせるものである。

論点

1　損害賠償の範囲（416条）
2　賃借権の混同による消滅と所有権喪失

答案作成上の注意点

1　小問1について

1　総説

　平成29年改正民法は，担保責任の内容として，売主が買主に対し目的物を引き渡したり，権利を移転したりしたが，その契約内容に適合しない場合について，買主の追完請求権，代金減額請求権，損害賠償請求・契約の解除を定めています。改正により条文の構造が変わってしまっているので，特に改正前民法を一通り勉強したことのある人は条文の構造をしっかりと把握しておきましょう。本問でも，買主の追完請求権，代金減額請求権，損害賠償請求・契約の解除について検討する必要があります。

不適合の種類		規律の内容	条文
目的物の契約不適合	種類、品質または数量の契約不適合	追完請求権	562
		代金減額請求権	563
		損害賠償請求・契約の解除	564
	種類または品質の契約不適合（追加的規律）	担保責任の期間の制限	566
		競売における担保責任の特則の対象外	568 Ⅳ
転移した権利の契約不適合	移転した権利の契約不適合（他人に一部が帰属する権利の不移転を含む）	追完請求権、代金減額請求権、損害賠償請求・契約の解除	565
	契約に適合しない抵当権等	費用の償還請求	570

2　追完請求，代金減額請求
(1)　「目的物が……数量に関して契約の内容に適合しない」の意義

　数量指示売買に関する改正前民法565条のもとでの判例（最判昭和43年8月20日民集22巻8号1692頁）は，数量指示売買の意義について，「**当事者において目的物の実際に有する数量を確保するため，その一定の面積，容積，重量，員数または尺度あることを売主が契約において表示し，かつ，この数量を基礎として代金額が定められた売買**」としています。

　この判例法理は，平成29年改正民法のもとでも数量に関する契約不適合を判断する際の判断基準として維持されているといわれています。

　すなわち，売買の目的物に不足があったすべての場合に，数量の契約不適合があったことになるわけではなく，売買契約の当事者が当該契約のもとで「数量」に特別の意味を与え，それを基礎として売買がされたという場合にはじめて，数量の契約不適合があったと評価されるこ

とになります。

（2）　本問の検討

　　本問では，3.3平方メートルあたり25万円として，本件土地が330平方メートルであることを基礎に代金を2500万円と定めているため，問題なく数量指示売買該当性が認められるでしょう。

　　もっとも，土地の面積不足の場合には，合意された面積を備える状態にすることは不可能なので，不足分の引渡請求をすることはできないと解すべきです。

　　他方，「履行の追完が不能であるとき」（563条2項1号）にあたるので，催告をすることなく，代金減額請求をすることができます。

3　解除

　　数量の契約不適合がある場合，買主には，前述した追完請求権および代金減額請求権が認められますが，それによって債務不履行による損害賠償請求（415条）および解除権の行使（541条，542条）は妨げられません（564条）。

　　Bは，Aに対し，契約に適合した面積（330平方メートル）の土地を引き渡す義務を負っています（562条1項参照）が，本件土地は297平方メートルしかなく，Bは契約に適合した給付をおこなっていないので，「債務者がその債務の履行をせず，債権者が……催告をしても契約をした目的を達するのに足りる履行がされる見込みがない」（542条1項5号）といえます。

　　したがって，Aは催告をすることなく，本件契約を解除したうえで，代金2500万円の返還を請求することができます（545条）。

4　損害賠償請求

　　AはCに本件土地を転売しましたが，面積不足のためにこれが解除されています。そこで，転売利益1000万円についての損害賠償請求の可否が問題となります。

　　ここでの損害賠償は債務不履行による損害賠償請求なので，その要件は415条によって規律されます。また，その効果は履行利益（契約に適合した履行がされたならば買主が受けたであろう利益）の賠償となり，賠償の範囲も，416条によって決せられることになります。

　　Bは「債務の本旨に従った履行をしない」（415条1項本文）といえ，また，免責事由（同項ただし書）も認められないため，AはBに対し損害賠償を請求することができます。

　　しかし，Aは，転売利益を得ることを目的としていることをBに説明していないので，Cに時価より1000万円高い価格で転売するという事情をBが「予見すべきであった」（416条2項）とはいえないと思われます。

　　したがって，このような事情は相当因果関係を判断する上で基礎事情とならず，債務不履行と転売利益を得られなかった事実との間に相当因果関係は認められないでしょう。

　　よって，転売利益は損害賠償の範囲に含まれず，Aの上記損害賠償請求は認められません。

② 小問2について

1　本件土地の所有権の帰属

　　小問2では，本件土地について二重譲渡が生じており，その所有権の帰属が問題となります。Dが本件土地の登記を具備しており，かつ，Dの背信性を基礎づける事情は何ら認められないため，DがAに優先し，本件土地の所有権を取得することになります（177条）。

2　Dによる建物収去土地明渡請求の可否

　　他方，Aはもともと本件土地の賃借人として占有権原を有していたため，これをDに対して対抗できないかが問題となります。

　　賃借権は債権ですが，物権である地上権と同様の機能を有することから，179条1項が類推適用されます。したがって，Aが有していた賃借権は，所有権を更に取得したことによって混同により消滅しているとも思えます。

　　しかし，所有権を取得したことでかえって不利な地位に立たされる場合には，例外的に本条項ただし書の準用により，借地権は消滅しないと解されます（最判昭和46年10月14日民集25巻7号933頁参照）。

本問では，二重譲渡で劣後したAに借地権による占有権原も認められないとすれば，Aは建物収去土地明渡しを余儀なくされ，かえって不利な地位に立ちます。そのため，例外的に借地権は消滅せず，Aに本件土地の占有権原が認められることになります。そして，Aは本件土地上に自己名義建物を所有しており，（借地借家10条1項），Aの借地権は対抗要件を具備しているため，これによる占有権原を対抗することができます。

　したがって，Dによる建物収去土地明渡請求は否定されることになります。

【参考文献】
試験対策講座・債権各論1章6節③。試験対策講座・物権法2章1節①【5】。

第35問 A　賃貸借①

CHECK

Aは，工作機械（以下「本件機械」という）をBに代金3000万円で売却して，引き渡した。この契約において，代金は後日支払われることとされていた。本件機械の引渡しを受けたBは，Cに対して，本件機械を期間1年，賃料月額100万円で賃貸し，引き渡した。この事案について，以下の問いに答えよ。
1　その後，Bが代金を支払わないので，Aは，債務不履行を理由にBとの契約を解除した。この場合における，AC間の法律関係について論ぜよ。
2　AがBとの契約を解除する前に，Bは，Cに対する契約当初から1年分の賃料債権をDに譲渡し，BはCに対し，確定日付ある証書によってその旨を通知していた。この場合において，AがBとの契約を解除したときの，AC間，CD間の各法律関係について論ぜよ。

【解答へのヒント】
1　小問1について
　Bとの売買契約を解除したAとしては，Cに対して本件機械の引渡しを求めたいはずです。これに対し，Cは解除の前にBから本件機械を賃借しているため，なんらかの反論をすることができないでしょうか。Cの反論の肯否を検討するにあたっては，BC間の契約が動産賃貸借であることに着目してみましょう。
　また，AがCに対し本件機械の引渡しまでの使用利益の返還を請求することができないかという点についても検討する必要があります。
2　小問2について
　Dは，Bから譲り受けた賃料債権に基づいてCに対し賃料の支払を請求することが考えられます。しかし，CはAから本件機械の引渡しを請求され，本件機械を使用することができなくなっています。このことを理由に，Dからの賃料請求を拒むことができないでしょうか。Bに対して生じた事由をもってDに対抗できるのはいかなる場合か，考えてみましょう。

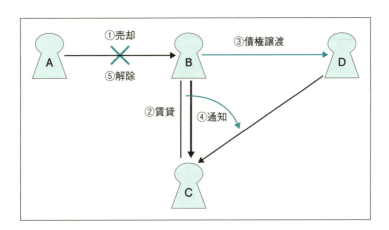

答案例

第1　小問1について

1　Aは，Cに対し，所有権（206条）に基づく返還請求権
として，本件機械の引渡請求をすると考えられる。

(1)　これに対して，Cは，AB間の売買契約（555条）に
よりAは所有権を失ったと反論することが考えられる　　　　5
ところ，Aは本件売買契約の解除（541条本文）を主
張することにより，かかる反論を排斥することが考え
られる。

(2)　そこで，Cは，みずからが解除前の「第三者」（545
条1項ただし書）にあたると主張し，Aの解除主張を　　　10
排斥できないか。「第三者」の意義が問題となる。　　　　　**➡問題提起**

➡論545条1項ただし書の「第三者」の意義，545条1項ただし書の「第三者」の主観，545条1項ただし書の「第三者」と登記の要否

ア　そもそも，双務契約の拘束から債権者を解放する
という解除制度の趣旨から，解除によって当該契約
は遡及的に消滅すると解する。そして，同項ただし
書の趣旨は，かかる遡及効により害される者を保護　　　15
する点にあることから，「第三者」とは，解除され
た契約から生じた法律関係を基礎として解除までに
新たな権利を取得した者をいうと解する。また，何
らの帰責性のない解除権者の犠牲のもと，「第三
者」が保護される以上，「第三者」は，権利保護要　　　20　　**➡規範**
件としての対抗要件の具備が必要であると解する。
一方で，債務不履行があったからといって当然に解
除されるわけではなく，第三者が債務不履行の事実
を知っているかどうかは意味をもたないので，善意
は不要である。　　　　　　　　　　　　　　　　　　　　25

イ　本問では，Cは売買目的物の解除前の賃借人であ　　　　　**➡あてはめ**
るが，動産賃借権は不動産賃借権と異なり，605条
のように権利保護機能を営む対抗要件が存在せず，
Cが権利保護要件を具備することはできない。

ウ　したがって，Cは「第三者」にあたらないため，　　　30　　**➡結論**
Aによる解除の主張は認められる。

(3)　よって，Aは，上記請求をすることができる。

2　次に，Aは，Cに対し，引渡しまでの使用利益を不当
利得（703条）として返還請求すると考えられるが，A
による引渡請求があるまでBC間の契約は他人物賃貸借　　　35
として有効（559条本文・561条）であるから、CはBに
対して賃料支払義務を負っており，Cには「利得」がな
い。

したがって、Aの請求は認められない。

第2　小問2について　　　　　　　　　　　　　　　　　　　40

1　AC間について

(1)　まず，小問1同様，Aは，Cに対して，所有権に基
づく本件機械の引渡請求をすることができる。

(2)　もっとも，前述のとおり，Cには「利得」がないの

で，Aは，Cに対して，使用利益を不当利得として返 45
還請求することはできない。
2　CD間について
　　Dは，Cに対して，BC間の賃貸借契約に基づく賃料請
　求をすることが考えられる。この請求が認められるため
　には，賃料債権が発生したこと，およびそれをDが取得 50
　したことを主張する必要がある。
⑴　まず，BC間で本件機械の賃貸借契約（以下「本件
　　契約」という）が締結され，これに基づき本件機械が
　　引き渡されている。また，BD間で，本件契約に基づ
　　く賃料債権について，将来債権譲渡契約（466条の6 55
　　第1項）が締結されている。そして，譲渡債権の発生
　　原因たる本件契約の期間が1年と特定され，上記将来
　　債権譲渡契約が公序良俗（90条）に反するといえる特
　　段の事情も存しないため，同契約は有効である。
⑵　これに対して，Cは，本件契約は履行不能により終 60
　　了し，賃料債務は当然に消滅したと反論することが考
　　えられる。
　　　本問では，AB間の売買契約解除およびAのCに対す
　　る引渡請求により，BのCに対する使用収益債務は履
　　行不能となるところ，これにより本件契約は当然に終 65
　　了し（616条の2），Cの賃料債務も消滅する。
　　　もっとも，上記事実は，債権譲渡がCに通知された ➡問題提起
　　後の事実であるため，Cは，468条1項により，Dにこ 論 債権の譲渡人に対して生じた
　　れを対抗できないのではないか。 　　「事由」（468条1項）の意義
　　ア　この点について，債権譲渡に関与しない債務者の 70
　　　保護の観点から，債務者が債権の譲受人に「事由」
　　　（同項）を対抗するためには，通知時点で抗弁事由
　　　それ自体が発生している必要はなく，抗弁事由発生 ➡規範
　　　の基礎となる事実が存在していれば足りると解する。
　　イ　本問における抗弁は，本件契約の履行不能による 75 ➡あてはめ
　　　賃料債務の消滅である。そして，このような抗弁事
　　　由発生の基礎となる事実として，通知前にAB間の
　　　売買契約の解除原因となるBの代金支払債務の未履
　　　行の事実が存在している。
　　ウ　したがって，Cは，履行不能による賃料債務の消 80 ➡結論
　　　滅を「事由」として，Dに対抗しうる。
⑶　よって，Dの上記請求は認められない。
⑷　もっとも，Aの引渡請求によってBC間の本件契約
　　が終了するまで，本件契約は他人物賃貸借として有効
　　（559条本文・561条）であるため，Aによる引渡請求 85
　　がなされる以前の賃料については，Dは，Cに対し，
　　本件契約に基づく賃料請求をなしうる。
　　　　　　　　　　　　　　　　　　　　　　以上

本問の題材は，旧司法試験の2008（平成20）年度第1問である。

小問1は，解除の効果と「第三者」（545条1項ただし書）の意義・要件，動産賃借権の対抗力の有無とその根拠，対抗力の有無から導かれる解除者と第三者との関係および解除者が権利を主張するための要件などを論じさせ，基本的知識とその応用力を試すものである。小問2は，債権譲渡の有効性と対抗要件に関する基礎的理解を前提としつつ，債権譲渡が小問1の帰結に影響を及ぼすか否かについて，前記「第三者」や民法468条1項の「事由」等との関係を検討させ，基本的知識に加え，論理的思考力および判断能力を問うものである。

論点

1　545条1項ただし書の「第三者」の意義
2　545条1項ただし書の「第三者」の主観
3　545条1項ただし書の「第三者」と登記の要否
4　債権の譲渡人に対して生じた「事由」（468条1項）の意義

答案作成上の注意点

1　小問1について

1　本件機械の引渡請求

本件売買契約を解除したAとしては，まず，Cに対し本件機械の引渡しを請求することが考えられます。AとCは契約関係にないので，所有権に基づく引渡請求をすることになります。

このような請求が認められるためには，①Aが本件機械を所有していることと，②Cが本件機械を占有していることが必要です。

Aは本件機械をBに売っていますが，その後売買契約を解除しているため，①の要件をみたすとも思えます。

しかし，Cは解除の前にBから本件機械を賃借しているため，545条1項ただし書の「第三者」にあたり，AはCに対し解除を対抗できないのではないかが問題となります。

「第三者」の意義については，第33問で詳しく解説しているのでそちらを参照してください。本問においては，直接効果説，権利保護要件説を前提に解説します。

ここで，動産賃貸借における権利保護要件としては何が要求されるかについて立ち止まって考える必要があります。不動産物権変動においては，対抗要件たる登記を具備することで，自己の権利を保全するためになしうることを果たしたといえるため，登記の具備が権利保護要件とされています。賃借権については，債権である以上，一般に対抗要件具備による対抗力の取得は認められませんが，不動産賃借権については，その社会的重要性から，登記の具備による対抗力の取

得が明文上認められています（605条）。これに対して，動産賃借権についてはこのような規定がありません。そうだとすれば，動産賃借権においては，対抗力の取得や権利保護要件の具備は想定されていないと考えることができます。

178条の「引渡し」をもって動産賃借権を対抗できるとする見解（大判大正8年10月16日民録25輯1824頁参照）もありますが，「売買は賃貸借を破る」という大原則からすると，前者のような考え方によるべきと考えられます。

したがって，Cは権利保護要件を具備することができないため，「第三者」として保護されないことになります。

2　使用利益の不当利得返還請求

次に，AはCに対し，解除から引渡しまでの使用利益を不当利得（703条）として返還請求することが考えられますが，Aの引渡請求があるまでBC間の契約は他人物賃貸借として有効（559条本文・561条）なので，CはBに対して賃料支払義務を負っており，Cには「利得」がありません。したがって，Aの請求は認められません。

② 小問2について

1　AC間の法律関係

BD間で債権譲渡があったという事情が加わりますが，これによってAC間の法律関係が影響を受けることは無いので，小問1と同様の結論になります。

2　CD間の法律関係

(1)　将来債権譲渡の有効性

Bから1年分の賃料債権を譲り受けたDとしては，Cに対し賃料を請求することが考えられます。譲り受けた債権を請求するにあたっては，まずは，債権の取得原因事実が認められるかを検討する必要があります。

Dは「契約当初から1年分の賃料債権」を譲り受けていますが，使用の対価である賃料債権は，将来使用した時に発生するので，上記債権は将来債権にあたります。

将来債権も譲渡することができます（466条の6第1項）が，将来債権が特定されている必要があります。判例は，特定のための要素として，「発生原因となる取引の種類，発生期間」をあげています（最判平成13年11月22日民集55巻6号1056頁〔判例シリーズ55関連判例(1)〕）。この要素から考えるに，本問では特定されていることは明らかでしょう。

また，一般に将来債権を譲渡することは譲渡人の事業活動や生活の原資を奪うことになりかねないので，公序良俗に反しないかという検討も欠かせません。もっとも，本問では事情があまりないので，簡潔に論じれば足りるでしょう。

(2)　468条1項の「事由」

前述のように，Aの引渡請求があるまではBC間の賃貸借契約は他人物賃貸借として有効なので，DはCに対し，Aによる引渡請求以前の賃料については請求することができます。

では，CがAから本件機械の引渡請求を受けた後の賃料についてもCはDに支払わなければならないのでしょうか。AのCに対する本件機械の引渡請求により，Bの使用収益させる債務は履行不能となり，BC間の賃貸借契約は当然に終了します（616条の2）。これによって，それ以降のCの賃料債務も消滅することになります。そのため，Cは，このような事情が468条1項の「事由」にあたると主張し，Aによる引渡請求後の賃料の支払を拒むことが考えられます。

しかし，BC間の賃貸借契約が履行不能により終了したという事情は確定日付のある通知がBからCに到達した後の事情であって，「対抗要件具備時までに譲渡人に対して生じた事由」（468条1項）にはあたらないとも思えます。

この点について，有力説は，対抗要件具備時点で抗弁事由それ自体が発生している必要はなく，抗弁事由発生の基礎となる事実が存在していれば足りると解しています。

なお，「抗弁」に関しては，ひとまず「反論」と同じようなものと考えておけば大丈夫です。

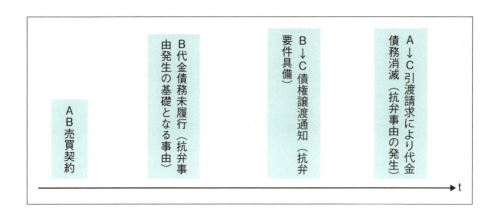

　本問における抗弁は，本件契約の履行不能による賃料債務の消滅です。そして，この抗弁事由発生の基礎となる事実として，通知前にAB間の売買契約の解除原因となるBの代金支払債務の未履行の事実が生じています。

　したがって，上記の見解によれば，Cは本件契約の履行不能による賃料債務の消滅を「事由」としてDに対抗することができ，Aによる引渡請求後の賃料の支払を拒むことができます。

【参考文献】
試験対策講座・債権総論3章1節④【1】(1)(c)。試験対策講座・債権各論1章4節⑦【3】・【4】，3章1節④【1】(1)・(2)。判例シリーズ55事件（関連判例(1)）。

第36問 A　賃貸借②

　甲は，乙に対し，その所有するA地を，石材置場に使用する目的で10年間賃貸したが，賃借権設定登記はなかった。乙は，その土地の2分の1を石材置場に使用していたが，間もなく，残り2分の1を建物所有のために丙に転貸した。丙は，乙が甲から転貸の承諾を得ていないことを知りながら，その土地で建物の建築に着手した。このような状況のもとで，甲からA地の所有権を譲り受け移転登記を経由した丙は，乙に対し，その使用部分の明渡しを請求した。

1　丙の請求が，所有権を根拠とする場合，丙の請求は認めるべきであるか。丙の立場で考えられる主張と乙の立場で考えられるこれに対する反論とをあげて，論ぜよ。なお，甲丙間でのA地所有権移転合意の際には，賃貸人たる地位の移転について合意はなかったものとする。

2　丙の請求が，無断転貸による解除を根拠とする場合，丙の請求は認めるべきであるか。丙の立場で考えられる主張と，乙の立場で考えられるこれに対する反論とをあげて，論ぜよ。なお，甲丙間でのA地所有権移転合意の際には，賃貸人たる地位の移転について合意があったものとする。

【解答へのヒント】

1　小問1

　　甲からA地の所有権を取得した丙が所有権に基づく物権的請求をしてきた場合，乙は占有権原を対抗するはずです。この反論が成立するにはどのような条件が必要かを考えてみましょう。甲乙間の賃貸借契約に借地借家法が適用されるかという点には注意する必要があります。

2　小問2

　　丙からの請求は無断転貸による解除を根拠としていますが，そもそもこのような請求が成立するのかという点から丁寧に考えていきましょう。

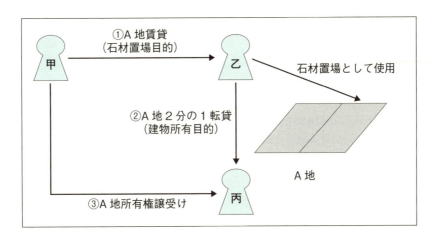

答案例

第1　小問1について
1　丙の請求は，所有権に基づくA地の明渡請求である。
　　本問で，乙は，甲との間でA地の賃貸借契約を締結して
　いたが，対抗要件を備えていないため（605条，借地借家
　法10条1項参照），賃貸人たる地位は甲から丙に移転して　5
　いない（民法605条の2第1項参照）。そのため，乙はA地
　賃借権を丙に対抗できず，丙の請求は認められるとも思え
　る。
2　そうだとしても，乙としては，丙による明渡請求は，権 ➡問題提起
　利濫用（1条3項）にあたり，認められないと反論するこ　10 論 権利濫用論
　とが考えられる。この反論は認められるか。
　⑴　本問で，丙は，A地所有権の取得以前に，無断転貸で
　　あると知りつつ乙から転借しており，一度は乙の賃借権
　　の存在を前提とする行為をしている。それにもかかわら
　　ず，乙の賃借権の存在を認めない明渡請求をすることは，15
　　矛盾挙動といえ，社会観念上認容できない。
　⑵　したがって，丙の明渡請求は権利濫用にあたる。 ➡結論
3　よって，丙の上記請求は認められない。
第2　小問2について
1　丙は，賃貸借契約終了に基づく返還請求権の行使として，20
　A地の明渡しを請求することが考えられる。このような請
　求が認められるためには，丙が賃貸人たる地位を取得し，
　解除権を有することを主張する必要がある。
　　まず，甲丙間に賃貸人たる地位を移転させる旨の合意が
　あるため，丙は賃貸人たる地位を取得する（605条の3前　25
　段）。
　　また，丙はA地の所有権移転登記を経由しているから，
　賃貸人たる地位を乙に対抗できる（同条後段・605条の2
　第3項）。
　　そして，丙は，乙がA地を承諾なく転貸したため，甲の　30
　もとに解除権（612条2項）が発生していたのであり，こ
　れが丙に移転したと主張することが考えられる。
2　これに対して，乙は，本件転貸には，背信的行為と認め ➡問題提起
　るに足りない特段の事情があるから，解除権は発生してい 論 信頼関係破壊の法理による
　ないと反論することが考えられる。　　　　　　　　　35 　解除権の制限
　⑴　この点について，同項は，通常，無断転貸がされた場
　　合には，継続的契約たる賃貸借契約の基礎である信頼関
　　係が破壊される点を根拠とする。
　　　そこで，無断転貸が賃借人の背信的行為と認めるに足 ➡規範
　　りない特段の事情がある場合には，解除権は発生しない　40
　　と解する。
　⑵　本問では，たしかに，乙はA地の全部を転貸したので ➡あてはめ
　　はなく，転貸していない部分は従来どおり石材置場とし
　　て使用しており，信頼関係の破壊はないとも思える。し

かし，一部とはいえA地の2分の1も転貸しており，し　45
かもその目的は建物使用であるから，従来の使用状況に
大きな変化をもたらすものである。

(3)　したがって，甲との関係では上記特段の事情はないた　➡結論
め，解除権が発生し，乙の反論は認められない。

3　次に，乙は，解除権は丙に承継されないと反論すること　50
が考えられる。そこで，賃貸人たる地位の移転に伴い解除　➡問題提起
権も承継されるのか，賃貸人たる地位の移転の効果が問題　論賃貸人たる地位の移転と解
除権の承継
となる。

(1)　契約上の地位の移転（539条の2参照）の効果は，移
転される契約の類型に応じた当事者の合理的意思により　55
判断すべきであると考える。
　　賃貸借契約について検討するに，賃貸人たる地位が遡
及的に移転すると解すれば，旧賃貸人は移転以前に収受
した賃料相当額について，賃借人は移転以前の未払賃料
相当額について，新賃貸人に対して，それぞれ不当利得　60
返還義務を負うことになる。しかしながら，このような
帰結では，法律関係が徒に複雑化してしまい，当事者の
合理的意思に反すると考えられる。賃貸借の解除が将来
効とされている（620条前段）のも同様の趣旨であろう。
　　ゆえに，賃貸人たる地位は将来に向かってのみ移転し，　65　➡規範
すでに発生した解除権は新賃貸人に移転しないと考える。

(2)　本問でも，甲のもとですでに発生した解除権は丙に承　➡結論
継されないので，乙の反論は認められる。

4　よって，丙の上記請求は認められない。

以上　70

　本問の題材は，旧司法試験の1974（昭和49）年度第1問である。

　本問は，賃貸人たる地位の移転の性質に着目し，転借人が目的物の所有権を取得した場合における転貸人への目的物返還請求に関して，当事者間の採りうる手段を問うものである。

論点

1　権利濫用論
2　信頼関係破壊の法理による解除権の制限
3　賃貸人たる地位の移転と解除権の承継

答案作成上の注意点

1　小問1について

1　甲丙間における賃貸人たる地位の移転についての合意の有無

　丙が乙に対して所有権に基づく返還請求権としてのA土地明渡請求を行った場合，乙としては甲との間で締結した賃貸借契約に基づく賃借権を対抗することが考えられます。

　乙が丙に対して甲との間で締結した賃貸借契約に基づく賃借権を対抗できる場合として，賃貸借の対抗要件を備えた場合があげられます。賃貸借の対抗要件を備えた場合において，その不動産が譲渡されたときは，賃貸人たる地位が譲受人に移転します（605条の2第1項）。

　賃貸借の対抗要件として，不動産賃貸借の登記（605条），借地借家法10条の借地上の建物登記，借地借家法31条の建物引渡しの3つがあります。本問では，乙は不動産賃借権設定登記（民605条）を具備せず，A地を建物所有目的で賃借していないうえA地上の建物登記を具備しているわけでもありません（借地借家10条）。

　したがって，乙は賃貸借の対抗要件を備えていません。

　乙が丙に対して甲との間で締結した賃貸借契約に基づく賃借権を対抗できる場合として，次に考えられるのは，賃貸人であった不動産の譲渡人と譲受人が，賃貸人たる地位を移転させる旨の合意をした場合です（民605条の3）。しかし，本問では，そのような合意はありません。

　以上より，乙は，丙に対して甲との間で締結した賃貸借契約に基づく賃借権を対抗できません。答案では，このような検討の流れを，条文を指摘しつつ簡潔に述べることが大切です。

2　権利濫用による修正

　上記のように，乙はA地賃借権を丙に対抗できず，丙の請求は認められるのが原則です。そうだとしても，丙は乙が甲から転貸の承諾を得ていないことを知りながら，その土地で建物建築に着手しています。ですから，客観的にみて，丙は甲乙間賃貸借契約を前提として乙から土地を賃借し，これを利用したとも評価することができます。

　このことから，丙の乙に対する請求は矛盾挙動であるようにも思えます。ここで，乙の保護をなんとか図れないか，修正論を考えていくことになります。そして，その修正の理論としては，上記のような矛盾した行動を丙がとっていることから，丙の所有権に基づく返還請求権の行使は権利の濫用（1条3項）であって許されないといった法律構成が考えられます。

　このように，修正論を展開する際には，原則と，原則論からの帰結の不都合性を必ず前提として示しておく必要があります。不都合性が生じることではじめて修正論を展開する必要が生じるからです。

　権利濫用は民法の一般条項であり，一般条項は法律論の最終手段なので，適用場面を限定する必要があります。

　権利濫用の判断基準としては，権利の行使によって生じる権利者個人の利益と相手方または社

会全体に及ぼす影響との比較衡量で決めるという客観的な基準を重視していくというのが，従来からの通説の考え方です。これに対して，関係当事者の主観的な事情，たとえば相手を困らせてやろうと思ったといった事情を考慮して，権利濫用かどうかを判断するという有力説もあります。答案例では，権利行使の態様や権利者の主観に留意しながら丙の権利濫用という結論を導いています。

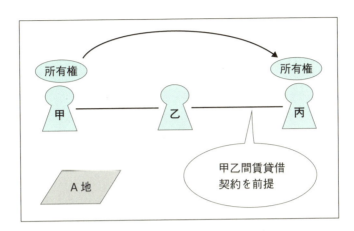

② 小問2について

1 信頼関係破壊の法理による解除権の制限
 (1) 本問では，乙が甲から転貸の承諾を得ていないにもかかわらず，A地の半分を丙に転貸し，建物を建築させているので，無断転貸を原因とする解除権が発生しうるのは，甲乙間賃貸借契約においてのことです。
　では，そもそも乙の無断転貸により甲に賃貸借契約の解除権が発生しているといえるのでしょうか。ここでは，信頼関係破壊の法理が問題となります。
 (2) 信頼関係破壊の法理
　信頼関係破壊の法理とは，賃借人に賃貸借契約上の義務違反があった場合でも，いまだ信頼関係を破壊するにいたらない場合には，契約解除は認められないという考え方をいいます。賃貸借契約は，賃借人が一定の期間不動産を借りて住むというように継続性がある契約であり，わずかでも賃料支払の遅滞等の契約違反があった場合に，即時に解除が可能となるのは妥当ではありません。そこで，当事者間で契約を継続させる基礎にある信頼関係が破壊されたといえる場合にはじめて解除権の発生を認めるのです。同法理は明文化されていませんが，解除および債務不履行の一般的規律の新たな枠組みのなかで，その位置づけが検討されることになるといわれています。
 (3) 無断転貸における信頼関係破壊の法理の適用
　無断転貸は，それ自体が背信性の大きい行為なので，原則としてこれによる信頼関係破壊が認められ，賃借人の背信的行為と認めるに足りない特段の事情がある場合にのみ例外的に解除権は発生しないとされています。
2 旧賃貸人と賃借人間の賃貸借契約における解除原因を理由とする新賃貸人による解除の可否
　次に，旧賃貸人と賃借人の契約間での解除原因を新賃貸人が主張して解除をすることができるのかが問題となります。
　賃貸人たる地位は，賃貸借契約の解除に遡及効がないことと同様に，将来に向かってのみ移転するものと考えられています。継続的契約においては，当事者に原状回復義務を負わせ，双方に不当利得の返還をさせることは無意味なので，解除は将来に向かってのみ効力を生じるとされているのです（620条前段）。また，賃貸借契約の解除は当事者たる地位に基づいてなすものであり，解除原因が生じた当事者間でのみ行うことが可能な行為です。これらのことより，旧賃貸人と賃

借人との間で発生した解除原因を，旧賃貸人たる地位を引き継いでいない新賃貸人が主張することはできないと解されます。

【参考文献】
試験対策講座・債権各論 2 章 6 節 4 【3】。

第37問 A　賃貸借③

CHECK ☐☐☐

　　Aは，平成28年4月1日に，Aが所有する建物（以下「本件建物」という）をBに「賃貸期間平成28年4月1日から平成31年3月末日までの3年間，賃料月額100万円，敷金500万円」の約定で賃貸し，Bは，敷金500万円をAに支払い，本件建物の引渡しを受けた。Bは，平成29年4月1日に，Aの承諾を得て，本件建物をCに「賃貸期間平成29年4月1日から平成31年3月末日までの2年間，賃料月額120万円，敷金600万円」の約定で転貸し，Cは，敷金600万円をBに支払い，本件建物の引渡しを受けた。その後，平成29年7月1日に，AとBは，両者間の本件建物に関する建物賃貸借契約を合意解約すること，および合意解約に伴ってAがBの地位を承継し，Cに対する敷金の返還はAにおいて行うとともに，平成29年8月分以降の賃料はAがCから収受することを合意した。そして，Bは，Aに預託した敷金500万円の返還を受けて，Cから預託を受けた敷金600万円をAに交付するとともに，Cに対して，AB間の上記合意により平成29年8月分以降平成31年3月分までのCに対する賃料債権全額をAに譲渡した旨を通知した。

　　以上の事案において，CがAB間の建物賃貸借契約の合意解約に同意しない場合，Cに対する賃貸人がAとBのいずれであるかについてどのような法律構成が考えられるか，また，Cに対して敷金返還債務を負担する者がだれかについてどのような法律構成が考えられるかに言及しつつ，BC間およびAC間の法律構成を論ぜよ。

【解答へのヒント】

1　AB間の合意解約によりBC間の転貸借契約は消滅するのでしょうか。まずは転貸についての条文をチェックしてみましょう。

2　AはCに対して賃料請求をしたいはずです。一般論として，賃貸人たる地位の移転が生じた場合，賃借人には賃料二重払いの危険が生じます。しかし，本問ではそのようにいえるでしょうか。

賃貸期間：平成28年4月1日～平成31年3月末日　　　賃貸期間：平成29年4月1日～平成31年3月末日
賃料：月額100万円　　　　　　　　　　　　　　　　賃料：月額120万円
敷金：500万円　　　　　　　　　　　　　　　　　　敷金：600万円

第37問　185

第1　BC間の法律構成について

1　まず，Cは，Cに対する賃貸人はBであり，BC間に転貸
借関係が存在すると主張することが考えられる。BC間の
承諾転貸借において，AB間の原賃貸借契約（601条）が合
意解約されても，転借人Cはこれを対抗されない（613条　5
3項本文）。

　　では，このような場合において，Cに対する賃貸人はA
とBのいずれであるといえるか。本問では，①原賃貸借契　　　➡構成提示
約および転貸借契約がいずれも存続し，Bが賃貸人である
とする構成と，②転貸借契約が原賃貸人と転借人間に移転　10
し，Aが賃貸人となるとする構成が考えられるところ，ど
ちらの法律構成が妥当かを検討する。

⑴　まず，①によれば，転借人は原賃貸人に対して，直接　　➡比較・対照
　義務を負い（同条1項前段），原賃貸人は，転借人に対
　し，原賃貸借契約の賃料を請求できるのみである。　　　15

　　本問では，Aは，Cに対して，原賃貸借契約の賃料で
　ある100万円を請求できるにとどまる。また，原賃借人
　兼転貸人Bは，契約関係から離脱することができない。

⑵　他方，②によれば，原賃貸人は，転貸人の地位を承継　　➡比較・対照のポイントをそ
　するから，転借人に対し，転貸借契約の賃料を請求でき　20　ろえる
　る。

　　本問では，Aは，Cに対して，転貸借契約の賃料であ
　る120万円を請求しうる。また，原賃借人兼転貸人Bは，
　契約関係から離脱することができる。

　　さらに，転借人は，原賃貸人と原賃借人兼転貸人間の　25
　合意により，転貸人が変更になるという不利益を負うと
　も思えるが，目的物を使用収益させる義務は所有者であ
　れば誰でもなしうる没個性的なものであるから，転借人
　を害することにはならない。

⑶　したがって，②は，①に比べ，法律関係が簡明であり，30　➡結論
　また，転借人を害することもなく，妥当であるから，賃
　貸人は，Aである。よって，Bとの間に転貸借関係が存
　在するというCの主張は認められない。

2　次に，Cは，Cに対して敷金返還債務を負うのはBであり，
Bに対する敷金返還請求権が存在すると主張することが考　35
えられる。本問では，転借人Cに対して敷金返還債務を負
っていたのは転貸人Bであるが，原賃貸人Aが転貸人Bか
らその地位の移転を受けている。

　　では，このような場合において，Cに対して敷金返還債
務を負担する者はAとBのいずれであるか。本問では，③　40　➡構成提示
敷金返還債務の移転を免責的債務引受（472条1項）と構　　　論 賃貸人たる地位の移転と敷
成し，転借人の承諾（同条3項）がなければ敷金返還債務　　　金返還請求権の承継
は原賃貸人に承継されないとして，債務を負担する者をB
とする構成と，④賃借人が賃貸人に対して負担するいっさ

いの債務の担保のために差し入れられる金銭であるという 45
敷金の性質から, 敷金返還債務は転貸人の地位の移転に随
伴して承継されるとして, 債務を負担する者をAとする構
成が考えられるところ, どちらの法律構成が妥当かを検討
する。
(1) まず, ③によれば, 転借人を無視して敷金返還債務の 50
債務者が変更されずにすむが, 転貸人たる地位を承継し
た者は, 転借人の債務不履行に備えた担保を有さないこ
とになる。
(2) 他方, ④によれば, 転貸人たる地位を承継した者は,
転借人の債務不履行に備えた担保を有する。また, 賃貸 55
目的物の所有権を有しない点で将来の無資力の危険が大
きい原賃借人兼転貸人を債務者とするよりも, 転借人に
有利である。
(3) したがって, ④は, ③に比べ法律関係が簡明であり, ➡結論
また, 転借人を害することもなく, 妥当であるから, 敷 60
金返還債務を負担する者は, Aである。よって, Bに対
する敷金返還請求権が存在するというCの主張は認めら
れない。
第2 AC間の法律構成について
1 Aは, Cに対して, 賃貸借契約に基づき, 平成29年8月 65
分以降の賃料を請求することが考えられる。
まず, Aは, 前述のようにCに対する賃貸人の地位を承
継している。そして, 賃料債権の譲渡の通知があれば, 債
権者を認識でき, 二重払いの危険を回避できる。
また, 賃貸人たる地位の移転が生じた場合, 賃貸目的物 70
の譲渡がある場面では, 新賃貸人は, 対抗要件を具備する
必要がある (605条の2第3項) が, 賃貸目的物の譲渡が
ない場面では, 譲渡がある場面と異なり, 賃貸人たる地位
を取得後に所有権移転登記によって新たに対抗要件を具備
することは観念できない。そこで, 賃貸目的物の譲渡がな 75
い場面では, 賃料債権の譲渡の通知があれば, 賃貸人たる
地位を対抗でき賃料を請求できると解する。
よって, Aは, Bから平成29年8月分から平成31年3月
分までの賃料債権の譲渡を受け, Bが債権譲渡通知 (467
条1項) を発送し, Cに到達しているので (97条1項), C 80
に対して賃料を請求できる。
2 また, Aは, 前述のように敷金返還債務を承継している
から, Cは, 将来, 賃貸目的物をAに明け渡した後, Aに
対して敷金返還請求をすることができる (622条の2第1
項1号)。 85
以上

本問の題材は，旧司法試験の2007（平成19）年度第２問である。

適法に建物の転貸借がされた後に，賃貸人と賃借人（転貸人）が転借人の同意を得ないで，(1)原賃貸借契約の合意解約をし，これとあわせて(2)転貸人たる地位の移転の合意，(3)敷金返還債務の引受の合意，(4)転貸賃料債権譲渡の合意をした場合，これらの合意によって転貸借関係はどうなるか，その前提として，(1)から(3)の合意に転借人の同意を要するか否かについてどのような法律構成が考えられるかを検討させることを通じて，基本的知識の理解と論理的思考力，判断能力を問う問題である。

論点

賃貸人たる地位の移転と敷金返還請求権の承継

答案作成上の注意点

1 本問の解答方針

本問では，「法律構成を論ぜよ」という問い方がなされています。実際に本問を解いてみて，少し面食らってしまったかもしれませんが，これを機にこういった問題についての対処の仕方を身につけておきましょう。

このような問題が出題された場合，まずは，書かなければならないことを問題文から抽出し，整理する必要があります。以下のような図を使って整理するとわかりやすいかもしれません。

	BC間	AC間
Cに対する賃貸人	構成① 構成②	賃貸人たる地位の対抗
敷金返還債務負担者	構成③ 構成④	

次に検討すべきは文量配分です。司法試験においては，トピック毎の配点を考えるという思考が非常に重要となってきますから，本問を解くにあたっても，そこをしっかり意識しなければなりません。上の表に基づいて考えるに，本問では，AC間に比してBC間を厚く書く必要がありそうです。構成①から④までについては，それぞれ同じくらい書けばよいでしょう。

2 BC間の法律構成

1 Cに対する賃貸人

まず，答案例では，BC間の法律関係につき，①原賃貸借契約および転貸借契約がいずれも存続し，Bが賃貸人であるとする構成と，②転貸借契約が原賃貸人と転借人間に移転し，Aが賃貸人となるとする構成が提示されています。これらの法律構成をどのように導出すればよいのか，考えてみましょう。

転貸借の効果は613条に規定されています。AとBは賃貸借を「合意により解除」していますから，本問は同条３項の適用場面といえそうです。そして，同条３項は，そのような合意解約を転借人に「対抗することができない」としています。では，AがCに合意解約を「対抗することができない」結果，ABC間の法律関係はどうなるのでしょうか。

ここで考えられるのが構成①と②です。結論は一義的に定まりませんから，考えうる複数の法

律構成をあげるのがよいでしょう。

次に両者の比較・対照を行います。「法律構成を論ぜよ」とある以上，法律構成を提示するだけでは問題を解いたことにはなりません。ですから，それぞれの法律構成の内容，すなわち，理論的妥当性やメリット・デメリットなどに立ち入って論じていく必要があります。複数の法律構成をあげた場合は，これらを比較・対照するかたちで答案を書いていくのが王道でしょう。このときに意識すべきことは，比較・対照のポイントです。答案例では，⑦請求できる賃料の額および④Bのおかれる立場について，構成①②をしっかり対比させながら論じています。このような論じ方ができれば，十分合格ラインに到達するでしょう。

2　敷金返還債務負担者

605条の2第1項，2項後段または605条の3前段によって賃貸人たる地位が移転した場合には，敷金の返還にかかる債務は，新賃貸人である不動産の譲受人が承継します（650条の2第4項，605条の3後段）。これに対し，これらの規定によらずに賃貸人たる地位が移転した場合に敷金返還債務が新賃貸人に承継されるかについては，明文の規定がありません。

答案例にあげられている2つの構成は，それぞれ，債務の移転という行為の性質と敷金の本質にフォーカスしたものとなっています。敷金返還債務の移転という行為を，単に字面どおり捉えるのではなく，要素に分解したうえでしっかり理解できるようになれば，このような構成もすんなりでてくるようになるはずです。

あとは，Cに対する賃貸人についての検討をした場合と同様に，両構成のメリット・デメリットを比較・対照していけばよいでしょう。

③　AC間の法律構成

1　Cに対する賃貸人

AはCに賃料を請求できる，という結論を導くための理論構成としては，以下の2つが考えられます。

①Aは債権譲渡通知により賃貸人たる地位をCに対抗できるから，Cに対して，賃貸人たる地位に基づいて賃料請求できる。

②Aは債権譲渡通知により賃貸人たる地位を対抗することはできないが，債権者たる地位をCに対抗できるため，Cに対して，債権者たる地位に基づいて賃料請求できる。

答案例では前者の理論構成をとっていますが，ここでは両者について概観します。

①の理論構成を採る場合，債権譲渡通知により賃貸人たる地位を対抗できるとする理由をしっかり説明しなければなりません。主な理由としては，605条の2第3項の適用場面と異なるため所有権移転登記による新たな対抗要件具備をなしえないこと，債権譲渡通知具備による賃貸人たる地位の対抗を認めても賃料二重払いの危険が生じないことなどがあげられます。この理論構成を採った場合のメリットは，法律関係が簡明となることです。

他方，②の理論構成は，債権譲渡通知によっては賃貸人たる地位の対抗をなしえない，ということを前提にしています。賃貸人たる地位の対抗は所有権移転登記の具備によってしかなしえない，という考えは，たしかに同項や従来の判例法理との関係で一貫しているともいえそうですが，やや教条的にすぎるきらいがあります。そして，本問でこの説を採った場合，賃貸人であるはずのAが債権者としての地位によってのみ賃料を請求できるという，少々据わりの悪い結論が導かれてしまいます。

このようなことから，答案例では，より柔軟かつ妥当な解決を志向し，①の理論構成をとっています。

2　敷金返還債務負担者

Aは敷金返還債務を承継しています。ですから，Cは，建物明渡し後に，Aに対して敷金返還請求をすることができます。ここについては，これといって論じることもないので，軽く触れておく程度で十分でしょう。

【参考文献】
試験対策講座・債権各論2章6節⑤【1】⑶。

第38問 A 請負

　Xは，Yに国際見本市の会場のひとつとなる乙建物の建築を注文した。Zは，見本市の期間中，乙建物を出展用に使用するため，Xと賃貸借契約を締結した。この契約には，乙建物を使用させられないときはXがZに1000万円を支払う旨の損害賠償額の予定条項が含まれていた。ところが，乙建物は，完成後引渡し前に地震により全壊して使用不能となり，見本市の期間中には再築も間に合わなくなった。Xは，Zに予定どおり乙建物を使用させていれば，2000万円の収益を得られるはずであった。

　この事例において，(1)地震の震度が極めて大きく，Yが耐震基準に適合した設計・施工をしていたにもかかわらず，乙建物が全壊した場合と，(2)地震の震度は標準的な建物であれば十分耐えうる程度のもので，Yの施工上の手抜き工事が原因で乙建物が全壊した場合とに分けて，XY間およびXZ間の法律関係について論ぜよ（なお，XY間の請負契約には民法の規定と異なる特約はなかったものとする）。

【解答へのヒント】
1　XY間の法律関係
　　まず，XY間には乙建物の建築を目的とする請負契約が結ばれています。そこで，この契約関係に基づいて，XY双方が他方に対して，どのようなことを主張するかを考えてみましょう。そのうえで，乙建物の全壊および再建築が困難である点にかんがみて，どのような契約関係の処理が必要となるか検討してください。
2　XZ間の法律関係
　　続いて，XZ間では乙建物についての賃貸借契約が締結されています。そこで，ここでもこの契約関係に基づいて，XZ双方が他方に対して，どのような主張をするか考えてみましょう。そのうえで，国際見本市の会場としてZが乙建物を使用できない点を考慮して，どのような契約関係の処理が必要となるか検討してください。
　　その際に，XZ両者間で締結された1000万円の損害賠償の予定条項が検討した請求との関係で，どのような意味を有するのかに留意してください。

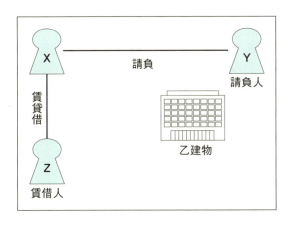

答案例

第1　耐震基準に適合した設計・施工をしていた場合
　1　XY間について
　⑴　Xは，Yに対し，乙建物の再築が間に合わない以上，
　　乙建物を完成し引き渡すという請負契約（632条）にお
　　けるYの債務は社会通念上履行不能であるから，履行不　　5
　　能に基づく損害賠償請求をすることが考えられる。
　　　もっとも，乙建物は耐震基準に適合したものであるに
　　もかかわらず全壊したのであり，上記履行不能は不可抗
　　力によるものといえる。したがって，Yに免責事由（415
　　条1項ただし書）が認められ，Xの上記請求は認められ　　10
　　ない。
　⑵　他方，Yは，Xに対し，請負契約に基づく報酬請求を
　　することが考えられるが，Yの債務の全部が履行不能で
　　ある以上，Xは，本件請負契約をただちに解除できる
　　（542条1項1号）。また，かりに請求がされたとしても，　15
　　Xは，Yの請求を拒むことができる（536条1項）。
　2　XZ間について
　⑴　XZ間で賃貸借契約（601条）が成立しているものの，
　　乙建物は全壊し，「賃貸物の全部が滅失」（616条の2）
　　しているから，賃貸借契約は終了している。そのため，　　20
　　Zは，Xに対し，本件賃貸借契約に基づいて，乙建物の
　　使用収益を請求することはできない。
　　　そこで，Zは，Xに対し，履行不能に基づく損害賠償
　　請求（415条2項1号）として，1000万円の支払を請求
　　することが考えられる。　　25
　　　まず，乙建物は全壊し，見本市の期間中には再築も間
　　に合わなくなったから，Zに乙建物を使用収益させると
　　いうXの債務は，社会通念上履行不能となっている。そ
　　のため，「債務の履行が不能である」（415条1項本文，
　　同条2項1号）といえる。　　30
　　　もっとも，前述のとおり，履行不能は不可抗力による
　　ものといえるから，Xに免責事由（同条1項ただし書）
　　が認められる。
　　　そして，上記契約には損害賠償額の予定条項（420条　　35
　　1項）が含まれているが，これはあくまで損害額の立証
　　を不要とするものであり，その他の損害賠償請求のため
　　の要件を不要とする趣旨のものではない。
　　　よって，Zの上記請求は認められない。
　⑵　他方，Xは，Zに対し，賃貸借契約に基づく賃料請求
　　をすることが考えられるが，前述のとおり，同契約は終　　40
　　了している。したがって，かかる請求はできない。
第2　施工上の手抜き工事がある場合
　1　XY間について
　　　Xは，Yに対し，履行不能に基づく損害賠償請求をする

論 賠償額の予定（420条）と損
　害賠償請求

ことが考えられる。 45

　まず，前述のとおり，本件は「債務の履行が不能である
とき」にあたる。そして，Yは手抜き工事をしているから，
Yに免責事由は認められない。

2　では，いかなる範囲での賠償が認められるか。 ⮕問題提起

（1）　そもそも，損害の公平な分担という416条の趣旨から， 50 論損害賠償の範囲（416条）
同条1項は，相当因果関係の原則を規定し，同条2項は， ⮕規範
その基礎とすべき特別の事情の範囲を示したものと解す
る。

（2）　本問で，テナント収入が予定される見本市用の乙建物 ⮕あてはめ
について手抜き工事をすれば，これが地震で倒壊して見 55
本市に供することができなくなるのは請負契約上明らか
であるから，2000万円の履行利益の損害は，Yの手抜き
工事によって「通常生ずべき損害」（同条1項）といえ
る。

　また，かりにXに帰責性があり，XがZに対して1000 60
万円の損害賠償債務を負う場合，損害賠償額の予定条項
について請負人Yは「予見すべきであった」（同条2項）
といえ，このような事情を基礎とすれば，このような損
害もYの手抜き工事により生じたといえる。

（3）　よって，Xは，Yに対し，自己に帰責性がない場合は 65 ⮕結論
2000万円，帰責性がある場合には3000万円の損害賠償請
求をすることができるが，後者の場合は必要的に過失相
殺（418条）がなされる。

3　XZ間について

　Zは，Xに対し，履行不能に基づく損害賠償請求をする 70
ことが考えられる。もっとも，乙建物が全壊してXの使用
収益させる債務が履行不能となったのは，Yの手抜き工事
が原因である。では，債務者Xは履行補助者Yの行為につ ⮕問題提起
いても債務不履行責任を負うのか。いかなる場合に免責事 論履行補助者の行為と免責事
由が認められるかが問題となる。 75 由(415条1項ただし書)と
の関係

（1）　履行補助者による債務不履行が免責されるか否かは， ⮕規範
「契約その他の債務の発生原因及び取引上の社会通念」
に照らして判断すべきと解する。

（2）　本問で，XとZは，乙建物が完成していない段階で賃 ⮕あてはめ
貸借契約を締結しているから，Xが乙建物の建築を第三 80
者に注文することは契約上予定されていたと考えられる。
そうすると，XがYに乙建物の建築を注文したことは社
会通念上不合理ではない。

（3）　よって，XがYの手抜き工事を知りまたは知りうべき ⮕結論
であったというような，Yの行為をXに帰責すべき特段 85
の事情がないかぎり，Xに免責事由が認められるから，
Zの上記請求は認められない。

以上

　本問の題材は，旧司法試験の1996（平成8）年度第2問である。

　本問は，建物の請負契約における建物完成および引渡し債務が不能の際に，その不能につき請負人に免責事由が認められる場合とそうでない場合に分け，契約当事者が主張しうる履行請求権・損害賠償請求権についての検討を問うものである。さらに，これを前提とした賃貸借契約も不能になるところ，当該契約の当事者の法律関係についても，請負人の免責事由の存否と履行補助者の免責事由との関係に留意したうえでの論述が求められている。

論点

1　賠償額の予定（420条）と損害賠償請求
2　損害賠償の範囲（416条）
3　履行補助者の行為と免責事由（415条1項ただし書）との関係

答案作成上の注意点

① はじめに

　この問題では，決して大きな論点が問われているわけではありませんが，契約関係が複数存在しており，場合分けも必要となるので，想定すべき請求の数は決して少なくありません。そこで，要領よく請求を検討したうえで，損害賠償の予定や履行補助者など本件の特性に応じて議論を展開していく必要があります。本問では，各請求を適切に定立できているか，そして履行補助者の存在および損害賠償の範囲に気づけているかがポイントになるので，しっかりと書けているかを確認してください。

② XY間の法律関係

1　まずは想定される請求について整理します。
　　XY間には請負契約（632条）が締結されているので，当該契約に基づいて，Xが①建物の完成および引渡請求をYが②報酬請求をすることが想定されます。
　　しかしながら，すでに乙建物の再建築は間に合わず，本件請負契約は履行不能（412条の2第1項）となっているので，Xからの③履行不能

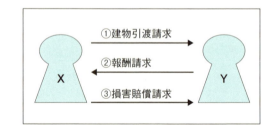

による損害賠償請求（415条2項1号）についての検討も必要であることがわかります。この3つの請求を検討すべきだということは，Yが耐震基準に適合した設計・施工をしていたか否かに関係ありません。

2　①建物の完成および引渡請求，②報酬請求
　　①の請求は認められません。当該債務が履行不能となっており，債権者は当該債務の履行を請求できないからです。②の請求はXによる無催告解除または危険負担によって退けられることになります。

3　③履行不能による損害賠償請求
（1）　前述したように，建物の完成および引渡債務が履行不能（415条1項本文，同条2項1号）に該当するので上記請求は認められるようにも思いますが，Yが耐震基準に適合した設計・施工をしていた場合には免責事由（同条1項ただし書）があるといえ，上記請求は認められません。
　　　逆に，Yによる施工上の手抜き工事が原因で乙建物が全壊した場合には，免責事由があると

はいえず，上記請求が認められるので，ここに場合分けによる結論の相違が生じます。
(2) そのうえで，請求が認められる場合，どの範囲で損害賠償が認められるのかが論点になります。答案例では，判例通説である相当因果関係説を前提とした議論が組み立てられています。
　　具体的には，社会通念上相当と考えられる範囲内の損害にかぎり賠償責任を負うとするものであり，「通常生ずべき損害」は相当因果関係内の範囲に限定され，「特別の事情によって生じた損害」は通常の事情および当事者が予見すべきであった特別な事情を前提とした相当因果関係内の範囲に限定されることになります。

③ XZ間の法律関係

1　先ほどと同様に考えれば，XZ間には賃貸借契約が締結されているので，Zの④乙建物の使用収益請求およびXの⑤賃料請求が考えられます。そのうえで，実際には本件使用収益させる債務が不能となっているので，Zの⑥履行不能による損害賠償請求が検討の対象になります。

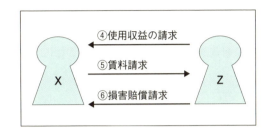

2　④乙建物の使用収益請求，⑤賃料請求
　　賃貸目的物である乙建物が全壊しており，「賃借物の全部が滅失……により使用及び収益をすることができなくなった」（616条の2）といえるので，本件賃貸借契約は終了することになります。そうだとすれば，いずれの請求も基礎を欠くことになるので，認められないことになります。
3　⑥履行不能による損害賠償請求
(1) XY間の損害賠償請求と同様に，Xの乙建物を使用収益させる債務が履行不能になっているものの，Yが耐震基準に適合した設計・施工をしていた場合には免責事由が認められるので，上記請求は認められません。
　　一方で，XZ間には1000万円を支払う旨の損害賠償額の予定条項，いわゆる損害賠償額の予定（420条1項）がなされているので，これが，どのような意義を有するのかを検討しておきたいです。とはいえ，損害賠償の予定の趣旨は主に債権者の損害の立証の困難を除去する点に認められる以上，このような合意によって立証を不要とするのは損害の発生およびその額にすぎず，そのほかの要件は依然として立証を要するので，本問では結論が動かないことになります。
(2) 逆に，Yが施工上の手抜き工事が原因で乙建物が全壊した場合には，契約当事者であるX自身には免責事由がありそうですが，請負人であるYをも考慮にいれれば免責事由がなさそうであり，履行補助者についての免責事由での考慮方法が問題になります。
　　この点に関しては，債務者の帰責根拠を過失責任主義においていた改正前民法では狭義の履行補助者と履行代行者に振り分けたうえで，更に履行代行者については使用が禁じられていたか，明文で許されていたか等によって扱いを分ける類型論が検討されてきましたが，帰責根拠を契約の拘束力におく改正民法では，類型論ではなく，端的に債務者について帰責事由があるか否かが問題となり，履行補助者の存在は考慮要素のひとつに位置づけられることになります。本問との関係でいえば，XZは対象たる建物が建築される以前に賃貸借契約を締結しており，Xが他者に建築を依頼することは十分に想定されていたといえそうです。そうだとすれば，Xが請負契約を第三者と締結することは契約上許容されており，ほかにXに帰責する根拠となる事情がないかぎりは，免責事由が認められることになります。

④ おわりに

　本問のように複数の請求を検討する問題は，単に論点となっているものを捉えて規範，あてはめを展開するだけでは不十分であり，過不足なく想定される請求を拾っていくことが重要になります。あくまで論点は，請求という大枠の中で必要になってくるのだという意識を大切にしてください。請求を拾うことは民法の基礎的な理解に基づくものであり，試験で落としてしまうと各論点を適切に位置づけられないなど大きな痛手にもなりかねないので，すばやく適切に拾えるようにしましょ

う。そのためには，問題状況を丁寧にふまえていくことが必要になります。その意味で，本問はいい練習材料ですので，過不足なく請求を列挙できたか確認してください。

　具体的には，契約関係を基礎とする場合には，契約から生じる債権債務関係に着眼することから始めてください。本問でいえば，ＸＹ間の請負契約とＸＺ間の賃貸借契約が，これにあたります。契約関係が順調に進んでいる場合には，この債権債務関係を把握すれば基本的に十分ということになります。しかし，債務不履行が生じるなど不都合が生じた場合には，損害賠償請求権等が生じることになるので，問題の事情と適用される条文を参照しつつ適切な請求を摘示してください。ここまでの解説も，この思考過程を前提に書かれているので，参考にしてください。

【参考文献】
試験対策講座・債権総論 2 章 3 節[2]【3】(3)・[3]【3】(1)。

第39問 A　事務管理

　　A会社の工場が爆発し，付近を通行中のBが重傷を負い，通行人CがタクシーでBを医師Dの
もとに運んだ。Bは，治療のかいもなく，間もなく死亡し，あとに，長期間別居中の妻E，B
と同居している内縁の妻FおよびB・F間の子でBにより認知された幼児Gが残された。
　　上記の事実関係のもとにおいて，次の問いに答えよ。
1　Cがタクシー料金および汚れた衣服のクリーニング料金を支出した場合におけるその費用
　ならびにDの治療代に関し，CおよびDは，だれに対してどのような請求をすることができ
　るか。
2　E，FおよびGは，A会社に対してどのような請求をすることができるか。

【解答へのヒント】
1　小問1について
　　小問1は，BがC，Dに自己を病院へ運ぶことや治療を依頼した場合と，これらを依頼しなか
った場合に分けて検討する必要があります。
　　Cは，タクシー料金および汚れた衣服のクリーニング料金を支出しているので，その費用をB
の相続人に請求することが考えられます。Bの依頼があった場合には，BC間になんらかの契約
が成立しているので，その契約に基づいてCは上記の費用を請求することができそうです。これ
に対し，Bの依頼がなかった場合には，BとCとの間には契約関係が存在しないので，契約以外
の債権発生原因を検討する必要があります。
　　Dは，治療代をBの相続人に請求することが考えられます。Bの依頼があった場合には問題な
く請求できそうですが，Bの依頼がなく，Cが勝手にBの名義でDに治療を依頼した場合，DはB
に治療代を請求できるでしょうか。
　　さらに，Bの内縁の妻であるFに対しても同様の請求ができないかを検討する必要があります。
2　小問2について
　　EGは，A会社に対し，扶養利益の侵害を理由とする固有の財産的損害の賠償請求，固有の慰
謝料（711条）の賠償請求をすることができます。これに加えて，EGは，BのA会社に対する損
害賠償請求権を相続したとして，これをA会社に請求することができるでしょうか。財産的損害
と精神的損害で問題の所在が異なるので，両者の違いを意識して検討しましょう。
　　Fには相続権がないので，BのA会社に対する損害賠償請求権を相続することはできません。
そこで，固有の損害の賠償を請求することになります。この点についても，財産的損害と精神的
損害とに分けて検討してみましょう。

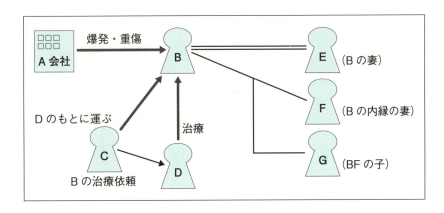

第1　小問１について
1　Cの請求
⑴　まず，BがCに自己を病院に運ぶように依頼していた
場合，BC間に準委任契約（656条）が成立する。
そのため，Cは，Bの相続人たるEG（890条，887条１　5
項）に対して，必要費（656条・650条１項）としてタク
シー料金，損害賠償（同条３項）としてクリーニング料
金の支払を請求できる（896条本文）。また，Cは，Bの　　　　　論 761条が内縁配偶者に適用さ
内縁配偶者Fに対してもこれらの料金の支払を請求でき　　　　　れるか
る（761条類推適用）。　10
⑵　他方，BがCに対して上記依頼をしていない場合，C
は法律上の「義務なく」，Bの「ために」，Bの意思に反
することなく，「事務の管理」をしたといえるため，事
務管理（697条１項）が成立する。
ア　そのため，Cは，EGに対して，タクシー料金を「有　15
益な費用」（702条１項）として，支払請求できる。
イ　では，Cは，クリーニング料金の支払も請求できる　　　　　➡問題提起
か。同条２項は650条３項を準用していないところ，　　　　　論「有益な費用」（702条１項）
「有益な費用」に損害も含むかが問題となる。　　　　　　　　の意義
　　社会の相互扶助の見地から，「有益な費用」は広く　20　　　➡規範
解すべきであり，事務管理にあたって当然発生が予期
される損害を含むと解する。
　　本問についてみると，重傷のBを運べば衣服が血で　　　　　➡あてはめ
汚れることは当然発生が予期されるため，衣服のクリ
ーニング料金は「有益な費用」にあたる。　25
　　したがって，Cは，同料金の支払を請求できる。　　　　　➡結論
2　Dの請求
⑴　まず，BがDに対して治療を依頼した場合，BD間に準
委任契約が成立する。
ア　そのため，Dは，相続人EGに対し，「報酬」（656　30
条・648条１項）として治療代の支払を請求できる。
イ　また，Dは，Fに対しても，治療代の支払を請求で　　　　　論内縁配偶者に761条が適用さ
きる（761条類推適用）。　　　　　　　　　　　　　　　　　　れるか
⑵　他方，Cが事務管理として，B名義でDに治療を依頼
した場合，Dは，EGに対して，治療代の支払を請求で　35　　　➡問題提起
きるか。事務管理の対外的効力が問題となる。　　　　　　　　論事務管理の対外的効力
　　事務管理は対内関係の規定にすぎず，対外的に代理権　　　　➡規範
は発生しないため，法律行為の効果は本人に帰属しない
と解する。
　　したがって，Dは，EおよびGの法定代理人Fの追認な　40　　　➡あてはめ
きかぎり，治療代の支払を請求できない（113条１項）。
　　もっとも，Dは，無権代理人の責任として，Cに治療
代相当額の支払を請求できる（117条１項）。
第2　小問２について

1 EGの請求   45
 (1)　まず，EGは，A会社に対して，不法行為に基づき，
　　固有の財産的損害の賠償を請求できる（709条）。
　　　また，EGは固有の慰謝料の賠償も請求できる（711条）。
 (2)　次に，EGは，A会社に対して，BのA会社に対する不
　　法行為に基づく損害賠償請求権（709条，710条）を相続 50
　　（896条）したとして，これを請求できるか。
　ア　まず，EGは，医療費等の財産的損害賠償請求権を
　　相続するため，その賠償を請求できる。
　イ　では，死亡に関する財産的損害についてはどうか。
　　権利能力のない死者に，死亡に関する損害賠償請求権 55
　　が発生するかが問題となる。
　　　　生命侵害は身体傷害の極限的概念といえるため，死
　　　者にも死亡に関する損害賠償請求権が発生すると解す
　　　る。
　　　　したがって，Bに死亡に関する損害賠償請求権が発 60
　　生し，相続人たるEGは，その賠償を請求できる。
　ウ　さらに，Bの慰謝料請求権についてはどうか。慰謝
　　料請求権の相続性が問題となる。
　　　　慰謝料請求権も単なる金銭債権である以上，一身専
　　　属的（896条ただし書）ではなく，被害者が請求の意 65
　　　思表示をしたか否かを問わず，相続性が認められると
　　　解する。
　　　　したがって，EGは，Bの慰謝料請求権を相続する
　　ため，その賠償を請求できる。
2 Fの請求   70
 (1)　まず，Fは，扶養利益喪失による固有の財産的損害賠
　　償を請求できる（709条）。
 (2)　では，Fは，固有の慰謝料の賠償を請求できるか。
　　711条の適用の可否が問題となる。
　　　　同条所定の者と同視しうべき身分関係が存し，被害者 75
　　　の死亡により甚大な精神的苦痛を受ける者には，同条が
　　　類推適用されると解する。
　　　　本問では，Bと同居していた内縁配偶者Fは，同条所
　　定の者と同視しうべき身分関係が存し，Bの死亡により
　　甚大な精神的苦痛を受ける者といえる。   80
　　　　したがって，Fは，同条の類推適用により固有の慰謝
　　料請求権を有するため，その支払を請求できる。
 (3)　一方，内縁関係にとどまるFに相続権はないため，F
　　はBの損害賠償請求権を相続できない。
　　　　　　　　　　　　　　　　　　　　　　　　　　以上 85

━▶問題提起
論 死亡の損害賠償の可否
━▶規範

━▶あてはめ

━▶問題提起
論 慰謝料請求権の相続性

━▶規範

━▶あてはめ

━▶問題提起
論 内縁配偶者に711条が適用さ
れるか
━▶規範

━▶あてはめ

━▶結論

本問の題材は，旧司法試験の1983（昭和58）年度第2問である。

本問は，事務管理，不法行為についての基本的な知識を問うものである。論じるべき論点が多岐にわたるため，コンパクトな論述が求められていた。

論点

1　761条が内縁配偶者に適用されるか
2　「有益な費用」（702条1項）の意義
3　事務管理の対外的効力
4　死亡の損害賠償の可否
5　慰謝料請求権の相続性
6　内縁配偶者に711条が適用されるか

答案作成上の注意点

1　小問1について

1　Cの請求について

(1)　Bの依頼があった場合

Bが C に自己を病院に運ぶように依頼していた場合，BC間に準委任契約（656条）が成立します。そのため，C は，B の相続人たる EG（890条，887条1項）に対して，必要費（656条・650条1項）としてタクシー料金，損害賠償（同条3項）としてクリーニング料金の支払を請求できます（896条本文）。

では，C は，EG だけではなく，C の内縁配偶者である F に対しても同様の請求をすることができないでしょうか。F は B の相続人ではないので B の債務を相続しませんが，761条の規定により連帯債務を負わないかが問題となります。

この点，内縁は，届出を欠くだけで，夫婦としての社会的実体を有しているので，日常家事債務の連帯責任に関する761条は内縁の夫婦に類推適用されると解されています。

したがって，「法律行為」たる準委任契約により生じた債務については F も連帯債務を負います。

よって，C は F に対しても上記請求をすることができます。

ただし，後述の事務管理は準法律行為であり，「法律行為」ではないので，これによって生じた債務については F が連帯債務を負うことはない，という点に注意してください。

(2)　Bの依頼がなかった場合

C の上記依頼がなかった場合，BC間には何らの契約も成立しません。しかし，C は法律上の「義務なく」，B の「ために」，B の意思に反することなく，「事務の管理」をしたといえるため，事務管理（697条1項）が成立します。

したがって，C は，B の相続人である EG に対して，タクシー料金を「有益な費用」（702条1項）として，支払請求できます。

では，C はクリーニング代金についても EG に請求できるでしょうか。管理者は事務の管理のために被った損害の賠償を本人に請求できるかが問題となります。

この点について，通説は，701条，702条2項が650条を準用していないことを理由に，管理者は本人に対して損害賠償請求をすることができないと解しています。ただし，通説は，「有益な費用」を合理的に解釈したり，「費用」に準じる損害として処理することで妥当な結論を導いています。

2　Dの請求について

(1)　Bの依頼があった場合

BがDに対して治療を依頼した場合，BD間に準委任契約が成立します。そのため，Dは，Bの相続人EGに対し，「報酬」（656条・648条1項）として治療代の支払を請求できます。

また，Dは，Fに対しても，治療代の支払を請求できます（761条類推適用）。

(2)　Bの依頼がなかった場合

Cが事務管理としてB名義で（Bのためにする旨を示して）Dに治療を依頼していた場合，DはBに対し治療代を請求できるでしょうか。事務管理として法律行為がなされた場合に，その効果が本人に直接帰属するかが問題となります。

この点について，事務管理は対内関係の規定にすぎず，対外的に代理権は発生しないため，法律行為の効果は本人に帰属しないと解されています。

したがって，Dは，EおよびGの法定代理人Fの追認なきかぎり，治療代の支払を請求できません（113条1項）。もっとも，Dは，無権代理人の責任として，Cに治療代相当額の支払を請求できます（117条1項）。

②　小問2について

1　EGの請求について

EGは，A会社に対し，固有の財産的損害の賠償（709条），固有の慰謝料の賠償（711条）の請求だけではなく，BのA会社に対する損害賠償請求権を相続したとして，これを請求することができるでしょうか。

(1)　死亡の損害賠償の可否

生命侵害を理由とする財産的損害についての損害賠償請求権が相続されるでしょうか。生命侵害を理由とする損害賠償請求権が，その時点で権利主体でない死者に帰属するのは，論理矛盾とも思えるため問題となります。

この点について，判例（大判大正9年4月20日民録26巻553頁）は，生命侵害を理由とする財産的損害についての損害賠償請求権が被害者本人にいったん帰属し，それが相続人に相続されると解しています（相続説）。上記の判例は理由をあげていませんが，学説上は，生命侵害も身体に対する傷害の極限であると説明する説（極限概念説）などがあります。

では，本問とは異なり，被害者が即死した場合でも，損害賠償請求権が被害者に発生し，これが相続されるでしょうか。

この点について，判例（大判大正15年2月16日民集5巻150頁〔判例シリーズ88事件〕）は，被害者が即死した場合でも，損害賠償請求権が被害者に発生し，これが相続されると解しています。

本判決は，その理由として，理論的には即死の場合でも傷害と死亡との間に時間の間隔を観念できること（時間的間隔説），実質的には受傷後に死亡した場合との結果の均衡をあげています。

(2)　慰謝料請求権の相続性

慰謝料請求権は一身専属権であり相続の対象とならないのではないかが問題となります。

この点について，判例（最大判昭和42年11月1日民集21巻9号2249頁〔判例シリーズ89事件〕）は，慰謝料請求権も結局は単純な金銭債権であること等を理由として，被害者自身が慰謝料請求権を放棄したと解される特別の事情がないかぎり，当然に相続されるとしています。

2　Fの請求について

Fは，A会社に対し，扶養利益喪失による固有の財産的損害の賠償を請求することができます。

では，固有の慰謝料についても請求できるでしょうか。内縁配偶者は711条の「配偶者」に該当しないため，「被害者の父母，配偶者及び子」以外の者も固有の慰謝料請求権を有するかが問題となります。

この点について，同条の趣旨は，一定の近親者が被る精神的苦痛が特に大きいことを考慮して，これらの近親者の立証責任を軽減することあると解されます。そうだとすれば，同条は列挙され

た近親者以外の者の慰謝料請求を否定する根拠とはなりません。

　判例（最判昭和49年12月17日民集28巻10号2040頁）も，「被害者との間に同条所定の者と実質的に同視しうべき身分関係が存し，被害者の死亡により甚大な精神的苦痛を受けた者」には同条が類推適用されるとしています。

　したがって，このような場合には，「被害者の父母，配偶者及び子」以外の者も固有の慰謝料を請求することができます。

　Bの内縁配偶者であり，Bと同居していたFは，同条所定の者と同視しうべき身分関係が存し，Bの死亡により甚大な精神的苦痛を受ける者といえるでしょう。

　よって，Fは，A会社に対し，固有の慰謝料についても請求することができます。

【参考文献】
試験対策講座・債権各論3章1節③【3】【4】，5章2節④【1】【3】。試験対策講座・親族・相続2章3節③(2)。判例シリーズ88事件・89事件。

第40問 A 不当利得

　工場用機械メーカーAは，Bから工場用機械の製作を請け負い，これを製作してBに引き渡した。その工場用機械（以下「本件機械」という）は，Bが使用してみたところ，契約では1時間あたり5,000個程度の商品生産能力があるとされていたのに，不具合があって1時間あたり2,000個程度の商品生産能力しかないことが判明した。そこで，Bは，ただちに本件機械の不具合をAに告げて修理を求めた。この事案について，以下の問いに答えよ。なお，各問いは独立した問いである。

1　Bはこうした不具合があったのでは本件機械を導入する意味がないと考えているが，本件機械を契約どおりの商品生産能力の機械とする修理は可能である。Aが修理をしようとしないので，Bは代金を支払っておらず，また，Bには商品の十分な生産ができないことによる営業上の損害が発生している。この場合に，Bの代金債務についての連帯保証人であるCは，Aからの保証債務の履行請求に対してどのような主張をすることができるか。

2　Aが修理をしようとしないため，BはやむをえずDに本件機械の修理を依頼し，Dは修理を完了した。その後，Bは，営業不振により高利貸からの融資を受ける状態になり，結局，多額の債務を残して行方不明となり，Dへの修理代金の支払もしていない。この場合に，Aは本件機械の引渡しの際にBから代金全額の支払を受けているものとして，Dは，Aに対してどのような請求をすることができるか。

【解答へのヒント】

1　小問1について

　Cは連帯保証人なので，催告，検索の抗弁を主張することはできません。そのため，主債務者Bの有する抗弁を主張するしかありません。そこで，まずは注文者（主債務者）であるBがAからの請負報酬請求に対してどのような抗弁を主張することができるかを考えてみましょう。そのうえで，その抗弁をCが主張できるかを検討していきましょう。

2　小問2について

　Dが請負契約を締結した相手はBですが，無資力であるBから修理代金を回収することは現実的ではありません。そこで，本来本件機械を修理すべきであったAに対してなんらかの請求をすることができないでしょうか。

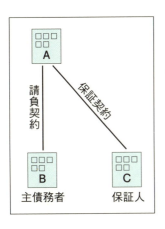
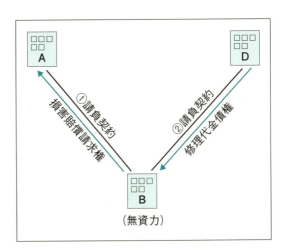

答案例

第1　小問1について

1　Cは連帯保証人のため，催告・検索の抗弁（452条，453条）の主張は認められない（454条）。

2　そこで，Cは，主債務者Bの有する抗弁を主張する（457条2項）ことが考えられる。　　　　　　　　　　　　　　　5

(1)　まず，Cは，Bの有する修補請求権（559条本文・562条1項本文）との同時履行を主張できるか。

ア　本件機械は，契約では1時間あたり5,000個程度の商品生産能力があるとされていたにもかかわらず，不具合があって1時間あたり2,000個程度の商品生産能　　10
力しかなく，契約上予定した性能を欠いているから，「引き渡された目的物が……品質……に関して契約の内容に適合しない」（562条1項本文）といえる。そして，かかる契約不適合についてBに帰責性はない（同条2項）。また，本件契約不適合は重大であり，本件　　15
機械を契約どおりの商品生産能力の機械とする修理は可能だから，「債務の履行が……社会通念に照らして不能である」（412条の2第1項）とはいえず，修補請求は否定されない。したがって，Bは，Aに対し，修補請求ができる。　　　　　　　　　　　　　　　　20

そして，目的物に契約不適合がある場合は，請負人の債務はまだ完全に履行されていないため，注文者は，代金の支払について，修補の完了した目的物の引渡しとの同時履行を主張できる（633条本文）。

イ　よって，Cは，上記主張をすることができる。　　25

(2)　次に，Cは，BがAに対し，報酬減額請求権（559条本文・563条1項）を有することを理由に，減額される限度において債務の履行を拒絶することが考えられるが，これは認められるか。

ア　そもそも，報酬減額請求権の性質は契約の一部解除　　30
であるから，「解除権」にあたり，当該減額請求によって主債務者がその債務を免れるべき限度において，保証人は，債権者に対して債務の履行を拒むことができると解する（457条3項）。

イ　本問では，前述のように，本件機械には品質に関し　　35
て契約不適合があるから，「前条第1項本文に規定する場合」（563条1項）にあたる。また，Bは，Aに対し催告をしている。したがって，相当期間が経過すれば，BはAに対して報酬減額請求権を有する。

ウ　したがって，Cの上記履行拒絶は認められる。　　40

(3)　さらに，Cは，BがAに対し，契約不適合による解除権（559条本文・564条，541条）を有することを理由に，履行を拒絶することが考えられる（457条3項）。

ア　本問で，Bは，Aに対し催告をしているから，相当

_{右欄}

➡問題提起

論 報酬減額請求権を理由とする保証人の履行拒絶の可否

➡規範

➡あてはめ

➡結論

204　第40問

期間が経過すれば解除権を有する（541条本文）。そして，本件契約不適合は，本件機械を導入する意味がなくなってしまうほど重大で，債務不履行が軽微とはいえないから，解除は認められる（同条ただし書）。 45

イ　したがって，Cは上記主張をすることができる。

第2　小問2について 50

1　Dは，Aに対し，本件機械の修理代金相当額を不当利得（703条）として返還請求できないか。

(1)　まず，Aは修補をせずに代金全額を得るという「利益」を受ける一方，Dは修理代金を受け取っておらず「損失」がある。また，Bが失踪したことでDに修理代金が支払われず，Aが代金全額を得ていることから，「利益」と「損失」の間に社会通念上の因果関係が認められる。 55

(2)　もっとも，「法律上の原因」がないといえるか。 ➡問題提起

論転用物訴権

ア　この点について，不当利得制度の趣旨である公平の 60 理念にかんがみ，「法律上の原因」とは，受益者がその利得を保持する実質的・相対的理由があることをいうと解する。

そして，当事者間の契約を全体としてみて，受益者が対価関係を伴って利益を受けたといえる場合に第三 65 者の請求を認めると，受益者に二重の負担を強いることになってしまう。

そこで，当事者間の契約を全体としてみて，受益者 ➡規範 が対価関係なしに利益を受けたといえる場合にかぎり，「法律上の原因がない」というべきである。 70

イ　本問で，Aは，Bに対し上記損害賠償債務を負って ➡あてはめ いるから，AB間の契約を全体としてみて，Aが対価関係なしに利益を受けたとはいえない。

したがって，「法律上の原因なく」とはいえない。 ➡結論

(3)　よって，Dは，上記請求をすることができない。 75

2　では，Dは，Bに対する修理代金債権を被保全債権として，BのAに対する損害賠償請求権を代位行使（423条1項本文）することができるか。

(1)　Bは多額の債務を残して行方不明になっているから，無資力といえ，Dにとって「自己の債権を保全するため 80 必要があるとき」にあたる。

(2)　したがって，Dは，Bの損害賠償請求権を代位行使でき，この請求権は金銭債権である以上，自己への直接の支払請求ができる（423条の3前段）。

以上 85

出題趣旨

本問の題材は，旧司法試験の2005（平成17）年度第1問である。

小問1では，主債務者が契約を解除できる場合や代金減額請求権を有する場合に，保証人がどのような主張をすることができるかを論じることが求められる。また，小問2では，契約の履行行為として修理をしたことにより第三者が利益を受けた場合に，債務者が無資力であることをふまえて，どのような事案の解決が適切であり，それを法的にどのように実現するかを考察することが求められる。

論点

1　報酬減額請求権を理由とする保証人の履行拒絶の可否
2　転用物訴権

答案作成上の注意点

1　小問1について

1　請負人の担保責任

まず，主債務者BがAからの請負代金請求に対してどのような反論を主張することができるかを検討していきましょう。

本件機械は，商品生産能力の点で契約上予定した性能を欠いており，契約不適合があるので，BはAに対し，請負人の担保責任を追及することが考えられます。

平成29年改正民法は，仕事の目的物が種類・品質に関して契約の内容に適合しない場合における請負人の責任について，請負契約が有償契約であることから，559条を介して，売買における目的物の契約不適合に関する規定を準用することとしています。その結果，仕事の目的物の種類・品質に関する契約不適合の場合に，注文者が請負人に対して求めることができる救済方法は，以下のとおりです。平成29年改正により条文の構造が大きく変わっているので，しっかりと把握しておきましょう。

(1)　追完請求権（559条本文・562条）

ここにいう追完請求権には，たとえば修補請求権や工事のやり直しの請求権があげられます。追完請求権の限界については，履行請求権の限界に関する412条の2第1項が適用あるいは類推適用されます。すなわち，「契約その他の債務の発生原因及び取引上の社会通念に照らして不能」といえるかによって定まります。なお，「不能」には，「瑕疵が重要でない場合において，その修補に過分の費用を要するとき」（改正前民法634条1項ただし書）も含まれると解されています。

また，注文者の責めに帰すべき事由による契約不適合の場合には追完請求権は発生しないこと（559条本文・562条2項）に注意しましょう。

そして，目的物に契約不適合がある場合は，請負人の債務はまだ完全に履行されていないため，注文者は，代金の支払について，修補の完了した目的物の引渡しとの同時履行の抗弁権を主張することができます（633条本文）。

(2)　報酬減額請求権（559条本文・563条）

注文者が相当の期間を定めて履行の追完の催告をし，その期間内に履行の追完がないときは，注文者は，原則として，その不適合の程度に応じて報酬の減額を請求することができます（559条本文・563条1項）。ここでも，注文者の責めに帰すべき事由による契約不適合の場合には報酬請求権は発生しないこと（559条本文・563条3項）に注意しましょう。

(3) 損害賠償請求権・解除権（559条本文・564条，415条，541条，542条）

　　注文者は，契約不適合を理由として，415条，541条および542条の規定によって，請負人に対して損害賠償請求や契約の解除をすることができます（559条本文，564条）。

　　仕事の目的物の契約不適合を理由とする損害賠償債務と請負報酬債務とは同時履行の関係に立ちます（533条本文括弧書）。この同時履行については，双方の額が不均衡であるときには不合理な場合が生じえます。そのため，改正前民法下の判例では，差額が大きい場合には，信義則により報酬全額についての同時履行は認められないことがあるとされていました。

　　もっとも，ここでいう同時履行の意味は，単なる同時履行ではなく，修補に代わる損害賠償をしなければ報酬を支払わない，言い換えると報酬減額の趣旨に解すべき特殊な同時履行です。そのため，改正前民法下の判例では，同時履行の抗弁権が付着した債権であるにもかかわらず両債権を相殺することができるとされていました。

　　以上のような判例の解釈は改正後においても基本的に妥当すると考えられますが，前述の報酬減額請求権が認められたことによって，このような解釈をとることの実質的な意義はなくなったといわれています。そのため，答案例では契約不適合を理由とする損害賠償請求権と請負報酬請求権の同時履行，相殺については論じていません。

(4)　本間では，Bは，Aからの請負報酬請求に対し，①修補請求権との同時履行，②代金減額請求，③契約の解除を主張することができます。

2　保証人の抗弁権

　　保証人は，主たる債務者が主張することができる抗弁をもって債権者に対抗することができます（457条2項）。

　　また，主たる債務者が債権者に対して相殺権，取消権または解除権を有するときは，これらの権利の行使によって主たる債務者がその債務を免れるべき限度において，保証人は，債権者に対して債務の履行を拒むことができます（457条3項）。この場合，保証人は履行拒絶の抗弁権を有するだけであって，相殺等の意思表示をすることができるわけではない点に注意してください。

　　では，報酬減額請求権についてはどうでしょうか。そもそも，報酬減額請求権の性質は契約の一部解除です。したがって，解除権に関する457条の直接適用または類推適用により，主債務者が報酬減額請求によって債務を免れるべき限度において，保証人は，主債務者に対して債務の履行を拒むことができると考えられます。本間では457条の直接適用説で処理しています。

2　小問2について

1　不当利得

　　本間では，Dが本件機械を修理したことによって，BD間の契約の相手方ではない第三者Aが修理することなく代金全額を得るという利益を受けています。そこで，DはAに対し，修理代金相当額について不当利得返還請求をすることができないかが問題となります。

　　契約上の給付が契約の相手方のみならず第三者の利益となった場合に，給付をなした契約当事者がその第三者に対して不当利得返還請求をすることを，転用物訴権といいます。

　　たとえば，丙が自己の所有する物を乙に対し賃貸し，乙がその物の修理を甲に依頼したところ，

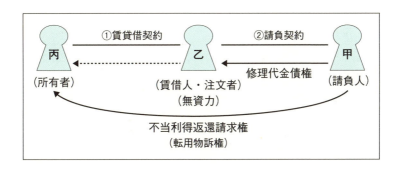

甲がその修理を行い，乙にその物を引き渡しましたが，修理代金は未払いであったとします。その後，丙に物を返還した乙が債務超過（無資力）に陥った場合に，甲は丙に対して，修理代金相当額の不当利得返還請求をすることができるかが問題となります。

この点について，判例（最判平成7年9月19日民集49巻8号2805頁〔判例シリーズ79事件〕）は，丙乙間の契約関係を全体としてみて，丙が対価関係なしに修繕工事に要した財産および労務の提供に相当する利益を受けた場合（丙が賃料減額等の措置を講じていないにもかかわらず修理費用に相当する利益を受けている場合など）にかぎって，甲の丙に対する不当利得返還請求（転用物訴権）を認めました。

これを本問についてみると，前述のように，AはBに対し契約不適合を理由とする損害賠償債務を負っているので，AB間の契約関係を全体としてみて，Aが対価関係なしに修理代金に相当する利益を受けたとはいえません。したがって，本問では不当利得返還請求は認められません。

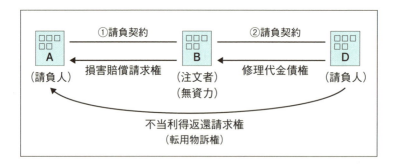

2　債権者代位

Bが無資力なので，Dは，Bに対する修理代金債権を被保全債権として，BのAに対する損害賠償請求権を代位行使（423条1項本文）することができます。

【参考文献】
試験対策講座・債権総論6章5節④【1】(2)。試験対策講座・債権各論4章2節⑤【2】(1)，2章8節③【1】(2)。判例シリーズ79事件。

第41問 A　不法行為①

　　甲は，乙からＡビルを賃借していたが，Ａビル屋上の鉄柵が老朽化し，今にも落下しそうであることに気づいて，乙に連絡をしたが，乙が何もしなかったので，そのままにしておいた。ある日，上記鉄柵が落下し，通行人丙にあたり，丙は重傷を負った。丙は，株式会社丁（以下「丁社」という）の社長であるが，丁社は，税対策上の理由から個人経営を株式会社形態にしたもので，社員も取締役丙だけで，実質的には，丙の個人経営である。丁社は，丙が負傷したために営業上の損害を被り，丙の妻戊は，入院に付き添ったために心労で健康を害した。

　　上記の事例において，丙，丁社および戊は，それぞれ甲および乙に対して損害賠償を請求することができるか。

【解答へのヒント】

1　丙からの請求

　　損害賠償請求の根拠はいくつか考えられますが，丙と甲乙の間には契約関係も認められないので債務不履行等によることは難しく，不法行為によることになりそうです。そうだとして，一般不法行為に基づく請求に加えて，直接の原因である鉄柵と甲乙が有する関係に着目して，ほかに検討すべき不法行為の条文を考えてみてください。

2　丁社からの請求

　　丁社は本件事故を契機として，経済的な損失という損害を受けており，これについての損害賠償請求をすることが考えられそうです。とはいえ，本件事故によって直接に生じたとはいいがたい上記損失が損害賠償の範囲に含まれるのでしょうか。

3　戊からの請求

　　近親者からの請求としては，709条の一般不法行為とは別個に711条が用意されていますが，本件事案は711条が想定した事案といえるのでしょうか。条文の文言と事案を対比して考えてみてください。

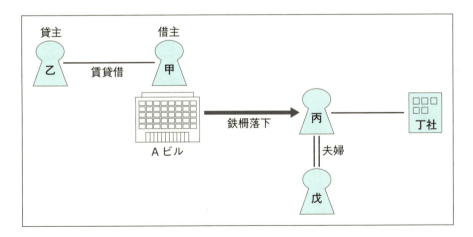

第1　丙の甲および乙に対する損害賠償請求について

1　本問において，丙は，甲に対して工作物責任（717条1
項本文）に基づき損害賠償を請求することが考えられる。

⇒ 問題提起
論 土地工作物責任

(1)　まず，Aビル屋上の鉄柵は，土地に接着して人工的作
業を加えることによって成立する物であるから，「土地
の工作物」（717条1項本文）にあたる。 5

(2)　次に，上記鉄柵は，老朽化し，今にも落下しそうであ
り，通常備えているべき安全性を欠いているといえるか
ら，「保存に瑕疵」があるといえる。

(3)　また，上記保存の瑕疵によって丙は重傷を負っている
から，瑕疵と損害との間に因果関係があるといえる。 10

(4)　そして，甲は，Aビルの賃借人であって，工作物を事
実上支配し，その瑕疵を修補して損害の発生を防止しう
る関係にある者であるから，「占有者」にあたる。

(5)　なお，賃借人甲は，賃貸人乙に対して連絡をしたこと
によって，いちおうの注意義務を尽くしたといえる。 15

しかし，甲は，対外的には，損害防止のための応急措
置をするべき義務があるのに，これをしていない。

したがって，甲は，「損害の発生を防止するのに必要
な注意をした」（717条1項ただし書）とはいえない。 20

(6)　よって，丙は，甲に対して工作物責任に基づき損害賠
償を請求することができる。

2　そうすると，丙は，条文上（717条1項ただし書），Aビ
ルの所有者乙に対して，工作物責任に基づき損害賠償請求
をすることができない。 25

しかし，乙は，甲から連絡を受け，鉄柵の老朽化につい
て認識があるのに，修理しなかったのであるから，少なく
とも「過失」（709条）があるといえる。

よって，丙は，乙に対して不法行為（709条）に基づき
損害賠償を請求することができる。 30

3　なお，甲乙間は，連帯債務関係にあると解する。

第2　丁社の甲および乙に対する損害賠償請求について

1　本問において，丁社は，直接の被害者丙の負傷により，
間接的に営業上の損害を被っている（企業損害）。

そこで，丁社は甲および乙に対して損害賠償の請求（717 35
条1項，709条）をすることができないか，企業は損害賠
償を請求できるかが問題となる。

⇒ 問題提起
論 企業損害の損害賠償請求の
可否

2　この点，社会関係が錯そうしている現代社会において，
この種の企業損害を一般的に認めるならば，損害賠償の範
囲が限定できず，損害の公平な分担という不法行為の趣旨 40
に反する。

また，企業の側に保険その他による自衛手段が存在する
ので，企業損害が生じることは，企業計算のなかに含まれ
ているというべきである。

そこで，企業は，原則として損害賠償を請求できないと
解する。

　　もっとも，まったくの個人企業の場合は，法的に別人格
の会社の損害といっても，その実質は個人そのものの損害
に等しいものである。

　　そうだとすれば，上記の場合に，原則をそのままあては
めると，損害の公平な分担を図ることができない。

　　そこで，企業主たる代表者個人と会社との間に経済的一
体関係の認められる個人企業の場合は，例外的に，損害賠
償の主体として，損害賠償を請求できると解する。

➡規範

　3　これを本問についてみると，丁社は，税対策上の理由か
ら個人経営を株式会社形態にしたものであって，実質的に
は，丙の個人経営である。

➡あてはめ

　　そうであれば，丁社は，企業主たる取締役丙と会社との
間に経済的一体関係の認められる個人企業といえる。

　4　したがって，丁社は，損害賠償の主体として，甲および
乙に対して損害賠償の請求をすることができる。

➡結論

第3　戊の甲および乙に対する損害賠償請求について

　1　本問において，丙の妻戊は，丙の入院に付き添ったため
に心労で健康を害している。

　　そこで，戊は甲および乙に対して損害賠償の請求（717
条1項，709条，710条）をすることができないか，身体傷
害の場合に近親者の慰謝料請求権が認められるか，711条
が生命侵害の場合にかぎり近親者の慰謝料請求権を認めて
いることとの関係で問題となる。

➡問題提起

論 身体傷害と近親者の慰謝料
請求権

　2　この点，711条は，自己が711条所定の者であることおよ
び死亡の2点だけを立証すれば，当然に近親者は慰謝料請
求を取得できるとして，単に立証責任を軽減したにすぎな
い。

　　そうだとすれば，711条は，もともと709条（717条1項），
710条に基づく慰謝料請求権を制限する趣旨とは考えられ
ない。

　　そこで，身体傷害の場合にも，近親者が死亡にも比肩し
うべき精神的苦痛を受けたときは，709条（717条1項），
710条に基づき，近親者の慰謝料請求権が認められると解
する。

➡規範

　3　これを本問についてみると，戊は，単なる精神的苦痛を
超えて心労で健康を害しているから，なお死亡にも比肩し
うべき精神的苦痛を受けたといえる。

➡あてはめ

　4　したがって，戊は，甲および乙に対して損害賠償の請求
をすることができる。

➡結論

以上

企業損害については有名な判例（最判昭和43年11月15日民集22巻12号2614頁〔百選Ⅱ99事件〕）があるにもかかわらず，旧司法試験1972（昭和47）年度第1問以降，新・旧司法試験において出題されていない。そこで，本問は企業損害に，同じく不法行為の問題である土地工作物責任，身体傷害と近親者の慰謝料請求権を付加して出題した。

論点

1 土地工作物責任
2 企業損害の損害賠償請求の可否
3 身体傷害と近親者の慰謝料請求権

答案作成上の注意点

① 丙の請求について

丙の甲および乙に対する損害賠償請求について。ここでは，工作物責任（717条1項）が問題となるのは明らかです。まず，甲（賃借人）については，問題文の事情を拾って，①土地の工作物，②設置・保存の瑕疵，③瑕疵と損害との因果関係，および④免責事由の不存在という各要件にあてはめてください。なお，「占有者」の意義については争いがあり，従来の通説は，「占有者」の意義は物権法上の占有理論によって決定されるとし，これを"工作物を事実上支配する者"と定義していました（幾代＝徳本［不法行為］170頁）。近時の有力説は，損害の公平な分担という賠償法上の視点を加味し，答案例（東京高判昭和29年9月30日民集10巻12号1567頁参照，四宮［不法行為］745頁）のように，"工作物に対して直接的・具体的な支配をし，損害の発生を防止しうる立場にある者"というように定義します。ただ，細かい論点なので，どちらかの定義（規範）を覚えておけば十分だと思います。

② 丁社の請求について

丁社の甲および乙に対する損害賠償請求について。企業の損害賠償請求が問題となります。この点判例（前掲最判昭和43年11月15日）は，損害賠償の範囲の問題（416条の問題）と捉えるのに対し，多くの学説は，損害賠償の主体（請求権者の範囲）の問題と捉えています。ただ，法律構成の違いにすぎず，結論的には同じであるといわれており（経済的一体関係がある場合にのみこれを認める），自説を丁寧に論じれば合格点がつくと思います。

③ 戊の請求について

戊の甲および乙に対する損害賠償請求について。ここでは，被害者の身体傷害の場合，近親者に（固有の）慰謝料請求権が認められるかが問題となります。問題の所在をしっかりと把握してください。711条は，"生命侵害"の場合にかぎり近親者の慰謝料請求を認めているので，711条の反対解釈として，"身体傷害"の場合にはこれを認めることができないのではないか，という問題です。判例（最判昭和33年8月5日民集12巻12号1901号，最判昭和42年6月13日民集21巻6号1447頁等）は，"近親者が死亡にも比肩しうべき精神的苦痛を受けたとき"は，709条（本問では717条1項も），710条に基づき，これを認めています。711条の構造（立証責任の軽減）を説明したうえで，判例の立場を採用すればよいと思います。

【参考文献】
試験対策講座・債権各論5章1節③【2】，2節②【1】(1)・④【1】(3)・(4)，3節③。

第42問 A　不法行為②

　　酒屋を営むAは，飼育している大型犬の運動を店員Bに命じた。この際に，Aは犬の制御方法等につき何ら指導することはなかった。Bが運動のために犬を連れて路上を歩いていたところ，自転車で走行していたCが運転を誤って自転車を犬に追突させ，驚いた犬はBを振り切って暴走した。反対方向から歩いてきたDは，犬と接触しなかったものの，暴走する犬を避けようとして身体の安定を失って転倒し，重傷を負った。
　　DがA，BおよびCに対して損害賠償を請求できるかについて論ぜよ。

【解答へのヒント】
1　本問の問いは「損害賠償を請求できるか」という形式になっているので，損害賠償の根拠として考えられる法律構成を検討してみましょう。本問では契約関係はないので，債務不履行等は考えにくそうです。
2　複数人が関係する不法行為を検討する際には，まずは直接の原因を生み出した人に対する請求から考えてみましょう。そのうえで，その人と一定の関係性のある人に対しても，損害賠償請求できないか条文を参照しながら検討してください。本問との関係でいえば，直接の原因はCの誤った運転および暴走した犬から生みだされていそうです。もっとも，犬自体には責任追及できません。

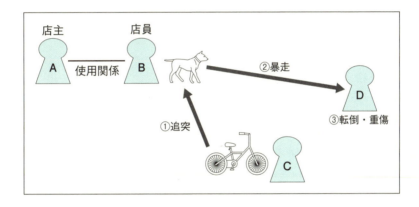

答案例

1　まず，Dは，運転を誤って自転車を犬に追突させたというCの「過失」によって，身体の安全等の「権利」が「侵害」され，治療費や精神的苦痛等の損害を被ったとして，709条，710条を根拠に，Cに対して損害賠償を請求することが考えられる。　　　　　　　　　　　　　　　　　　　5

　　これに対して，Cは，Dの損害と自己の行為との間には因果関係がないと反論することが考えられる。

　　しかし，路上で自転車を犬に追突させれば犬が暴走し通行人に危害を加えることは予見すべき事情であるから，これにより通行人に危害が生じることに因果関係は認められる。そのため，Cの反論は認められない。　　　10

2　次に，Dは，Bが占有または管理していた「動物」たる大型犬によって上記損害が加えられたとして，718条1項本文を根拠に，また，大型犬の暴走を許すというBの「過失」によって，Dの身体の安全などの「権利」が「侵害」　15され，上記損害を被ったとして，709条，710条を根拠に，Bに対して損害賠償を請求することが考えられる。

　⑴　これに対して，まず，Bは，自己は「占有者」（718条1項本文），「管理する者」（同条2項）のいずれにもあたらないと反論することが考えられる。　　　　　　　20

　　　そして，Bは，飼主Aの酒屋の店員であるところ，店員は動物を独立して所持しておらず，占有補助者にすぎないから，「占有者」，「管理する者」のいずれにもあたらない。そのため，Bの反論は認められる。

　⑵　次に，Bは，709条の要件としての「過失」が認めら　25れないと反論することが考えられる。

　　　しかし，大型犬は力が強く，コントロールを離れて他人に危害を加える危険が大きいため，一般人が通行している路上に大型犬を連れだすBとしては，犬が暴走した場合にこれを制御できるように注意を払うべきであった　30といえる。にもかかわらず，Bは，このような注意を怠っていたのでBには過失が認められる。そのため，Bの反論は認められない。

3　次に，Dは，Aの被用者であるBが「事業の執行について」損害を加えたとして，715条1項を根拠に，また，B　35が連れ歩いていた「動物」たる大型犬によって上記損害が加えられたとして，718条1項を根拠に，Aに対して損害賠償を請求することが考えられる。

　⑴　これに対して，まず，Aは，「事業の執行について」損害を加えたとはいえないと反論することが考えられる。　40そこで，「事業の執行について」の意義が問題となる。

　　ア　この点，報償責任の原理という715条1項の趣旨にかんがみ，「事業の執行について」とは，行為の外形上被用者の職務の範囲内に属するものにかぎられると

➡問題提起
論 動物占有者の責任

➡問題提起
論「事業の執行について」（715条1項本文）の意義

➡規範

解する。　　　　　　　　　　　　　　　　　　　　45
　イ　本問では，Bは，酒屋の営業とは無関係に運動のた
　　めに犬を連れて路上を歩いていたにすぎず，これは行
　　為の外形上Bの職務の範囲内に属するものではなく，
　　「事業の執行について」損害を加えたとはいえない。
　ウ　そのため，Aの反論は認められる。　　　　　　　50

(2)　次に，Aは，自己が「占有者」にあたらないと反論す
　ることが考えられる。しかし，前述のように，Bは占有
　補助者であり，犬の占有者は飼主たるAであるから，A
　の反論は認められない。

(3)　さらに，Aは，犬を「動物の種類及び性質に従い相当　55
　の注意をもってその管理をした」（718条1項ただし書）
　と反論することが考えられる。
　　しかし，2(2)で述べたように「路上」で「大型犬」を
　散歩させるBに注意義務が認められる以上，Aは，Bに
　犬の運動を命じる際に，犬が暴走した場合の制御方法を　60
　指導すべきであったのにこれを怠ったといえ，相当の注
　意をもって管理をしたとはいえない。そのため，Aの反
　論は認められない。

4　次に，Dは，A，BおよびCの行為が独立して不法行為の
　要件をみたしており，各人の行為が「共同」しているとし　65
　て，719条1項を根拠に，Aらそれぞれに対してDに生じ
　た損害の全額について損害賠償を請求することが考えられ
　る。
　　これに対して，Aらは，「共同」の不法行為とはいえな
　いと反論することが考えられる。そこで，「共同」の意義　70
　が問題となる。

(1)　そもそも，719条の趣旨は共同して不法行為を行った
　者に連帯責任を課すことで被害者保護を図る点にある。
　そこで，「共同」とは，共同行為者間が主観的に関連共
　同していることまでは不要であり，各人の行為に客観的　75
　関連共同性があれば足りると解する。

(2)　本問では，Aらの過失行為が競合して損害を生じさせ
　ている。したがって，Aらの行為には客観的関連共同性
　があり，「共同」の不法行為といえる。

(3)　そのため，Aらの反論は認められない。　　　　　80
　　　　　　　　　　　　　　　　　　　　以上

　　　　　　　　　　　　　　　　　　　　　　　85

➡あてはめ

➡結論

➡問題提起
論「共同」（719条）の意義

➡規範

➡あてはめ

➡結論

本問の題材は，旧司法試験の2003（平成15）年度第1問である。

動物占有者責任（718条）の成立とその責任者である占有者の意義および損害の発生に加功した者の責任のあり方を問う問題である。複数の責任者が存在するときの責任関係を整理・分析し，事案を全体的に眺めて公平な結論を導く能力があるかをみた。

論点

1 　動物占有者の責任
2 　「事業の執行について」（715条1項本文）の意義
3 　「共同」（719条）の意義

答案作成上の注意点

①　はじめに

本問は，登場人物も少なくなく，DがABC3人に対して損害賠償を主張しうる根拠は少なくないので，Dが各人に対して何条に基づき，いかなる主張をするのかを丁寧に整理しておく必要があります。そこで，請求の整理をしておきます。

1 　Cとの関係

Cについては，解答へのヒントでも示したとおり，Dが転倒する直接の原因を生みだしたものである以上，一般不法行為について定めた709条，710条についての検討で足ります。

2 　Bとの関係

犬がDに対して暴走したという点も直接の原因でした。犬自体は，責任の主体となれませんが，その犬の暴走を止められなかったのはBによるものといえます。そうだとすれば，Bについても一般不法行為の検討を要することがわかります。

そのうえで，Bは犬を散歩して管理する地位にあるので，このような地位にかんがみて，動物占有者責任を定めた718条についての検討も必要となることがうかがわれます。

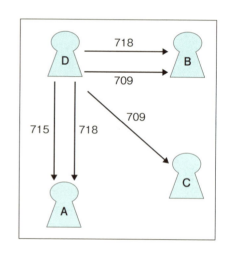

3 　Aとの関係

A自身は，本件事件に直接関係しているわけではなく，一般不法行為について検討をしたところで，成立しないことは明らかです。そうだとしても，Bは，一般不法行為責任を負いうるBとの使用関係および犬の飼い主である以上，使用者責任について定めた715条と動物占有者責任についての718条についての検討が必要です。

②　715条について

1 　使用者責任を問う場合には，①使用関係の存在，②「事業の執行について（715条1項本文）」，③被用者が一般不法行為用の要件を充足する点，④免責事由の不存在，の4つが充足することが求められます。特に，本問との関係では店員であるBが犬の散歩に出ていたことが「事業の執行について」といいうるのかが争点となっています。この要件は，免責事由がきわめて例外的な場合でしか認められないこととの関係上，715条責任の限界を画する重要な概念であるので，その

解釈について説明します。

2 (1) 「事業の執行について」の解釈について判例（最判昭和42年11月2日民集21巻9号2278頁〔判例シリーズ82事件〕）は，被用者の使用によって使用者の活動領域が拡大したと客観的に認められる範囲における被用者の行為は，その事業の執行についてなされたものと解すべきとする，いわゆる外形標準説を採用していると解されています。

　　使用者被用者間の内部関係や主観的意図が強調されてしまうと，被用者の不当な業務遂行が「事業の執行」に該当しないことになりかねず，715条の趣旨である報償責任に基づく損害の公平な分担に反しかねないので，客観的な判断を基準とする外形標準説に一定の合理性が認められます。

(2) とはいえ，外形標準説は，そもそも取引的不法行為の場面で発展した議論であり，本問における事故のような事実的不法行為の場面でも妥当するのか一考を要します。この点につき判例は，交通事故のような事実的不法行為については外形標準説を，暴力行為については職務密接関連性に着目して結論をだしています。

　　その他，種々の見解が示されていますが，ひとまずは，判例の立場をおさえてください。

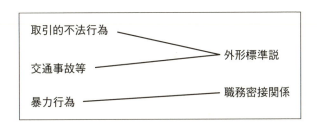

③ 719条について

1 　本問に対する答案例では，伝統的な通説に従って，共同不法行為成立には①各人に一般不法行為が成立する点および②行為者間に客観的関連共同性が存在することが必要であるとの立場を採用しています。一般不法行為が成立する以上，各人が損害賠償責任を負うので，719条の意義が連帯債務関係を生じさせるという点に見いだされています。

　　一方で，近時では719条の意義を因果関係の立証との関係で論じる立場からの類型論等も主張されていますが，ひとまずは伝統的な通説に従った処理を身につけてください。

2 　答案例には明示されていない719条の効果について説明を加えます。条文上は「連帯して」責任を負うとの規定がなされていますが，改正前民法下の通説判例は不真正連帯債務になると解していました。不真正連帯債務の特徴としては，「①各債務の独立性が強いため，民法の連帯債務の絶対的効力に関する規定は適用されないこと，②連帯債務であることを理由とする求償は認められないこと」（潮見「民法（全）」331頁）があげられます。

　　しかし，改正民法のもとでは，連帯債務の絶対的効力規定が限定されるとともに，求償権の根拠は442条で明文化されるにいたっており，連帯債務と不真正連帯債務とを区別する実益は失われたといわれています。

④ 被害者の素因について

1 　本問の題材となっている旧司法試験の2003（平成15）年度第1問では，被害者Dが転倒した原因として，Dが右足に障害を有していたという事情が加えられていました。この事情が加わることによって，どのような答案の変更や追加が必要になるでしょうか。

　　このような事情は，709条に基づいたB，Cに対する損害賠償請求での因果関係に影響があると考えられます。しかし，Bの犬に対する管理義務懈怠，Cの不注意によってDが転倒したという因果関係自体は否定できないので，各人に対する損害賠償請求権の成否に対しては大きな影響は認められないといえます。

そうだとしても，Dの負っていた障害が損害に寄与したといえそうなので，損害賠償額の減額事由とならないかが問題となります。具体的には，被害者の素因と過失相殺規定の適用関係を検討することになります。

2　そもそも，素因とは被害者が不法行為の前から有していた心身の状態で，不法行為と競合して当該被害を発生させ，または損害の拡大に寄与する原因となったものをいいます。そして被害者が素因を有していること自体は過失と評価できないので，722条2項による過失相殺は認められません。もっとも，これによって損害が拡大していることは確かです。そこで，判例（最判平成4年6月25日民集46巻4号400頁）は，本問のような疾患に関する事案で，「被害者に対する加害行為と被害者のり患していた疾患とがともに原因となって損害が発生した場合において，当該疾患の態様，程度などに照らし，加害者に損害の全部を賠償させるのが公平に失するときは」722条の類推適用を認めています。

【参考文献】
試験対策講座・債権各論5章2節③【2】(2)，3節②【2】(2)・⑤【1】(2)。判例シリーズ82事件。

第43問 c 不法行為③

甲は，ゲームセンター内で，乙に対して殴るなどの暴行を加え傷害を負わせた。そこで，乙は，一度は店内から退去したが，友人丙の応援を受けて甲に報復しようとして甲を探していたところ，甲が店外に出てきたため，ゲームセンター前路上で甲を捕まえ，丙と一緒に，甲の顔面等を殴打するなどの暴行を加えたところ，甲は，鼻や顔面から出血し，死亡した。甲には内縁の妻丁がおり，丁は，甲が死亡するにいたるまで，約20年間甲と同居し，生活を続けてきた。

上記の事例において，乙丁間の法律関係を論ぜよ。

【解答へのヒント】

乙による暴行によって被害を直接に受けているのは甲であるので，乙が甲に対して負う責任について，まずは検討しましょう。これを前提にして，丁が甲の請求権を主張しうるのか，丁固有の請求権としては何が考えられるのかの2点を考えてください。

その際には，被害者である甲が乙丙による本件行為以前に暴行を加えたことが，各請求との関係で，どのような意味を有するのかを考えることを忘れないようにしましょう。

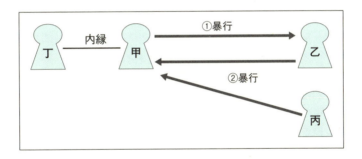

答案例

1 本問において，乙および丙は，それぞれ甲の顔面等を殴打するなどの「故意」によって，甲の身体の安全・生命の「権利」を「侵害」し，損害を被らせたとして，甲に対して709条に基づく不法行為責任を負う。

2 そして，個人責任主義の観点から，各行為者が不法行為責任を負うことは719条1項の責任を成立させるにつき必要と解する。そうだとすれば，乙および丙の各行為が独立して不法行為の要件をみたすので，各人の行為が「共同」していれば，719条に基づく不法行為責任をも負うことになる。そこで，「共同」の意義が問題となる。

(1) そもそも，719条の趣旨は共同して不法行為を行った者に連帯責任を課すことで被害者保護を図る点にある。そこで，「共同」とは，共同行為者が主観的に関連共同していることまでは不要であり，各人の行為に客観的関連共同性があれば足りると解する。

(2) 本問では，乙丙が一緒になって加害行為に及んで損害を発生させているので，客観的関連共同性があり，「共同」の不法行為であると評価できる。

(3) したがって，乙は甲の死亡に対して共同不法行為に基づく損害賠償責任を負う（719条1項前段）。

3 このように，乙は甲の死亡に対し損害賠償責任を負うとしても，丁は，甲の内縁の妻にすぎない。そのため，丁は，甲の乙に対する損害賠償請求権を相続できない。

そこで，内縁の妻丁は乙に対して損害賠償請求（慰謝料請求）をすることができるか，「父母，配偶者及び子」（711条）以外の者も慰謝料請求をすることができるかが問題となる。

(1) そもそも，711条の趣旨は，711条所定の者は被害者の死亡により，通常，非財産的損害（精神的苦痛）が生じていると推定される点にある。

そうであれば，711条所定以外の者であっても，同条所定の者に準ずべき者には711条の趣旨が妥当する。

そこで，被害者との間に711条所定の者と同視しうべき身分関係が存し，被害者の死亡により甚大な精神的苦痛を受けた者は，711条の類推適用により慰謝料請求をすることができると解する。

(2) これを本問についてみると，丁は，甲が死亡するにいたるまで，約20年間にもわたって甲と同居し，生活を続けてきた。

そうだとすれば，丁は，甲との間に「配偶者」と同視しうべき身分関係が存し，甲の死亡により甚大な精神的苦痛を受けた者といえる。

したがって，丁は，711条の類推適用により，乙に対して慰謝料請求をすることができる。

右欄注記: ➡問題提起／論「共同」（719条）の意義／➡規範／➡あてはめ／➡問題提起／論慰謝料請求権者の範囲／➡規範／➡あてはめ

4　そうだとしても，甲は，乙丙の暴行の前，乙に対して傷害を負わせており，その後の乙丙の暴行につき「過失」（722条2項）があるといえる。

　そこで，賠償請求者固有の損害賠償請求について，直接被害者の「過失」を考慮できるかが問題となる。

➡️問題提起

論 過失相殺──直接被害者の過失と近親者固有の損害賠償請求

⑴　そもそも，このような賠償請求者の保護法益は，賠償請求者と特殊な社会的関係によって媒介される直接被害者の保護法益を前提とし，これに依存してのみ存立しうる。

　そうだとすれば，直接被害者が自己の法益をみずから擁護し，もしくは伸長せしめるについて落度があれば，それによる直接被害者の不利益はそのまま賠償請求者の不利益として反映させてもやむをえない。

　そこで，賠償請求者固有の損害賠償請求について，直接被害者の「過失」を考慮できると解する。

➡️規範

⑵　したがって，丁の乙に対する慰謝料請求について，甲の「過失」を考慮できる。

➡️結論

以上

出題趣旨

719条と709条の関係に留意しつつ，共同不法行為の成否について論述することを求めるとともに，711条の文言に直接該当しない主体の損害賠償請求権の存否について同条の趣旨にさかのぼった検討を求めている。さらに，発展的な議論として，過失がある者と減額されるものが食い違う場合の処理につき出題した。

論点

1　「共同」（719条）の意義
2　慰謝料請求権者の範囲
3　過失相殺――直接被害者の過失と近親者固有の損害賠償請求

答案作成上の注意点

1　719条について

甲に対して乙と丙が暴行を加えた結果，死にいたらしめており，719条1項の共同不法行為の成否を検討する必要があります。その際の同責任の成立要件として，答案例は伝統的通説に従って，**各人の不法行為責任の成立および客観的関連共同性**を要求しています（第42問不法行為②参照）。

では，かりに本事案での乙丙の暴行（以下「第一暴行」という）後に，更に丙が単独で甲に対して暴行（以下「第二暴行」という）を加え，第二暴行が原因で甲が死にいたった場合には，どうなるでしょうか。乙は第二暴行に関与していないので，甲の死との因果関係が認められず，乙には不法行為責任が成立しません。伝統的通説に従うと，共同不法行為は成立しないことになります。

しかし，被害者甲の救済の必要性は否定できず，近時の学説では個別的因果関係の立証を不要とし，①**各人の行為の関連共同性と，②共同行為と発生した結果との間に因果関係を要求すべき**との主張がなされています。具体的には，㋐主観的共同性が認められる場合にかぎり，719条1項前段を適用して因果関係を擬制し，㋑客観的共同性が認められるにすぎない場合は719条1項後段を適用して，因果関係を推定するに留めるとの考え方があります（森島［不法行為］106頁以下）。これに従えば，第二暴行に関与していない以上，主観的共同は認められないものの，第一暴行と第二暴行が一連のものと評価できれば客観的共同が認められるので，因果関係が推定されることになります。

2　711条と内縁関係

丁は，内縁の妻ですから，711条所定の近親者にあたりません。そこで，内縁の妻に慰謝料請求権を認めることができるのかが問題となります。この点判例（最判昭和49年12月17日民集28巻10号2040頁）は，"被害者との間に711条所定の者と同視しうべき身分関係が存し，被害者の死亡により甚大な精神的苦痛を受けた者"に711条が類推適用されるとしています。

3　過失相殺

甲は，乙丙の暴行の前，乙に傷害を負わせていますから，甲の行為を，過失相殺（722条2項）してもよいでしょう。では，丁固有の慰謝料請求について，甲の過失を理由に過失相殺することができるでしょうか，これが問題の所在です。この点は，一般に肯定されています（幾代＝徳本［不法行為］327頁参照）。判例（最判昭和31年7月20日民集10巻8号1079頁）も，傍論ですが，認める余地があるとしています。

【参考文献】
試験対策講座・債権各論5章2節③【1】，3節⑤。

第44問 A　親族

1　Xは，Yから甲土地とその地上建物（以下「甲不動産」という）を代金2000万円で買い受け，代金全額を支払った。当時，Yは，長年にわたってもっぱら家事に従事していた妻Zと婚姻中であり，甲不動産は，その婚姻中に購入したものであった。甲不動産につき，YからXへの所有権移転登記を経由しないうちに，YZの協議離婚届が提出され，離婚に伴う財産分与を原因としてYからZへの所有権移転登記がされた。なお，YおよびZは，離婚届を提出したものの，夫婦生活を終了させる意思はなく，その後も夫婦生活を継続している。
　　この事案において，YZの協議離婚が無効になるかを論ぜよ。

2　上記の事案において，Yには，甲不動産以外にめぼしい資産がなく，Xのほかに債権者が多数いるため，Yは，すでに債務超過の状態にあったものとする。また，YZが財産分与の合意をした当時，Zは，Yが債務超過の状態にあったことは知っていたが，甲不動産をXに売却していたことは知らなかったものとする。
　　かりに，YZの協議離婚が有効であるとした場合，Xは，裁判上，だれに対してどのような請求をすることができ，その結果最終的にどのようなかたちで自己の権利ないし利益を実現することになるかを説明せよ。

【解答へのヒント】

1　YとZは，離婚届を提出しましたが，その後も夫婦生活を続けているようです。離婚の要件は協議離婚の届出（765条）のほかに，離婚意思が必要とされますが，離婚意思とは何なのでしょうか。

2　Xとしては，Yから甲不動産を購入したのですから，甲不動産の登記を有しているZに対し，所有権移転登記を求めたいはずです。真っ先に考えつくのは所有権に基づく請求ですが，Xは登記を具備しておらず，Yから財産分与を受け，これに基づく登記を具備しているZには対抗できなさそうです。そうだとすると，Xとしてはそもそも財産分与自体を取り消すことが考えられますが，そのような手段があるでしょうか。

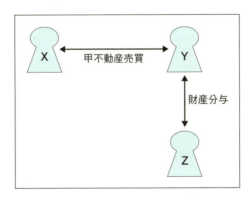

答案例

第1　小問1

　　協議離婚は，届出時に離婚意思がない場合に無効となる。
そして，離婚は婚姻と異なり，解消的身分行為であるから，
離婚意思は届出に向けられた意思で足りると解する。

　　本問では，YZは，夫婦生活を終了させる意思はないもの 5
の，離婚届を提出することについての意思の合致はあるから，
離婚意思が認められる。また，届出もなされているから，本
件協議離婚は無効にならず，有効である。

第2　小問2

1　Xは，Zに対し，Yとの売買契約（555条）により取得し 10
　た甲不動産の所有権（206条）に基づいて，所有権移転登
　記手続請求をすることが考えられる。しかし，財産分与
　（768条1項）により甲不動産の所有権を取得したZは，
　登記の欠缺を主張する正当な利益を有する「第三者」（177
　条）にあたり，登記を有しないXは，Zに対し，甲不動産 15
　の所有権を対抗できない。

2　次に，Xは，Yに対し，売買契約に基づく甲不動産の所
　有権移転登記義務の履行不能を理由として，損害賠償請求
　をすることが考えられる（415条1項後段）。しかし，債務
　超過の状態にあるYに対するこのような請求は実効性を欠 20
　く。

3　そこで，Xは，Zに対して，移転登記請求権を被保全債
　権とする詐害行為取消権（424条1項本文）に基づき，上
　記財産分与を取り消し，自己への甲不動産の所有権移転登
　記手続請求をすることが考えられる。 25

　(1)　まず，Xの債権は被保全債権となるか。特定債権たる
　　移転登記請求権が被保全債権となるかが問題となる。

　　　この点について，特定債権も究極的には金銭債権たる
　　損害賠償請求権に転化する。したがって，特定債権であ
　　っても，取消権行使までに金銭債権になっていれば，被 30
　　保全債権となると解する。

　　　本問では，Zが所有権移転登記を得たことでYのXに
　　対する所有権移転登記債務は履行不能となり，Xの移転
　　登記請求権は債務不履行に基づく損害賠償請求権という
　　金銭債権になっている。 35

　　　したがって，Xの債権は被保全債権となる。

　(2)　そして，Yは，債務超過の状態にあり，甲不動産以外
　　にめぼしい資産がないので，無資力である。

　(3)　もっとも，本件財産分与は，「財産権を目的としない
　　行為」にあたり，詐害行為とならないのではないか（424 40
　　条2項）。

　　　この点について，共同担保保全の必要性と身分行為意
　　思尊重の要請との調和の観点から，財産分与は，夫婦の
　　共同財産の清算分配という768条3項の趣旨に反し不相

論　離婚意思の内容
➡規範
➡あてはめ

論　177条の「第三者」の意義

➡問題提起
論　特定債権を被保全債権とす
る詐害行為取消請求の可否
➡規範

➡あてはめ

➡結論

➡問題提起
論　財産分与を詐害行為取消権
の対象とすることの可否

➡規範

当に過大で，財産分与に仮託してされた財産処分と認めるに足りるような特段の事情のないかぎり，財産権を目的とする行為にあたらず，詐害行為とはならないと解する。45

本問では，他にめぼしい資産がなく，かつ，分与者Yが債務超過状態にあるなかで，甲不動産がYからZに分与されているから，上記特段の事情があるといえる。50 ➡あてはめ

したがって，本件財産分与は詐害行為にあたる。 ➡結論

(4) では，Yに詐害意思があるといえるか。 ➡問題提起

論詐害意思の判断

この点について，詐害意思は客観的詐害性との相関関係で判断すべきと解する。すなわち，客観的詐害性が弱い場合は，債権者を害することを知ってなすことを要するが，客観的詐害性が強い場合は，債務超過の認識で足りると解する。55 ➡規範

本件財産分与は，不相当に過大で，かつ無償であるから，その客観的詐害性は強いうえ，Yは自己の債務超過を認識していた。60 ➡あてはめ

したがって，Yには詐害意思があるといえる。 ➡結論

(5) これに対して，受益者Zは，債権者を害すべき事実につき善意であると反論することが考えられる（424条1項ただし書）。しかし，Zは，Yが甲不動産以外にめぼしい資産を有さず，かつ，債務超過の状態にあることを知っており，財産分与が不相当に過大なことの認識がある。そのため，Zは，Xへの甲不動産売却の事実を知らなくとも，詐害行為の客観的要件具備の認識があるので，悪意といえ，Zの反論は認められない。65 70

(6) よって，Xは，詐害行為取消権に基づいて，本件財産分与を取り消すことができる。

4 では，Xは，本件財産分与を取り消し，直接自己に対する所有権移転登記手続を請求することができるか。 ➡問題提起

論債権者による自己への登記
請求の可否

この点について，詐害行為取消権は，債務者の一般財産による価値的満足を受けるため，総債権者の共同担保の保全を目的とするものである。そうだとすれば，このような制度趣旨に照らし，特定物債権者は目的物自体を自己の債権の弁済にあてることはできず，直接自己に対する所有権移転登記手続を請求することはできないと解する。75 80 ➡規範

よって，Xは，Y名義の登記の回復を請求しうるにとどまる。 ➡結論

5 そして，Xは，甲不動産に対する強制執行手続をとり，その配当で損害賠償請求権の満足を受ける。

以上 85

本問の題材は，旧司法試験の2000（平成12）年度第2問である。

協議上の離婚における離婚意思の内容，および財産分与の性質を考察させ，二重譲渡の場合に一方当事者の採りうる手段について問うものである。

論点

1　離婚意思の内容
2　177条の「第三者」の意義
3　特定債権を被保全債権とする詐害行為取消請求の可否
4　財産分与を詐害行為取消権の対象とすることの可否
5　詐害意思の判断
6　債権者による自己への登記請求の可否

答案作成上の注意点

①　協議離婚における離婚意思とは

協議上の離婚の要件として，「協議」（763条）が要求されます。これは，離婚意思の合致であると考えられています。離婚意思の内容については争いがありますが，判例は離婚届に向けられた意思，すなわち法律上の婚姻関係を解消する意思であると考えています（形式的意思説）。その理由づけについてはさまざまですが，もし離婚意思の内容を社会通念上の夫婦生活を解消する意思と考えると，法律上婚姻関係にある夫婦が法律婚を解消して内縁関係に移行する目的で協議離婚することができなくなりかねません。

したがって，少なくとも離婚については，法的婚姻のみを解消するということ自体は認めざるをえないので，離婚意思は上記のように考えるべきなのです。

②　財産分与と詐害行為取消権

1　財産分与は「財産権を目的としない行為」といえるか

本問では財産分与が「財産権を目的としない行為」にあたるのではないかという反論がなされています。

財産分与の例としては，たとえば，夫婦が結婚した後に夫が稼いだお金で買ったマイホームは，通常夫婦どちらかの単独登記になっています。しかし，夫婦の一方が婚姻中に稼いだ財産については，夫婦のもう片方の協力があったものとして，実質的には夫婦の共有財産であると考えられています。婚姻中はマイホームが共有状態でもよいのですが，離婚するとなるとこの共有状態を解消する必要があります。その方法としてはさまざまですが，この例でいえばそのマイホームの共有持分権移転登記（離婚した夫婦それぞれ2分の1ずつの共有名義とする）や，マイホームの

夫婦の共有財産（単独登記）　　　　　　2分の1ずつ持分権登記

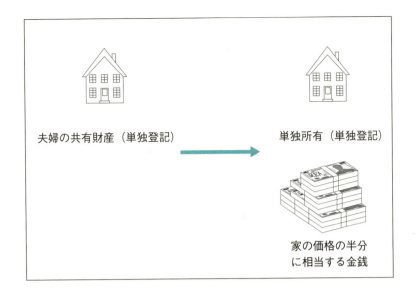

夫婦の共有財産（単独登記）　　　　　単独所有（単独登記）

家の価格の半分
に相当する金銭

価格の半分をマイホームの所有権を取得しないほうに支払うなどの方法がありますが，いずれにしても「財産権を目的」とするようにも思えます。では，なぜわざわざ表題のような反論がなされるのでしょうか。

2　財産分与の性質

　一般に，財産分与の性質としては①夫婦の実質的な共有財産の清算，②離婚後，生活に困窮する配偶者に対する扶養，③離婚によって精神的な損害を被った配偶者に対する慰謝料の3つの要素があると考えられており，夫婦の財産関係の清算のほかに配偶者の扶養，慰謝料という目的が含まれています。そうだとすれば，財産分与によって債務者が債務超過になり，債権者を害するという事情があるというだけで，ただちに詐害行為取消権を行使することを認めるとすれば，上記の配偶者への扶養，慰謝料という目的が達成できなくなってしまいます。

　もっとも，財産分与がいっさい詐害行為取消権の対象とならないと考えると，本問のように債権者が害されますし，財産分与は強制執行を免れるための財産隠しとして利用されることもあります。したがって一定の要件で詐害行為取消権の行使を認める必要があります。判例（最判平成12年3月9日民集54巻3号1013頁〔百選Ⅲ19事件〕）は「家庭裁判所は，当事者双方がその協力によって得た財産の額その他一切の事情を考慮して，分与をさせるべきかどうか並びに分与の額及び方法を定める」（768条3項）との規定に着目し，このような債権者を害する事情は考慮要素のひとつであるとします。そのうえで，債権者の保護と配偶者の保護の調和から，768条3項の規定の趣旨に反して不相当に過大であり，財産分与に仮託してされた財産処分であると認めるに足りるような特段の事情のないかぎり，詐害行為取消権の対象となりえないという具体的な判断基準を示しました。答案でもこの考え方によっています。

③　自己への登記請求

　本問では，債権者Xが自己への登記請求をしていますが，一般に詐害行為取消権の責任財産保全という趣旨から，これは認められないと考えられています（第25問　詐害行為取消権参照）。

④　おわりに

　また，「最終的にどのような形で自己の権利ないし利益を実現することになるか」と問われていますので，答案例のようにXがどうすれば自己の権利の実現を図ることができるかを明示して問いに答えることが必要です。

　なお，次頁に本問の詐害行為取消請求に関する主張整理の表をまとめておきましたので，参考にしてください。

○詐害行為取消請求に関する主張整理

請求の要件	反論
①被保全債権が発生したこと（論点3） →XY間の所有権移転登記請求権の履行不能に基づく損害賠償請求権（415条1項前段） ②債務者が財産権を目的とする行為をしたこと（論点4） →YZ間の財産分与があったこと ②´財産分与が768条3項の趣旨に反し不相当に過大で，財産分与に仮託してされた財産処分と認めるに足りるような特段の事情があること →Yは自身が債務超過にあることを知りながら，唯一の財産である甲不動産をZに分与した。 ③①の債権が，②の行為の前の原因に基づいて生じたこと →YZ間の財産分与の前に，XY間の売買契約が締結されていた。 ④②の行為によって完全な弁済をする資力がなくなったこと →甲不動産はYの唯一の財産であった。 ⑤②の行為が債権者を害する行為であること →②，④の事実により基礎づけられる。 ⑤債務者が債権者を害する行為であることを認識していたこと（論点5） →Yは②の行為によって無資力となり，Xを害することを認識していた。	受益者は，行為当時，債権者を害することを知らなかった。 →Zは，財産分与の時，Yが甲不動産をXに売却していたことは知らなかったが，Yが債務超過にあることは知っていた。 （424条1項ただし書の要件不充足）

【参考文献】
試験対策講座・債権総論5章3節②【1】(2)。試験対策講座・親族・相続2章2節②【1】(1)。

第45問 A　相続

　被相続人Aは，A名義の財産として，甲土地建物（時価9000万円），乙マンション（時価6000万円）および銀行預金（3000万円）があり，負債として，Bから借り受けた3000万円の債務があった。Aが死亡し，Aの相続人は嫡出子であるC，DおよびEだけであった。C，DおよびEの間で遺産分割の協議をした結果，甲土地建物およびBに対する負債全部はCが，乙マンションはDが，銀行預金全部はEが，それぞれ相続するということになり，甲土地建物はC名義，乙マンションはD名義の各登記がされ，Eが預金全額の払戻しを受け，Bに遺産分割協議書の写しが郵送された。

　ところが，Cは，Bに対する債務のうち1000万円のみを返済し，相続した甲土地建物をFに売却した。この事案について，特別受益と寄与分はないものとして，以下の問いに答えよ。なお，各問いは，独立した問いである。

1　Bに対する債務に関するB，C，DおよびE間の法律関係について論ぜよ。

2　乙マンションは，Aが，死亡する前にGに対して売却してこれを明け渡し，代金も受領していたものの，登記はA名義のままになっていた。なお，遺産分割当時Cはこの事実を知っていたものの，黙っていたほうが自己が相続する財産の価格が増加すると考え，DおよびEにこの事実は伝えなかった。Eは，この事実はまったく知らなかった。この場合，Dは，だれに対し，どのような請求をすることができるか。

【解答へのヒント】

1　Bとしては，Aに貸し付けた3000万円の弁済を相続人であるC，D，Eに対し請求したいと考えるはずです。その際，Aの負う3000万円の債務はどのように相続されるのか，Cが負債全部を相続するという遺産分割協議はどのような効力をもつのか考える必要がありそうです。

2　Dとしては，まずはGに対して所有権に基づき明渡請求をすることが考えられますが，Aの生前に乙マンションが売却されていたのですから，Dは相続によって乙マンションの所有権を取得しなかったことになり，この請求は認められなさそうです。そうだとすれば，Dとしては，そもそも遺産分割協議自体に問題があったとしてその有効性を争い，Fに対する請求やC，Eに対する責任追及を行っていくことが考えられます。

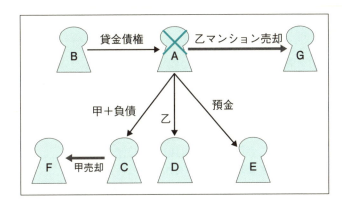

第1　小問1について

1　Bは，債務者Aの相続人C，DおよびEに対して消費貸借契約（587条）に基づく貸金返還請求をすることが考えられる。しかし，Bに対する債務をCが相続する旨の遺産分割（以下「本件分割協議」という）が行われているため，DおよびEは債務を負わないのではないか。可分債務が遺産分割の対象となるかが問題となる。

➡️問題提起

📖可分債務の相続と遺産分割の可否

2　そもそも，427条の原則により，可分債務は法定相続分に従い各共同相続人に分割される。

　　もっとも，遺産分割協議によって相続人の1人に可分債務を帰属させることは可能であり，可分債務も遺産分割の対象となると考える。ただし，これは一種の免責的債務引受（472条3項）であり，債権者の承諾がなければ成立しないと解する。

➡️規範

3　本問では，Bに遺産分割協議書の写しが郵送されているにとどまり，Bの承諾があるとはいえない。

➡️あてはめ

4　したがって，Bに対する債務をCが相続する旨の遺産分割条項が効力を生じないため，Bは，DおよびEに対しても，法定相続分に従い1000万円ずつ請求することができる。

　　他方で，Bは，本件分割協議を承諾することで，Cに対して3000万円を請求することもできる。

➡️結論

第2　小問2について

1　まず，Dは，Gに対して所有権（206条）に基づいて乙マンションの明渡しを請求することが考えられるが，AG間売買契約により，Aは所有権を喪失していることから，Dの相続は認められず，上記請求はできない。

2　次に，DはFに対し，共有持分権に基づき甲土地建物の明渡しまたは一部移転登記手続請求をすると考えられる。

　(1)　まず，本件分割協議を錯誤取消し（95条1項）し，共有持分権を有すると主張することができないか。

➡️問題提起

📖遺産分割協議の取消しの可否

　　ア　この点について，分割の安定性を図るため，錯誤の判断は厳格にされるべきである。そこで，相続財産でない物を加えてした遺産分割も，原則として有効であると解する。もっとも，当該財産が分割時に存在しなければ遺産分割の結果が大きく異なった蓋然性が高いという特別の事情がある場合には，錯誤取消しが認められると解する。

➡️規範

　　イ　本問では，乙マンションの時価は高額であり，乙マンションが遺産分割の対象となっているかどうかによって，遺産分割の結果は大きく異なったといえる。

➡️あてはめ

　　ウ　したがって，Dの上記主張は認められる。

➡️結論

(2) 次に，Dは，本件分割協議の担保責任解除を主張することで共有持分権を主張することができないか。「担保の責任」（911条）に解除権（565条・564条，542条1項1号）が準用されるかが問題となる。

→問題提起
論 共同相続人間の担保責任に基づく解除の可否

ア　この点について，解除を認めると，遡及効により遺産の再分割が必要となり法的安定性が著しく害される。そこで，解除権はその性質上準用されないと解する。

→規範

イ　したがって，本問では，解除により共有持分権を主張することはできず，Dの上記請求は認められない。

→結論

3　また，Dは，Cに対し，担保責任に基づく損害賠償請求（911条，565条・564条，415条）をすることが考えられる。

→問題提起
論「相続分に応じて」（911条）の意義

(1) ここで，「相続分に応じて」（911条）とは，不適合がなかったとしたら遺産分割の結果取得したであろう財産の価値に比例してという意味と解する。

→規範

(2) 本問では，Cは乙マンションが相続財産に属しないことを知ってあえて告げずに遺産分割協議をしているから，「責めに帰することができない事由」（415条1項ただし書）があるとはいえない。

→あてはめ

(3) したがって，Dは，Cに対し5分の2の割合の2400万円の支払を請求することができる。

→結論

4　そして，Dは，Eに対し，預金債権は遺産分割の対象とならないので，本件預金の払戻しが「法律上の原因」なくなされたとして，本件預金のうちDの相続分1000万円について，不当利得返還請求（703条）をすることが考えられる。そこで，預金債権は遺産分割の対象となるか。

→問題提起
論 預金債権の相続と遺産分割の可否

(1) この点について，一般的な金銭債権は可分債権とされるから，原則として相続開始により当然に共同相続人に相続分に応じて分割されると解する（427条）。
　　もっとも，預金債権は，確実かつ簡易に換価できる点で現金に近く，具体的な遺産分割の方法を定めるにあたってその調整に資する財産であるといえるから，一般的な金銭債権とは異なり，相続開始とともに当然には分割されず，遺産分割の対象となると解する。

→規範

(2) したがって，本件預金の払戻しには有効な遺産分割という「法律上の原因」があるから，Dの上記請求は認められない。また，Eは善意であるから，担保責任に基づき1200万円の請求をすることもできない。

以上

本問の題材は，旧司法試験の2009（平成21）年度第2問である。

小問1は，遺産分割協議の際に金銭債務を共同相続人の1人に負担させる合意がされた場合について，金銭債務が共同相続人にどのように相続されるかを前提として，上記の合意の法的性質と債権者に対する効力等を論じさせ，債務の相続，引受等についての基礎的理解とともに論理的思考力を問うものである。小問2は，遺産でない財産を含めて行われた遺産分割協議について，相続開始前の買主と共同相続人との関係，遺産分割協議の錯誤，共同相続人間の担保責任等を検討させ，遺産分割協議に不適合があった際の法的処理に関する論理的思考力および判断能力を問うものである。

▌論点▐

1　可分債務の相続と遺産分割の可否
2　遺産分割協議の取消しの可否
3　共同相続人間の担保責任に基づく解除の可否
4　「相続分に応じて」（911条）の意義
5　預金債権の相続と遺産分割の可否

▌答案作成上の注意点▐

1　小問1について

1　可分債務の相続

本問では，被相続人であるAはBに対して貸金債務を負っていました。そして，本件遺産分割協議によれば，AがBに対して負っていた上記債務はすべてCが相続することが合意されています。そうだとすれば，Cが上記債務をすべて相続することになるとも思えます。

しかし，貸金債務は単なる可分債務であって，427条の原則どおり，遺産分割協議を待たず当然に各相続人の相続分に応じて分割されると考えられています（大決昭和5年12月4日民集9巻1118頁）。そうだとすれば，そもそもこのような可分債務は遺産分割の対象となりませんので，Cが上記債務をすべて相続することにもならないのではないか，というのが本問の問題意識です。

2　特定の可分債務を共同相続人の1人に負担させる旨の合意の性質

上記のように可分債務が遺産分割協議の対象とならないとしても，特定の可分債務を共同相続人の1人に負担させる旨の合意は何ら効力を有しないのでしょうか。

まず，このような合意の性質として，一種の免責的債務引受であると構成することが考えられます。このように考えた場合，債務者と引受人となる者との合意によってなされることとなりますので，債権者の承諾が必要となります（472条3項）。しかし，本問では遺産分割協議書の写しが郵送されたにすぎませんから，Bの承諾があったとまではいえないでしょう。

したがって，Bは，遺産分割協議を承諾せず，法定相続分に応じてDおよびEに対して債務の履行を請求することができます。また，Bは，遺産分割協議を免責的債務引受として承諾して，Cに対して債務の全額の履行を請求することもできます。

なお，この場合，Bは，法定相続分に応じてDおよびEに対して債務の履行を請求しつつ，Cに対して遺産分割協議に基づいて債務の全額の履行を請求することもできるという見解があります（潮見『詳解相続法』180〜181頁）。

また，DおよびEが法定相続分に応じて債務を履行したときは，Cに対して求償することができます。このときのCの無資力リスクは，求償権者が負担します。

② 小問2の前半について

小問2においては，DのC，Eに対する担保責任の追及について，「『相続分に応じて』(911条) とは，不適合がなかったとしたら遺産分割の結果取得したであろう財産の価値に比例してという意味と解する。」と論じました。これに関して，どういう意味かわかりにくいと思うので，少し補足しておきます。

本問では，遺産分割の内容からAの財産について，Cが5分の2，Dが5分の2，Eは5分の1の割合で相続することとなったと考えられます。したがって，不適合があった乙マンションの時価6000万円について，CDは5分の2の割合に相当する2400万円，Eは5分の1の割合に相当する1200万円の責任を負うこととなります。

〇不適合がなければ相続したであろう財産の価値

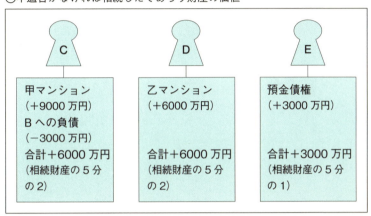

〇911条によって本問で請求できる金額

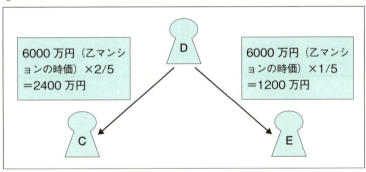

③ 小問2の後半について

1　はじめに

小問2の後半において，不当利得に基づく請求をしています。ここで，Eの払戻しが不当利得であるとDは主張しています。要するに，預金債権は金銭債権だから遺産分割を待つことなく当然に分割されるから，Dに帰属するはずの1000万円の分は「法律上の原因なく」Eが利得したものであり，その分を返せと言っているのです。

2　預金債権は当然に分割されるか

(1)　答案では，預金債権が金銭債権でありながら，当然に分割されるものではないという結論を導いていますが，本来金銭債権であれば当然に分割されるはずです(427条)。たしかに，損害賠償請求権，貸金債権などの一般の金銭債権は，遺産分割の手続を待つまでもなく，法律上当

然に相続分に従い分割されます（427条）。一方，現金は有体物たる動産として，一度遺産共有の状態となったあと，遺産分割の手続によってその帰属が決定されることになります。すなわち現金は相続開始によって当然に分割されることはありません。そして，預金債権は確実に現金に換価できる点で現金と同質であり，また個々の遺産分割による細かい調整の際に用いることが期待されます。そうだとすれば，預金債権は当然に分割されると考えるよりも，いったん遺産共有の状態として遺産分割手続きを経てその帰属が決定すると考えるべきなのです（最大決平成28年12月19日民集70巻8号2121頁〔百選Ⅲ66事件〕）。

(2) したがって，本問では遺産分割の内容どおりに預金を払い戻したEのこの行為は，預金債権が遺産分割の対象となる以上，「法律上の原因」があることになります。

【参考文献】
試験対策講座・親族・相続9章3節①【2】(1)・【3】(1)・③【2】(6)

♠伊藤　真（いとう　まこと）

　1958年東京で生まれる。1981年，大学在学中に１年半の受験勉強で司法試験に短期合格。同時に，司法試験受験指導を開始する。1982年，東京大学法学部卒業，司法研修所入所。1984年に弁護士登録。弁護士としての活動とともに，受験指導を続け，法律の体系や全体構造を重視した学習方法を構築する。短期合格者の輩出数，全国ナンバー１の実績を不動のものとする。

　1995年，憲法の理念をできるだけ多くの人々に伝えたいとの思いのもとに，15年間培った受験指導のキャリアを生かし，伊藤メソッドの司法試験塾をスタートする。現在は，予備試験を含む司法試験や法科大学院入試のみならず，法律科目のある資格試験や公務員試験をめざす人たちの受験指導のため，毎日白熱した講義を行いつつ，「一人一票実現国民会議」および「安保法制違憲訴訟の会」の発起人となり，社会的問題にも積極的に取り組んでいる。

　「伊藤真試験対策講座〔全15巻〕」（弘文堂刊）は，伊藤メソッドを駆使した本格的テキストとして受験生のみならず多くの読者に愛用されている。他に，「伊藤真ファーストトラックシリーズ〔全７巻〕」「伊藤真の判例シリーズ〔全７巻〕」「伊藤真新ステップアップシリーズ〔全６巻〕」「伊藤真実務法律基礎講座」など読者のニーズにあわせたシリーズを刊行中である。

（一人一票実現国民会議 URL：https://www2.ippyo.org/）

伊藤塾

〒150-0031　東京都渋谷区桜丘町17- 5　03(3780)1717
https://www.itojuku.co.jp

民法【新伊藤塾試験対策問題集：論文①】

2020（令和２）年１月30日　初版１刷発行
2021（令和３）年７月15日　同　３刷発行

監修者　伊藤　　真

発行者　鯉渕　友南

発行所　株式会社　弘文堂　　101-0062　東京都千代田区神田駿河台１の７
　　　　　　　　　　　　　　TEL 03(3294)4801　　振替 00120-6-53909
　　　　　　　　　　　　　　https://www.koubundou.co.jp

装　丁　笠井亞子
印　刷　三美印刷
製　本　井上製本所

ISBN978-4-335-30370-8

伊藤塾試験対策問題集

●予備試験論文

伊藤塾が満を持して予備試験受験生に贈る予備試験対策問題集！
過去問と伊藤塾オリジナル問題を使って、合格への最短コースを示します。
合格者の「思考過程」、答案作成のノウハウ、復習用の「答案構成」や「論証」など工夫満載。出題必須論点を網羅し、この1冊で論文対策は完成。

1	刑事実務基礎	2800円	6	民法[第2版]	2800円
2	民事実務基礎[第2版]	3200円	7	商法[第2版]	2800円
3	民事訴訟法[第2版]	2800円	8	行政法	2800円
4	刑事訴訟法	2800円	9	憲法	2800円
5	刑法	2800円			

●論文

司法試験対策に最適のあてはめ練習ができる好評の定番問題集！
どんな試験においても、合格に要求される能力に変わりはありません。問題を把握し、条文を出発点として、趣旨から規範を導き、具体的事実に基づいてあてはめをし、問題の解決を図ること。伊藤塾オリジナル問題で合格に必要な能力を丁寧に養います。

1	刑事訴訟法	3200円	4	憲法	3200円
2	刑法	3000円	7	行政法	3200円

●短答

短答式試験合格に必須の基本的知識がこの1冊で体系的に修得できる！
伊藤塾オリジナル問題から厳選した正答率の高い良問を繰り返し解き、完璧にマスターすれば、全範囲の正確で確実な知識が身につく短答問題集です。

1	憲法	2800円	4	商法	3000円
2	民法	3000円	5	民事訴訟法	3300円
3	刑法	2900円			

新 伊藤塾試験対策問題集

●論文

合格答案作成ビギナーにもわかりやすい記述試験対策問題集！
テキストや基本書で得た知識を、どのように答案に表現すればよいかを伝授します。
法的三段論法のテクニックが自然に身につく、最新の法改正に完全対応の新シリーズ。
「伊藤塾試験対策講座」の実践篇として、効率よく底力をつけるための論文問題集です。

1	民法	2800円	3	民事訴訟法	2900円
2	商法	2700円			

弘文堂

＊価格（税別）は2021年6月現在